GREGO

VOCABULÁRIO

PALAVRAS MAIS ÚTEIS

PORTUGUÊS GREGO

Para alargar o seu léxico e apurar
as suas competências linguísticas

7000 palavras

Vocabulário Português-Grego - 7000 palavras

Por Andrey Taranov

Os vocabulários da T&P Books destinam-se a ajudar a aprender, a memorizar, e a rever palavras estrangeiras. O dicionário é dividido em temas, cobrindo todas as principais esferas de atividades quotidianas, negócios, ciência, cultura, etc.

O processo de aprendizagem, utilizando os dicionários baseados em temáticas da T&P Books dá-lhe as seguintes vantagens:

- Informação de origem corretamente agrupada predetermina o sucesso em fases subsequentes da memorização de palavras
- Disponibilização de palavras derivadas da mesma raiz, o que permite a memorização de unidades de texto (em vez de palavras separadas)
- Pequenas unidades de palavras facilitam o processo de estabelecimento de vínculos associativos necessários para a consolidação do vocabulário
- O nível de conhecimento da língua pode ser estimado pelo número de palavras aprendidas

Copyright © 2019 T&P Books Publishing

T&P Books Publishing
www.tpbooks.com

ISBN: 978-1-78400-882-6

Este livro também está disponível em formato E-book.
Por favor visite www.tpbooks.com ou as principais livrarias on-line.

VOCABULÁRIO GREGO
palavras mais úteis

Os vocabulários da T&P Books destinam-se a ajudar a aprender, a memorizar, e a rever palavras estrangeiras. O vocabulário contém mais de 7000 palavras de uso comum organizadas tematicamente.

O vocabulário contém as palavras mais comummente usadas
Recomendado como adicional para qualquer curso de línguas
Satisfaz as necessidades dos iniciados e dos alunos avançados de línguas estrangeiras
Conveniente para o uso diário, sessões de revisão e atividades de auto-teste
Permite avaliar o seu vocabulário

Características especias do vocabulário

· As palavras estão organizadas de acordo com o seu significado, e não por ordem alfabética
· As palavras são apresentadas em três colunas para facilitar os processos de revisão e auto-teste
· As palavras compostas são divididas em pequenos blocos para facilitar o processo de aprendizagem
· O vocabulário oferece uma transcrição simples e adequada de cada palavra estrangeira

O vocabulário contém 198 tópicos incluindo:

Conceitos básicos, Números, Cores, Meses, Estações do ano, Unidades de medida, Roupas & Acessórios, Alimentos & Nutrição, Restaurante, Membros da Família, Parentes, Caráter, Sentimentos, Emoções, Doenças, Cidade, Passeios, Compras, Dinheiro, Casa, Lar, Escritório, Trabalho no Escritório, Importação & Exportação, Marketing, Pesquisa de Emprego, Desportos, Educação, Computador, Internet, Ferramentas, Natureza, Países, Nacionalidades e muito mais ...

TABELA DE CONTEÚDOS

GUIA DE PRONUNCIAÇÃO

Alfabeto fonético T&P	Exemplo Grego	Exemplo Português
[a]	αγαπάω [aɣapáo]	chamar
[e]	έπαινος [épenos]	metal
[i]	φυσικός [fisikós]	sinónimo
[o]	οθόνη [oθóni]	lobo
[u]	βουτάω [vutáo]	bonita
[b]	καμπάνα [kabána]	barril
[d]	ντετέκτιβ [detéktiv]	dentista
[f]	ράμφος [rámfos]	safári
[g]	γκολφ [golˡf]	gosto
[ɣ]	γραβάτα [ɣraváta]	agora
[j]	μπάιτ [bájt]	géiser
[j]	Αίγυπτος [éjiptos]	géiser
[k]	ακόντιο [akóndio]	kiwi
[lʲ]	αλάτι [alʲáti]	barulho
[m]	μάγος [máɣos]	magnólia
[n]	ασανσέρ [asansér]	natureza
[p]	βλέπω [vlépo]	presente
[r]	ρόμβος [rómvos]	riscar
[s]	σαλάτα [salʲáta]	sanita
[ð]	πόδι [póði]	[z] - fricativa dental sonora não-sibilante
[θ]	λάθος [lʲáθos]	[s] - fricativa dental surda não-sibilante
[t]	κινητό [kinitó]	tulipa
[ʧ]	check-in [ʧek-in]	Tchau!
[v]	βραχιόλι [vraxióli]	fava
[x]	νύχτα [níxta]	fricativa uvular surda
[w]	ουίσκι [wíski]	página web
[z]	κουζίνα [kuzína]	sésamo
[']	έξι [éksi]	acento principal

ABREVIATURAS
usadas no vocabulário

Abreviaturas do Português

adj	-	adjetivo
adv	-	advérbio
anim.	-	animado
conj.	-	conjunção
desp.	-	desporto
etc.	-	etecetra
ex.	-	por exemplo
f	-	nome feminino
f pl	-	feminino plural
fem.	-	feminino
inanim.	-	inanimado
m	-	nome masculino
m pl	-	masculino plural
m, f	-	masculino, feminino
masc.	-	masculino
mat.	-	matemática
mil.	-	militar
pl	-	plural
prep.	-	preposição
pron.	-	pronome
sb.	-	sobre
sing.	-	singular
v aux	-	verbo auxiliar
vi	-	verbo intransitivo
vi, vt	-	verbo intransitivo, transitivo
vr	-	verbo reflexivo
vt	-	verbo transitivo

Abreviaturas do Grego

αρ.	-	nome masculino
αρ.πλ.	-	masculino plural
αρ./θηλ.	-	masculino, feminino
θηλ.	-	nome feminino
θηλ.πλ.	-	feminino plural
ουδ.	-	neutro
ουδ.πλ.	-	neutro plural
πλ.	-	plural

CONCEITOS BÁSICOS

Conceitos básicos. Parte 1

1. Pronomes

eu	εγώ	[eyó]
tu	εσύ	[esí]
ele	αυτός	[aftós]
ela	αυτή	[aftí]
ele, ela (neutro)	αυτό	[aftó]
nós	εμείς	[emís]
vocês	εσείς	[esís]

2. Cumprimentos. Saudações. Despedidas

Olá!	Γεια σου!	[ja su]
Bom dia! (formal)	Γεια σας!	[ja sas]
Bom dia! (de manhã)	Καλημέρα!	[kaliméra]
Boa tarde!	Καλό απόγευμα!	[kalió apójevma]
Boa noite!	Καλησπέρα!	[kalispéra]
cumprimentar (vt)	χαιρετώ	[xeretó]
Olá!	Γεια!	[ja]
saudação (f)	χαιρετισμός (αp.)	[xeretizmós]
saudar (vt)	χαιρετώ	[xeretó]
O que há de novo?	Τι νέα;	[ti néa]
Até breve!	Τα λέμε σύντομα!	[ta léme síndoma]
Adeus! (sing.)	Αντίο!	[adío]
Adeus! (pl)	Αντίο σας!	[adío sas]
despedir-se (vr)	αποχαιρετώ	[apoxeretó]
Até logo!	Γεια!	[ja]
Obrigado! -a!	Ευχαριστώ!	[efxaristó]
Muito obrigado! -a!	Ευχαριστώ πολύ!	[efxaristó polí]
De nada	Παρακαλώ	[parakalió]
Não tem de quê	Δεν είναι τίποτα	[ðen íne típota]
De nada	Τίποτα	[típota]
Desculpa!	Με συγχωρείς!	[me sinxorís]
Desculpe!	Με συγχωρείτε!	[me sinxoríte]
desculpar (vt)	συγχωρώ	[sinxoró]
desculpar-se (vr)	ζητώ συγνώμη	[zitó siɣnómi]
As minhas desculpas	Συγνώμη	[siɣnómi]

Desculpe!	Με συγχωρείτε!	[me sinxoríte]
perdoar (vt)	συγχωρώ	[sinxoró]
por favor	παρακαλώ	[parakal'ó]

Não se esqueça!	Μην ξεχάσετε!	[min ksexásete]
Certamente! Claro!	Βεβαίως! Φυσικά!	[vevéos], [fisiká]
Claro que não!	Όχι βέβαια!	[óxi vévea]
Está bem! De acordo!	Συμφωνώ!	[simfonó]
Basta!	Αρκετά!	[arketá]

3. Números cardinais. Parte 1

zero	μηδέν	[miδén]
um	ένα	[éna]
dois	δύο	[δío]
três	τρία	[tría]
quatro	τέσσερα	[tésera]

cinco	πέντε	[pénde]
seis	έξι	[éksi]
sete	εφτά	[eftá]
oito	οχτώ	[oxtó]
nove	εννέα	[enéa]

dez	δέκα	[δéka]
onze	ένδεκα	[énδeka]
doze	δώδεκα	[δóδeka]
treze	δεκατρία	[δekatría]
catorze	δεκατέσσερα	[δekatésera]

quinze	δεκαπέντε	[δekapénde]
dezasseis	δεκαέξι	[δekaéksi]
dezassete	δεκαεφτά	[δekaeftá]
dezoito	δεκαοχτώ	[δekaoxtó]
dezanove	δεκαεννέα	[δekaenéa]

vinte	είκοσι	[íkosi]
vinte e um	είκοσι ένα	[íkosi éna]
vinte e dois	είκοσι δύο	[ikosi δío]
vinte e três	είκοσι τρία	[ikosi tría]

trinta	τριάντα	[triánda]
trinta e um	τριάντα ένα	[triánda éna]
trinta e dois	τριάντα δύο	[triánda δío]
trinta e três	τριάντα τρία	[triánda tría]

quarenta	σαράντα	[saránda]
quarenta e um	σαράντα ένα	[saránda éna]
quarenta e dois	σαράντα δύο	[saránda δío]
quarenta e três	σαράντα τρία	[saránda tría]

cinquenta	πενήντα	[penínda]
cinquenta e um	πενήντα ένα	[penínda éna]
cinquenta e dois	πενήντα δύο	[penínda δío]

cinquenta e três	πενήντα τρία	[penínda tría]
sessenta	εξήντα	[eksínda]
sessenta e um	εξήντα ένα	[eksínda éna]
sessenta e dois	εξήντα δύο	[eksínda ðío]
sessenta e três	εξήντα τρία	[eksínda tría]
setenta	εβδομήντα	[evðomínda]
setenta e um	εβδομήντα ένα	[evðomínda éna]
setenta e dois	εβδομήντα δύο	[evðomínda ðío]
setenta e três	εβδομήντα τρία	[evðomínda tría]
oitenta	ογδόντα	[oɣðónda]
oitenta e um	ογδόντα ένα	[oɣðónda éna]
oitenta e dois	ογδόντα δύο	[oɣðónda ðío]
oitenta e três	ογδόντα τρία	[oɣðónda tría]
noventa	ενενήντα	[enenínda]
noventa e um	ενενήντα ένα	[enenínda éna]
noventa e dois	ενενήντα δύο	[enenínda ðío]
noventa e três	ενενήντα τρία	[enenínda tría]

4. Números cardinais. Parte 2

cem	εκατό	[ekató]
duzentos	διακόσια	[ðiakósia]
trezentos	τριακόσια	[triakósia]
quatrocentos	τετρακόσια	[tetrakósia]
quinhentos	πεντακόσια	[pendakósia]
seiscentos	εξακόσια	[eksakósia]
setecentos	εφτακόσια	[eftakósia]
oitocentos	οχτακόσια	[oxtakósia]
novecentos	εννιακόσια	[eniakósia]
mil	χίλια	[xília]
dois mil	δύο χιλιάδες	[ðío xiliáðes]
De quem são ...?	τρεις χιλιάδες	[tris xiliáðes]
dez mil	δέκα χιλιάδες	[ðéka xiliáðes]
cem mil	εκατό χιλιάδες	[ekató xiliáðes]
um milhão	εκατομμύριο (ουδ.)	[ekatomírio]
mil milhões	δισεκατομμύριο (ουδ.)	[ðisekatomírio]

5. Números. Frações

fração (f)	κλάσμα (ουδ.)	[klʲázma]
um meio	ένα δεύτερο	[éna ðéftero]
um terço	ένα τρίτο	[éna tríto]
um quarto	ένα τέταρτο	[éna tétarto]
um oitavo	ένα όγδοο	[éna óɣðoo]
um décimo	ένα δέκατο	[éna ðékato]
dois terços	δύο τρίτα	[ðío tríta]
três quartos	τρία τέταρτα	[tría tétarta]

14

6. Números. Operações básicas

subtração (f)	αφαίρεση (θηλ.)	[aféresi]
subtrair (vi, vt)	αφαιρώ	[aferó]
divisão (f)	διαίρεση (θηλ.)	[ðiéresi]
dividir (vt)	διαιρώ	[ðieró]

adição (f)	πρόσθεση (θηλ.)	[prósθesi]
somar (vt)	αθροίζω	[aθrízo]
adicionar (vt)	προσθέτω	[prosθéto]
multiplicação (f)	πολλαπλασιασμός (αρ.)	[polʲaplʲasiazmós]
multiplicar (vt)	πολλαπλασιάζω	[polʲaplʲasiázo]

7. Números. Diversos

algarismo, dígito (m)	ψηφίο (ουδ.)	[psifío]
número (m)	αριθμός (αρ.)	[ariθmós]
numeral (m)	αριθμητικό (ουδ.)	[ariθmitikó]
menos (m)	μείον (ουδ.)	[míon]
mais (m)	συν (ουδ.)	[sin]
fórmula (f)	τύπος (αρ.)	[típos]

cálculo (m)	υπολογισμός (αρ.)	[ipolʲojizmós]
contar (vt)	μετράω	[metráo]
calcular (vt)	υπολογίζω	[ipolʲojízo]
comparar (vt)	συγκρίνω	[singríno]

| Quanto? | Πόσο; | [póso] |
| Quantos? -as? | Πόσα; | [pósa] |

soma (f)	ποσό (ουδ.)	[posó]
resultado (m)	αποτέλεσμα (ουδ.)	[apotélezma]
resto (m)	υπόλοιπο (ουδ.)	[ipólipo]

alguns, algumas ...	μερικοί	[merikí]
um pouco de ...	λίγο	[líγo]
resto (m)	υπόλοιπο (ουδ.)	[ipólipo]
um e meio	ενάμισι (ουδ.)	[enámisi]
dúzia (f)	δωδεκάδα (θηλ.)	[ðoðekáða]

ao meio	στα δύο	[sta ðío]
em partes iguais	ισομερώς	[isomerós]
metade (f)	μισό (ουδ.)	[misó]
vez (f)	φορά (θηλ.)	[forá]

8. Os verbos mais importantes. Parte 1

abrir (vt)	ανοίγω	[aníγo]
acabar, terminar (vt)	τελειώνω	[telióno]
aconselhar (vt)	συμβουλεύω	[simvulévo]
adivinhar (vt)	μαντεύω	[mandévo]

advertir (vt)	προειδοποιώ	[proiðopió]
ajudar (vt)	βοηθώ	[voiθó]
almoçar (vi)	τρώω μεσημεριανό	[tróo mesimerianó]
alugar (~ um apartamento)	νοικιάζω	[nikiázo]
ameaçar (vt)	απειλώ	[apilʲó]

anotar (escrever)	σημειώνω	[simióno]
apanhar (vt)	πιάνω	[piáno]
apressar-se (vr)	βιάζομαι	[viázome]
arrepender-se (vr)	λυπάμαι	[lipáme]
assinar (vt)	υπογράφω	[ipoɣráfo]

atirar, disparar (vi)	πυροβολώ	[pirovolʲó]
brincar (vi)	αστειεύομαι	[astiévome]
brincar, jogar (crianças)	παίζω	[pézo]
buscar (vt)	ψάχνω	[psáxno]
caçar (vi)	κυνηγώ	[kiniɣó]

cair (vi)	πέφτω	[péfto]
cavar (vt)	σκάβω	[skávo]
cessar (vt)	σταματώ	[stamató]
chamar (~ por socorro)	καλώ	[kalʲó]
chegar (vi)	έρχομαι	[érxome]
chorar (vi)	κλαίω	[kléo]

começar (vt)	αρχίζω	[arxízo]
comparar (vt)	συγκρίνω	[singríno]
compreender (vt)	καταλαβαίνω	[katalʲavéno]
concordar (vi)	συμφωνώ	[simfonó]
confiar (vt)	εμπιστεύομαι	[embistévome]

confundir (equivocar-se)	μπερδεύω	[berðévo]
conhecer (vt)	γνωρίζω	[ɣnorízo]
contar (fazer contas)	υπολογίζω	[ipolʲojízo]
contar com (esperar)	υπολογίζω σε ...	[ipolʲojízo se]
continuar (vt)	συνεχίζω	[sinexízo]

controlar (vt)	ελέγχω	[elénxo]
convidar (vt)	προσκαλώ	[proskalʲó]
correr (vi)	τρέχω	[tréxo]
criar (vt)	δημιουργώ	[ðimiurɣó]
custar (vt)	κοστίζω	[kostízo]

9. Os verbos mais importantes. Parte 2

dar (vt)	δίνω	[ðíno]
dar uma dica	υπαινίσσομαι	[ipenísome]
decorar (enfeitar)	στολίζω	[stolízo]
defender (vt)	υπερασπίζω	[iperaspízo]
deixar cair (vt)	ρίχνω	[ríxno]
descer (para baixo)	κατεβαίνω	[katevéno]
desculpar-se (vr)	ζητώ συγνώμη	[zitó siɣnómi]
dirigir (~ uma empresa)	διευθύνω	[ðiefθíno]
discutir (notícias, etc.)	συζητώ	[sizitó]

dizer (vt)	λέω	[léo]
duvidar (vt)	αμφιβάλλω	[amfivál'o]
encontrar (achar)	βρίσκω	[vrísko]
enganar (vt)	εξαπατώ	[eksapató]
entrar (na sala, etc.)	μπαίνω	[béno]
enviar (uma carta)	στέλνω	[stél'no]

errar (equivocar-se)	κάνω λάθος	[káno l'áθos]
escolher (vt)	επιλέγω	[epiléγo]
esconder (vt)	κρύβω	[krívo]
escrever (vt)	γράφω	[γráfo]
esperar (o autocarro, etc.)	περιμένω	[periméno]

esperar (ter esperança)	ελπίζω	[el'pízo]
esquecer (vt)	ξεχνάω	[ksexnáo]
estudar (vt)	μελετάω	[meletáo]
exigir (vt)	απαιτώ	[apetó]
existir (vi)	υπάρχω	[ipárxo]

explicar (vt)	εξηγώ	[eksiγó]
falar (vi)	μιλάω	[mil'áo]
faltar (clases, etc.)	απουσιάζω	[apusiázo]
fazer (vt)	κάνω	[káno]
ficar em silêncio	σιωπώ	[siopó]
gabar-se, jactar-se (vr)	καυχιέμαι	[kafxiéme]

gostar (apreciar)	μου αρέσει	[mu arési]
gritar (vi)	φωνάζω	[fonázo]
guardar (cartas, etc.)	διατηρώ	[ðiatiró]
informar (vt)	πληροφορώ	[pliroforó]
insistir (vi)	επιμένω	[epiméno]

insultar (vt)	προσβάλλω	[prozvál'o]
interessar-se (vr)	ενδιαφέρομαι	[enðiaférome]
ir (a pé)	πηγαίνω	[pijéno]
ir nadar	κάνω μπάνιο	[káno bánio]
jantar (vi)	τρώω βραδινό	[tróo vraðinó]

10. Os verbos mais importantes. Parte 3

ler (vt)	διαβάζω	[ðiavázo]
libertar (cidade, etc.)	απελευθερώνω	[apelefθeróno]
matar (vt)	σκοτώνω	[skotóno]
mencionar (vt)	αναφέρω	[anaféro]
mostrar (vt)	δείχνω	[ðíxno]

mudar (modificar)	αλλάζω	[al'ázo]
nadar (vi)	κολυμπώ	[kolibó]
negar-se a ...	αρνούμαι	[arnúme]
objetar (vt)	αντιλέγω	[andiléγo]

observar (vt)	παρατηρώ	[paratiró]
ordenar (mil.)	διατάζω	[ðiatázo]
ouvir (vt)	ακούω	[akúo]

pagar (vt)	πληρώνω	[pliróno]
parar (vi)	σταματάω	[stamatáo]

participar (vi)	συμμετέχω	[simetéxo]
pedir (comida)	παραγγέλνω	[parangélino]
pedir (um favor, etc.)	ζητώ	[zitó]
pegar (tomar)	παίρνω	[pérno]
pensar (vt)	σκέφτομαι	[skéftome]

perceber (ver)	παρατηρώ	[paratiró]
perdoar (vt)	συγχωρώ	[sinxoró]
perguntar (vt)	ρωτάω	[rotáo]
permitir (vt)	επιτρέπω	[epitrépo]
pertencer a ...	ανήκω σε ...	[aníko se]

planear (vt)	σχεδιάζω	[sxeðiázo]
poder (vi)	μπορώ	[boró]
possuir (vt)	κατέχω	[katéxo]
preferir (vt)	προτιμώ	[protimó]
preparar (vt)	μαγειρεύω	[majirévo]

prever (vt)	προβλέπω	[provlépo]
prometer (vt)	υπόσχομαι	[ipósxome]
pronunciar (vt)	προφέρω	[proféro]
propor (vt)	προτείνω	[protíno]
punir (castigar)	τιμωρώ	[timoró]

11. Os verbos mais importantes. Parte 4

quebrar (vt)	σπάω	[spáo]
queixar-se (vr)	παραπονιέμαι	[paraponiéme]
querer (desejar)	θέλω	[θélio]
recomendar (vt)	προτείνω	[protíno]
repetir (dizer outra vez)	επαναλαμβάνω	[epanaliamváno]

repreender (vt)	μαλώνω	[malióno]
reservar (~ um quarto)	κλείνω	[klíno]
responder (vt)	απαντώ	[apandó]
rezar, orar (vi)	προσεύχομαι	[proséfxome]
rir (vi)	γελάω	[jeliáo]

roubar (vt)	κλέβω	[klévo]
saber (vt)	ξέρω	[kséro]
sair (~ de casa)	βγαίνω	[vjéno]
salvar (vt)	σώζω	[sózo]
seguir ...	ακολουθώ	[akoliuθó]

sentar-se (vr)	κάθομαι	[káθome]
ser necessário	χρειάζομαι	[xriázome]
ser, estar	είμαι	[íme]
significar (vt)	σημαίνω	[siméno]

sorrir (vi)	χαμογελάω	[xamojeliáo]
subestimar (vt)	υποτιμώ	[ipotimó]

| surpreender-se (vr) | εκπλήσσομαι | [ekplísome] |
| tentar (vt) | προσπαθώ | [prospaθó] |

ter (vt)	έχω	[éxo]
ter fome	πεινάω	[pináo]
ter medo	φοβάμαι	[fováme]
ter sede	διψάω	[ðipsáo]

tocar (com as mãos)	αγγίζω	[angízo]
tomar o pequeno-almoço	παίρνω πρωινό	[pérno proinó]
trabalhar (vi)	δουλεύω	[ðulévo]
traduzir (vt)	μεταφράζω	[metafrázo]
unir (vt)	ενώνω	[enóno]

vender (vt)	πουλώ	[pulʲó]
ver (vt)	βλέπω	[vlépo]
virar (ex. ~ à direita)	στρίβω	[strívo]
voar (vi)	πετάω	[petáo]

12. Cores

cor (f)	χρώμα (ουδ.)	[xróma]
matiz (m)	απόχρωση (θηλ.)	[apóxrosi]
tom (m)	τόνος (αρ.)	[tónos]
arco-íris (m)	ουράνιο τόξο (ουδ.)	[uránio tókso]

branco	λευκός, άσπρος	[lefkós], [áspros]
preto	μαύρος	[mávros]
cinzento	γκρίζος	[grízos]

verde	πράσινος	[prásinos]
amarelo	κίτρινος	[kítrinos]
vermelho	κόκκινος	[kókinos]

azul	μπλε	[ble]
azul claro	γαλανός	[ɣalʲanós]
rosa	ροζ	[roz]
laranja	πορτοκαλί	[portokalí]
violeta	βιολετί	[violetí]
castanho	καφετής	[kafetís]

| dourado | χρυσός | [xrisós] |
| prateado | αργυρόχροος | [arɣiróxroos] |

bege	μπεζ	[bez]
creme	κρεμ	[krem]
turquesa	τιρκουάζ, τουρκουάζ	[tirkuáz], [turkuáz]
vermelho cereja	βυσσινής	[visinís]
lilás	λιλά, λουλακής	[lilʲá], [lʲulʲakís]
carmesim	βαθυκόκκινος	[vaθikókinos]

claro	ανοιχτός	[anixtós]
escuro	σκούρος	[skúros]
vivo	έντονος	[édonos]

de cor	έγχρωμος	[énxromos]
a cores	έγχρωμος	[énxromos]
preto e branco	ασπρόμαυρος	[asprómavros]
unicolor	μονόχρωμος	[monóxromos]
multicor	πολύχρωμος	[políxromos]

13. Questões

Quem?	Ποιος;	[pios]
Que?	Τι;	[ti]
Onde?	Πού;	[pú]
Para onde?	Πού;	[pú]
De onde?	Από πού;	[apó pú]
Quando?	Πότε;	[póte]
Para quê?	Γιατί;	[jatí]
Porquê?	Γιατί;	[jatí]

Para quê?	Γιατί;	[jatí]
Como?	Πώς;	[pos]
Qual?	Ποιος;	[pios]
Qual? (entre dois ou mais)	Ποιος;	[pios]

A quem?	Σε ποιον;	[se pion]
Sobre quem?	Για ποιον;	[ja pion]
Do quê?	Για ποιο;	[ja pio]
Com quem?	Με ποιον;	[me pion]

Quantos? -as?	Πόσα;	[pósa]
Quanto?	Πόσο;	[póso]
De quem? (masc.)	Ποιανού;	[pianú]

14. Palavras funcionais. Advérbios. Parte 1

Onde?	Πού;	[pú]
aqui	εδώ	[eðó]
lá, ali	εκεί	[ekí]

em algum lugar	κάπου	[kápu]
em lugar nenhum	πουθενά	[puθená]

ao pé de ...	δίπλα	[δíplʲa]
ao pé da janela	δίπλα στο παράθυρο	[δíplʲa sto paráθiro]

Para onde?	Πού;	[pú]
para cá	εδώ	[eðó]
para lá	εκεί	[ekí]
daqui	αποδώ	[apoðó]
de lá, dali	αποκεί	[apokí]

perto	κοντά	[kondá]
longe	μακριά	[makriá]
perto de ...	κοντά σε	[kondá se]

ao lado de	κοντά	[kondá]
perto, não fica longe	κοντά	[kondá]

esquerdo	αριστερός	[aristerós]
à esquerda	στα αριστερά	[sta aristerá]
para esquerda	αριστερά	[aristerá]

direito	δεξιός	[ðeksiós]
à direita	στα δεξιά	[sta ðeksiá]
para direita	δεξιά	[ðeksiá]

à frente	μπροστά	[brostá]
da frente	μπροστινός	[brostinós]
em frente (para a frente)	μπροστά	[brostá]

atrás de ...	πίσω	[píso]
por detrás (vir ~)	από πίσω	[apó píso]
para trás	πίσω	[píso]

meio (m), metade (f)	μέση (θηλ.)	[mési]
no meio	στη μέση	[sti mési]

de lado	από το πλάι	[apó to pl'áj]
em todo lugar	παντού	[pandú]
ao redor (olhar ~)	γύρω	[jíro]

de dentro	από μέσα	[apó mésa]
para algum lugar	κάπου	[kápu]
diretamente	κατ'ευθείαν	[katefθían]
de volta	πίσω	[píso]

de algum lugar	από οπουδήποτε	[apó opuðípote]
de um lugar	από κάπου	[apó kápu]

em primeiro lugar	πρώτον	[próton]
em segundo lugar	δεύτερον	[ðéfteron]
em terceiro lugar	τρίτον	[tríton]

de repente	ξαφνικά	[ksafniká]
no início	στην αρχή	[stin arxí]
pela primeira vez	πρώτη φορά	[próti forá]
muito antes de ...	πολύ πριν από ...	[polí prin apó]
de novo, novamente	εκ νέου	[ek néu]
para sempre	για πάντα	[ja pánda]

nunca	ποτέ	[poté]
de novo	πάλι	[páli]
agora	τώρα	[tóra]
frequentemente	συχνά	[sixná]
então	τότε	[tóte]
urgentemente	επειγόντως	[epiγóndos]
usualmente	συνήθως	[siníθos]

a propósito, ...	παρεμπιπτόντως, ...	[parembiptóndos]
é possível	πιθανόν	[piθanón]
provavelmente	πιθανόν	[piθanón]

21

talvez	ίσως	[ísos]
além disso, ...	εξάλλου ...	[eksál'u]
por isso ...	συνεπώς	[sinepós]
apesar de ...	παρόλο που ...	[paról'o pu]
graças a ...	χάρη σε ...	[xári se]

que (pron.)	τι	[ti]
que (conj.)	ότι	[óti]
algo	κάτι	[káti]
alguma coisa	οτιδήποτε	[otiðípote]
nada	τίποτα	[típota]

quem	ποιος	[pios]
alguém (~ teve uma ideia ...)	κάποιος	[kápios]
alguém	κάποιος	[kápios]

ninguém	κανένας	[kanénas]
para lugar nenhum	πουθενά	[puθená]
de ninguém	κανενός	[kanenós]
de alguém	κάποιου	[kápiu]

tão	έτσι	[étsi]
também (gostaria ~ de ...)	επίσης	[epísis]
também (~ eu)	επίσης	[epísis]

15. Palavras funcionais. Advérbios. Parte 2

Porquê?	Γιατί;	[jatí]
por alguma razão	για κάποιο λόγο	[ja kápio l'óγo]
porque ...	διότι ...	[ðióti]
por qualquer razão	για κάποιο λόγο	[ja kápio l'óγo]

e (tu ~ eu)	και	[ke]
ou (ser ~ não ser)	ή	[i]
mas (porém)	μα	[ma]
para (~ a minha mãe)	για	[ja]

demasiado, muito	πάρα	[pára]
só, somente	μόνο	[móno]
exatamente	ακριβώς	[akrivós]
cerca de (~ 10 kg)	περίπου	[perípu]

aproximadamente	κατά προσέγγιση	[katá proséngisi]
aproximado	προσεγγιστικός	[prosengistikós]
quase	σχεδόν	[sxeðón]
resto (m)	υπόλοιπο (ουδ.)	[ipólipo]

cada	κάθε	[káθe]
qualquer	οποιοσδήποτε	[opiozðípote]
muitas pessoas	πολλοί	[polí]
todos	όλοι	[óli]

| em troca de ... | ... σε αντάλλαγμα | [se andál'aγma] |
| em troca | σε αντάλλαγμα | [se andál'aγma] |

à mão	με το χέρι	[me to xéri]
pouco provável	δύσκολα	[ðískol'a]
provavelmente	πιθανόν	[piθanón]
de propósito	επίτηδες	[epítiðes]
por acidente	κατά λάθος	[katá l'áθos]
muito	πολύ	[polí]
por exemplo	για παράδειγμα	[ja paráðiɣma]
entre	μεταξύ	[metaksí]
entre (no meio de)	ανάμεσα	[anámesa]
tanto	τόσο πολύ	[tóso polí]
especialmente	ιδιαίτερα	[iðiétera]

Conceitos básicos. Parte 2

16. Opostos

rico	πλούσιος	[plúsios]
pobre	φτωχός	[ftoxós]
doente	άρρωστος	[árostos]
são	υγιής	[ijiís]
grande	μεγάλος	[meɣálios]
pequeno	μικρός	[mikrós]
rapidamente	γρήγορα	[ɣríɣora]
lentamente	αργά	[arɣá]
rápido	γρήγορος	[ɣríɣoros]
lento	αργός	[arɣós]
alegre	χαρούμενος	[xarúmenos]
triste	στεναχωρημένος	[stenaxoriménos]
juntos	μαζί	[mazí]
separadamente	χώρια	[xória]
em voz alta (ler ~)	φωναχτά	[fonaxtá]
para si (em silêncio)	από μέσα	[apó mésa]
alto	ψηλός	[psilios]
baixo	χαμηλός	[xamilós]
profundo	βαθύς	[vaθís]
pouco fundo	ρηχός	[rixós]
sim	ναι	[ne]
não	όχι	[óxi]
distante (no espaço)	μακρινός	[makrinós]
próximo	κοντινός	[kondinós]
longe	μακριά	[makriá]
perto	κοντά	[kondá]
longo	μακρύς	[makrís]
curto	κοντός	[kondós]
bom, bondoso	καλός	[kaliós]
mau	κακός	[kakós]
casado	παντρεμένος	[pandreménos]

solteiro	ανύπαντρος	[anípandros]
proibir (vt)	απαγορεύω	[apagorévo]
permitir (vt)	επιτρέπω	[epitrépo]
fim (m)	τέλος (ουδ.)	[télios]
começo (m)	αρχή (θηλ.)	[arxí]
esquerdo	αριστερός	[aristerós]
direito	δεξιός	[ðeksiós]
primeiro	πρώτος	[prótos]
último	τελευταίος	[teleftéos]
crime (m)	έγκλημα (ουδ.)	[énglima]
castigo (m)	τιμωρία (θηλ.)	[timoría]
ordenar (vt)	διατάζω	[ðiatázo]
obedecer (vt)	υπακούω	[ipakúo]
reto	ευθύς	[efθís]
curvo	στραβός	[stravós]
paraíso (m)	παράδεισος (αρ.)	[paráðisos]
inferno (m)	κόλαση (θηλ.)	[kóliasi]
nascer (vi)	γεννιέμαι	[jeniéme]
morrer (vi)	πεθαίνω	[peθéno]
forte	δυνατός	[ðinatós]
fraco, débil	αδύναμος	[aðínamos]
idoso	γέρος	[jéros]
jovem	νέος	[néos]
velho	παλιός	[paliós]
novo	καινούριος	[kenúrios]
duro	σκληρός	[sklirós]
mole	μαλακός	[maliakós]
tépido	ζεστός	[zestós]
frio	κρύος	[kríos]
gordo	χοντρός	[xondrós]
magro	αδύνατος	[aðínatos]
estreito	στενός	[stenós]
largo	φαρδύς	[farðís]
bom	καλός	[kaliós]
mau	κακός	[kakós]
valente	θαρραλέος	[θaraléos]
cobarde	δειλός	[ðiliós]

17. Dias da semana

segunda-feira (f)	Δευτέρα (θηλ.)	[ðeftéra]
terça-feira (f)	Τρίτη (θηλ.)	[tríti]
quarta-feira (f)	Τετάρτη (θηλ.)	[tetárti]
quinta-feira (f)	Πέμπτη (θηλ.)	[pémpti]
sexta-feira (f)	Παρασκευή (θηλ.)	[paraskeví]
sábado (m)	Σάββατο (ουδ.)	[sávato]
domingo (m)	Κυριακή (θηλ.)	[kiriakí]
hoje	σήμερα	[símera]
amanhã	αύριο	[ávrio]
depois de amanhã	μεθαύριο	[meθávrio]
ontem	χθες, χτες	[xθes], [xtes]
anteontem	προχτές	[proxtés]
dia (m)	μέρα, ημέρα (θηλ.)	[méra], [iméra]
dia (m) de trabalho	εργάσιμη μέρα (θηλ.)	[eryásimi méra]
feriado (m)	αργία (θηλ.)	[arjía]
dia (m) de folga	ρεπό (ουδ.)	[repó]
fim (m) de semana	σαββατοκύριακο (ουδ.)	[savatokíriako]
o dia todo	όλη μέρα	[óli méra]
no dia seguinte	την επόμενη μέρα	[tinepómeni méra]
há dois dias	δύο μέρες πριν	[ðío méres prin]
na véspera	την παραμονή	[tin paramoní]
diário	καθημερινός	[kaθimerinós]
todos os dias	καθημερινά	[kaθimeriná]
semana (f)	εβδομάδα (θηλ.)	[evðomáδa]
na semana passada	την προηγούμενη εβδομάδα	[tin proiχúmeni evðomáda]
na próxima semana	την επόμενη εβδομάδα	[tin epómeni evðomáda]
semanal	εβδομαδιαίος	[evðomaδiéos]
cada semana	εβδομαδιαία	[evðomaδiéa]
duas vezes por semana	δύο φορές την εβδομάδα	[dío forés tinevðomáda]
cada terça-feira	κάθε Τρίτη	[káθe tríti]

18. Horas. Dia e noite

manhã (f)	πρωί (ουδ.)	[proí]
de manhã	το πρωί	[to proí]
meio-dia (m)	μεσημέρι	[mesiméri]
à tarde	το απόγευμα	[to apójevma]
noite (f)	βράδυ (ουδ.)	[vráði]
à noite (noitinha)	το βράδυ	[to vráði]
noite (f)	νύχτα (θηλ.)	[níxta]
à noite	τη νύχτα	[ti níxta]
meia-noite (f)	μεσάνυχτα (ουδ.πλ.)	[mesánixta]
segundo (m)	δευτερόλεπτο (ουδ.)	[ðefterólepto]
minuto (m)	λεπτό (ουδ.)	[leptó]

hora (f)	ώρα (θηλ.)	[óra]
meia hora (f)	μισή ώρα (θηλ.)	[misí óra]
quarto (m) de hora	τέταρτο (ουδ.)	[tétarto]
quinze minutos	δεκαπέντε λεπτά	[ðekapénde leptá]
vinte e quatro horas	εικοσιτετράωρο (ουδ.)	[ikositetráoro]

nascer (m) do sol	ανατολή (θηλ.)	[anatolí]
amanhecer (m)	ξημέρωμα (ουδ.)	[ksiméroma]
madrugada (f)	νωρίς το πρωί (ουδ.)	[norís to proí]
pôr do sol (m)	ηλιοβασίλεμα (ουδ.)	[iliovasílema]

de madrugada	νωρίς το πρωί	[norís to proí]
hoje de manhã	σήμερα το πρωί	[símera to proí]
amanhã de manhã	αύριο το πρωί	[ávrio to proí]

hoje à tarde	σήμερα το απόγευμα	[símera to apójevma]
à tarde	το απόγευμα	[to apójevma]
amanhã à tarde	αύριο το απόγευμα	[ávrio to apójevma]

hoje à noite	απόψε	[apópse]
amanhã à noite	αύριο το βράδυ	[ávrio to vráði]

às três horas em ponto	στις τρεις ακριβώς	[stis tris akrivós]
por volta das quatro	στις τέσσερις περίπου	[stis téseris perípu]
às doze	μέχρι τις δώδεκα	[méxri tis ðóðeka]

dentro de vinte minutos	σε είκοσι λεπτά	[se íkosi leptá]
dentro duma hora	σε μια ώρα	[se mia óra]
a tempo	έγκαιρα	[éngera]

menos um quarto	παρά τέταρτο	[pará tétarto]
durante uma hora	μέσα σε μια ώρα	[mésa se mia óra]
a cada quinze minutos	κάθε δεκαπέντε λεπτά	[káθe ðekapénde leptá]
as vinte e quatro horas	όλο το εικοσιτετράωρο	[ólio to ikositetráoro]

19. Meses. Estações

janeiro (m)	Ιανουάριος (αρ.)	[januários]
fevereiro (m)	Φεβρουάριος (αρ.)	[fevruários]
março (m)	Μάρτιος (αρ.)	[mártios]
abril (m)	Απρίλιος (αρ.)	[aprílios]
maio (m)	Μάιος (αρ.)	[májos]
junho (m)	Ιούνιος (αρ.)	[iúnios]

julho (m)	Ιούλιος (αρ.)	[iúlios]
agosto (m)	Αύγουστος (αρ.)	[ávγustos]
setembro (m)	Σεπτέμβριος (αρ.)	[septémvrios]
outubro (m)	Οκτώβριος (αρ.)	[októvrios]
novembro (m)	Νοέμβριος (αρ.)	[noémvrios]
dezembro (m)	Δεκέμβριος (αρ.)	[ðekémvrios]

primavera (f)	άνοιξη (θηλ.)	[ániksi]
na primavera	την άνοιξη	[tin ániksi]
primaveril	ανοιξιάτικος	[aniksiátikos]

verão (m)	καλοκαίρι (ουδ.)	[kal'okéri]
no verão	το καλοκαίρι	[to kal'okéri]
de verão	καλοκαιρινός	[kal'okerinós]
outono (m)	φθινόπωρο (ουδ.)	[fθinóporo]
no outono	το φθινόπωρο	[to fθinóporo]
outonal	φθινοπωρινός	[fθinoporinós]
inverno (m)	χειμώνας (αρ.)	[ximónas]
no inverno	το χειμώνα	[to ximóna]
de inverno	χειμωνιάτικος	[ximoniátikos]
mês (m)	μήνας (αρ.)	[mínas]
este mês	αυτόν το μήνα	[aftón to mína]
no próximo mês	τον επόμενο μήνα	[ton epómeno mína]
no mês passado	τον προηγούμενο μήνα	[ton proiχúmeno mína]
há um mês	ένα μήνα πριν	[éna mína prin]
dentro de um mês	σε ένα μήνα	[se éna mína]
dentro de dois meses	σε δύο μήνες	[se δío mínes]
todo o mês	ολόκληρος μήνας	[ol'ókliros mínas]
um mês inteiro	ολόκληρος ο μήνας	[ol'ókliros o mínas]
mensal	μηνιαίος	[miniéos]
mensalmente	μηνιαία	[miniéa]
cada mês	κάθε μήνα	[káθe mína]
duas vezes por mês	δύο φορές το μήνα	[δío forés tomína]
ano (m)	χρόνος (αρ.)	[xrónos]
este ano	φέτος	[fétos]
no próximo ano	του χρόνου	[tu xrónu]
no ano passado	πέρσι	[pérsi]
há um ano	ένα χρόνο πριν	[éna xróno prin]
dentro dum ano	σε ένα χρόνο	[se éna xróno]
dentro de 2 anos	σε δύο χρόνια	[se δío xrónia]
todo o ano	ολόκληρος χρόνος	[ol'ókliros oxrónos]
um ano inteiro	ολόκληρος ο χρόνος	[ol'ókliros o xrónos]
cada ano	κάθε χρόνο	[káθe xróno]
anual	ετήσιος	[etísios]
anualmente	ετήσια	[etísia]
quatro vezes por ano	τέσσερις φορές το χρόνο	[teseris forés toxróno]
data (~ de hoje)	ημερομηνία (θηλ.)	[imerominía]
data (ex. ~ de nascimento)	ημερομηνία (θηλ.)	[imerominía]
calendário (m)	ημερολόγιο (ουδ.)	[imerol'ójo]
meio ano	μισός χρόνος	[misós xrónos]
seis meses	εξάμηνο (ουδ.)	[eksámino]
estação (f)	εποχή (θηλ.)	[epoxí]
século (m)	αιώνας (αρ.)	[eónas]

20. Tempo. Diversos

tempo (m)	χρόνος (αρ.)	[xrónos]
momento (m)	στιγμή (θηλ.)	[stiɣmí]
instante (m)	στιγμή (θηλ.)	[stiɣmí]
instantâneo	στιγμιαίος	[stiɣmiéos]
lapso (m) de tempo	διάστημα (ουδ.)	[ðiástima]
vida (f)	ζωή (θηλ.)	[zoí]
eternidade (f)	αιωνιότητα (θηλ.)	[eoniótita]
época (f)	εποχή (θηλ.)	[epoxí]
era (f)	εποχή (θηλ.)	[epoxí]
ciclo (m)	κύκλος (αρ.)	[kíklʲos]
período (m)	περίοδος (θηλ.)	[períoðos]
prazo (m)	περίοδος (θηλ.)	[períoðos]
futuro (m)	μέλλον (ουδ.)	[mélʲon]
futuro	μελλοντικός	[melʲondikós]
da próxima vez	την επόμενη φορά	[tin epómeni forá]
passado (m)	παρελθόν (ουδ.)	[parelʲθón]
passado	παρελθοντικός	[parelʲθondikós]
na vez passada	την προηγούμενη φορά	[tin proiɣúmeni forá]
mais tarde	αργότερα	[arɣótera]
depois	μετά	[metá]
atualmente	σήμερα	[símera]
agora	τώρα	[tóra]
imediatamente	αμέσως	[amésos]
em breve, brevemente	σύντομα	[síndoma]
de antemão	προκαταβολικά	[prokatavoliká]
há muito tempo	παλιά	[paliá]
há pouco tempo	πρόσφατα	[prósfata]
destino (m)	μοίρα (θηλ.)	[míra]
recordações (f pl)	θύμησες (θηλ.πλ.)	[θímises]
arquivo (m)	αρχείο (ουδ.)	[arxío]
durante ...	κατά τη διάρκεια ...	[katá ti ðiárkia]
durante muito tempo	πολλή ώρα	[polí óra]
pouco tempo	λίγο καιρό	[líɣo keró]
cedo (levantar-se ~)	νωρίς	[norís]
tarde (deitar-se ~)	αργά	[arɣá]
para sempre	για πάντα	[ʝa pánda]
começar (vt)	αρχίζω	[arxízo]
adiar (vt)	αναβάλλω	[anaválʲo]
simultaneamente	ταυτόχρονα	[taftóxrona]
permanentemente	μόνιμα	[mónima]
constante (ruído, etc.)	αδιάκοπος	[aðiákopos]
temporário	προσωρινός	[prosorinós]
às vezes	μερικές φορές	[merikés forés]
raramente	σπάνια	[spánia]
frequentemente	συχνά	[sixná]

21. Linhas e formas

quadrado (m)	τετράγωνο (ουδ.)	[tetráyono]
quadrado	τετράγωνος	[tetráyonos]
círculo (m)	κύκλος (αρ.)	[kíklios]
redondo	κυκλικός	[kiklikós]
triângulo (m)	τρίγωνο (ουδ.)	[tríyono]
triangular	τρίγωνος	[tríyonos]
oval (f)	οβάλ (ουδ.)	[ovalj]
oval	οβάλ, ωοειδής	[ovalj], [ooiðís]
retângulo (m)	ορθογώνιο (ουδ.)	[orθoyóno]
retangular	ορθογώνιος	[orθoyónios]
pirâmide (f)	πυραμίδα (θηλ.)	[piramíða]
rombo, losango (m)	ρόμβος (αρ.)	[rómvos]
trapézio (m)	τραπέζιο (ουδ.)	[trapézio]
cubo (m)	κύβος (αρ.)	[kívos]
prisma (m)	πρίσμα (ουδ.)	[prízma]
circunferência (f)	περιφέρεια (θηλ.)	[periféria]
esfera (f)	σφαίρα (θηλ.)	[sféra]
globo (m)	μπάλα (θηλ.)	[bálja]
diâmetro (m)	διάμετρος (θηλ.)	[ðiámetros]
raio (m)	ακτίνα (θηλ.)	[aktína]
perímetro (m)	περίμετρος (θηλ.)	[perímetros]
centro (m)	κέντρο (ουδ.)	[kéndro]
horizontal	οριζόντιος	[orizóndios]
vertical	κάθετος	[káθetos]
paralela (f)	παράλληλη γραμμή (θηλ.)	[parálili gramí]
paralelo	παράλληλος	[parálilios]
linha (f)	γραμμή (θηλ.)	[yramí]
traço (m)	γραμμή (θηλ.)	[yramí]
reta (f)	ευθεία (θηλ.)	[efθía]
curva (f)	καμπύλη (θηλ.)	[kabíli]
fino (linha ~a)	λεπτός	[leptós]
contorno (m)	περίγραμμα (ουδ.)	[períyrama]
interseção (f)	τομή (θηλ.)	[tomí]
ângulo (m) reto	ορθή γωνία (θηλ.)	[orθí yonía]
segmento (m)	τμήμα (ουδ.)	[tmíma]
setor (m)	τομέας (αρ.)	[toméas]
lado (de um triângulo, etc.)	πλευρά (θηλ.)	[plevrá]
ângulo (m)	γωνία (θηλ.)	[yonía]

22. Unidades de medida

peso (m)	βάρος (ουδ.)	[város]
comprimento (m)	μάκρος (ουδ.)	[mákros]
largura (f)	πλάτος (ουδ.)	[pliátos]
altura (f)	ύψος (ουδ.)	[ípsos]

profundidade (f)	βάθος (ουδ.)	[váθos]
volume (m)	όγκος (αρ.)	[óngos]
área (f)	εμβαδόν (ουδ.)	[emvaδón]

grama (m)	γραμμάριο (ουδ.)	[γramário]
miligrama (m)	χιλιοστόγραμμο (ουδ.)	[xiliostóγramo]
quilograma (m)	κιλό (ουδ.)	[kilʲó]
tonelada (f)	τόνος (αρ.)	[tónos]
libra (453,6 gramas)	λίβρα (θηλ.)	[lívra]
onça (f)	ουγγιά (θηλ.)	[ungiá]

metro (m)	μέτρο (ουδ.)	[métro]
milímetro (m)	χιλιοστό (ουδ.)	[xiliostó]
centímetro (m)	εκατοστό (ουδ.)	[ekatostó]
quilómetro (m)	χιλιόμετρο (ουδ.)	[xiliómetro]
milha (f)	μίλι (ουδ.)	[míli]

polegada (f)	ίντσα (θηλ.)	[íntsa]
pé (304,74 mm)	πόδι (ουδ.)	[póδi]
jarda (914,383 mm)	γιάρδα (θηλ.)	[járδa]

metro (m) quadrado	τετραγωνικό μέτρο (ουδ.)	[tetraγonikó métro]
hectare (m)	εκτάριο (ουδ.)	[ektário]

litro (m)	λίτρο (ουδ.)	[lítro]
grau (m)	βαθμός (αρ.)	[vaθmós]
volt (m)	βολτ (ουδ.)	[volʲt]
ampere (m)	αμπέρ (ουδ.)	[ambér]
cavalo-vapor (m)	ιπποδύναμη (θηλ.)	[ipoδínami]

quantidade (f)	ποσότητα (θηλ.)	[posótita]
um pouco de ...	λίγος ...	[líγos]
metade (f)	μισό (ουδ.)	[misó]
dúzia (f)	δωδεκάδα (θηλ.)	[δoδekáδa]
peça (f)	τεμάχιο (ουδ.)	[temáxio]

dimensão (f)	μέγεθος (ουδ.)	[méjeθos]
escala (f)	κλίμακα (θηλ.)	[klímaka]

mínimo	ελάχιστος	[elʲáxistos]
menor, mais pequeno	μικρότερος	[mikróteros]
médio	μεσαίος	[mesáeos]
máximo	μέγιστος	[méjistos]
maior, mais grande	μεγαλύτερος	[meγalíteros]

23. Recipientes

boião (m) de vidro	βάζο (ουδ.)	[vázo]
lata (~ de cerveja)	κουτί (ουδ.)	[kutí]
balde (m)	κουβάς (αρ.)	[kuvás]
barril (m)	βαρέλι (ουδ.)	[varéli]

bacia (~ de plástico)	λεκάνη (θηλ.)	[lekáni]
tanque (m)	δεξαμενή (θηλ.)	[δeksamení]

cantil (m) de bolso	φλασκί (ουδ.)	[fl'askí]
bidão (m) de gasolina	κάνιστρο (ουδ.)	[kánistro]
cisterna (f)	δεξαμενή (θηλ.)	[ðeksamení]

caneca (f)	κούπα (θηλ.)	[kúpa]
chávena (f)	φλιτζάνι (ουδ.)	[flidzáni]
pires (m)	πιατάκι (ουδ.)	[piatáki]
copo (m)	ποτήρι (ουδ.)	[potíri]
taça (f) de vinho	κρασοπότηρο (ουδ.)	[krasopótiro]
panela, caçarola (f)	κατσαρόλα (θηλ.)	[katsaról'a]

| garrafa (f) | μπουκάλι (ουδ.) | [bukáli] |
| gargalo (m) | λαιμός (αρ.) | [lemós] |

jarro, garrafa (f)	καράφα (θηλ.)	[karáfa]
jarro (m) de barro	κανάτα (θηλ.)	[kanáta]
recipiente (m)	δοχείο (ουδ.)	[ðoxío]
pote (m)	πήλινο (ουδ.)	[pílino]
vaso (m)	βάζο (ουδ.)	[vázo]

frasco (~ de perfume)	μπουκαλάκι (ουδ.)	[bukal'áki]
frasquinho (ex. ~ de iodo)	φιαλίδιο (ουδ.)	[fialíðio]
tubo (~ de pasta dentífrica)	σωληνάριο (ουδ.)	[solinário]

saca (ex. ~ de açúcar)	σακί, τσουβάλι (ουδ.)	[sakí], [tsuváli]
saco (~ de plástico)	σακούλα (θηλ.)	[sakúl'a]
maço (m)	πακέτο (ουδ.)	[pakéto]

caixa (~ de sapatos, etc.)	κουτί (ουδ.)	[kutí]
caixa (~ de madeira)	κιβώτιο (ουδ.)	[kivótio]
cesta (f)	καλάθι (ουδ.)	[kal'áθi]

24. Materiais

material (m)	υλικό (ουδ.)	[ilikó]
madeira (f)	ξύλο (ουδ.)	[ksíl'o]
de madeira	ξύλινος	[ksílinos]

| vidro (m) | γυαλί (ουδ.) | [jalí] |
| de vidro | γυάλινος | [jálinos] |

| pedra (f) | πέτρα (θηλ.) | [pétra] |
| de pedra | πέτρινος | [pétrinos] |

| plástico (m) | πλαστικό (ουδ.) | [pl'astikó] |
| de plástico | πλαστικός | [pl'astikós] |

| borracha (f) | λάστιχο (ουδ.) | [l'ástixo] |
| de borracha | λαστιχένιος | [l'astixénios] |

tecido, pano (m)	ύφασμα (ουδ.)	[ífazma]
de tecido	από ύφασμα	[apó ífazma]
papel (m)	χαρτί (ουδ.)	[xartí]
de papel	χάρτινος	[xártinos]

| cartão (m) | χαρτόνι (ουδ.) | [xartóni] |
| de cartão | χαρτονένιος | [xartonénios] |

polietileno (m)	πολυαιθυλένιο (ουδ.)	[polieθilénio]
celofane (m)	σελοφάν (ουδ.)	[selʲofán]
contraplacado (m)	κοντραπλακέ (ουδ.)	[kondraplʲaké]

porcelana (f)	πορσελάνη (θηλ.)	[porselʲáni]
de porcelana	πορσελάνινος	[porselʲáninos]
barro (f)	πηλός (αρ.)	[pilʲós]
de barro	πήλινος	[pílinos]
cerâmica (f)	κεραμική (θηλ.)	[keramikí]
de cerâmica	κεραμικός	[keramikós]

25. Metais

metal (m)	μέταλλο (ουδ.)	[métalʲo]
metálico	μεταλλικός	[metalikós]
liga (f)	κράμα (ουδ.)	[kráma]

ouro (m)	χρυσάφι (ουδ.)	[xrisáfi]
de ouro	χρυσός	[xrisós]
prata (f)	ασήμι (ουδ.)	[asími]
de prata	ασημένιος	[asiménios]

ferro (m)	σίδηρος (αρ.)	[síðiros]
de ferro	σιδερένιος	[siðerénios]
aço (m)	ατσάλι (ουδ.)	[atsáli]
de aço	ατσάλινος	[atsálinos]
cobre (m)	χαλκός (αρ.)	[xalʲkós]
de cobre	χάλκινος	[xálʲkinos]

alumínio (m)	αλουμίνιο (ουδ.)	[alʲumínio]
de alumínio	αλουμινένιος	[alʲuminénios]
bronze (m)	μπρούντζος (αρ.)	[brúndzos]
de bronze	μπρούντζινος	[brúndzinos]

latão (m)	ορείχαλκος (αρ.)	[oríxalʲkos]
níquel (m)	νικέλιο (ουδ.)	[nikélio]
platina (f)	πλατίνα (θηλ.)	[plʲatína]
mercúrio (m)	υδράργυρος (αρ.)	[iðrárjiros]
estanho (m)	κασσίτερος (αρ.)	[kasíteros]
chumbo (m)	μόλυβδος (αρ.)	[mólivðos]
zinco (m)	ψευδάργυρος (αρ.)	[psevðárjiros]

O SER HUMANO

O ser humano. O corpo

26. Humanos. Conceitos básicos

ser (m) humano	άνθρωπος (αρ.)	[ánθropos]
homem (m)	άντρας, άνδρας (αρ.)	[ándras], [ánðras]
mulher (f)	γυναίκα (θηλ.)	[jinéka]
criança (f)	παιδί (ουδ.)	[peðí]
menina (f)	κοριτσάκι (ουδ.)	[koritsáki]
menino (m)	αγόρι (ουδ.)	[aɣóri]
adolescente (m)	έφηβος (αρ.)	[éfivos]
velho (m)	γέρος (αρ.)	[jéros]
velha, anciã (f)	γριά (ουδ.)	[ɣriá]

27. Anatomia humana

organismo (m)	οργανισμός (αρ.)	[orɣanizmós]
coração (m)	καρδιά (θηλ.)	[karðiá]
sangue (m)	αίμα (ουδ.)	[éma]
artéria (f)	αρτηρία (θηλ.)	[artiría]
veia (f)	φλέβα (θηλ.)	[fléva]
cérebro (m)	εγκέφαλος (αρ.)	[engéfaljos]
nervo (m)	νεύρο (ουδ.)	[névro]
nervos (m pl)	νεύρα (ουδ.πλ.)	[névra]
vértebra (f)	σπόνδυλος (αρ.)	[spónðiljos]
coluna (f) vertebral	σπονδυλική στήλη (θηλ.)	[sponðiliкí stíli]
estômago (m)	στομάχι (ουδ.)	[stomáxi]
intestinos (m pl)	σπλάχνα (ουδ.πλ.)	[spljáxna]
intestino (m)	έντερο (ουδ.)	[éndero]
fígado (m)	ήπαρ (ουδ.)	[ípar]
rim (m)	νεφρό (ουδ.)	[nefró]
osso (m)	οστό (ουδ.)	[ostó]
esqueleto (m)	σκελετός (αρ.)	[skeletós]
costela (f)	πλευρό (ουδ.)	[plevró]
crânio (m)	κρανίο (ουδ.)	[kranío]
músculo (m)	μυς (αρ.)	[mis]
bíceps (m)	δικέφαλος (αρ.)	[ðikéfaljos]
tríceps (m)	τρικέφαλος (αρ.)	[trikéfaljos]
tendão (m)	τένοντας (αρ.)	[ténondas]
articulação (f)	άρθρωση (θηλ.)	[árθrosi]

pulmões (m pl)	πνεύμονες (αρ.πλ.)	[pnévmones]
órgãos (m pl) genitais	γεννητικά όργανα (ουδ.πλ.)	[jenitiká órɣana]
pele (f)	δέρμα (ουδ.)	[ðérma]

28. Cabeça

cabeça (f)	κεφάλι (ουδ.)	[kefáli]
cara (f)	πρόσωπο (ουδ.)	[prósopo]
nariz (m)	μύτη (θηλ.)	[míti]
boca (f)	στόμα (ουδ.)	[stóma]

olho (m)	μάτι (ουδ.)	[máti]
olhos (m pl)	μάτια (ουδ.πλ.)	[mátia]
pupila (f)	κόρη (θηλ.)	[kóri]
sobrancelha (f)	φρύδι (ουδ.)	[fríði]
pestana (f)	βλεφαρίδα (θηλ.)	[vlefaríða]
pálpebra (f)	βλέφαρο (ουδ.)	[vléfaro]

língua (f)	γλώσσα (θηλ.)	[ɣlʲósa]
dente (m)	δόντι (ουδ.)	[ðóndi]
lábios (m pl)	χείλη (ουδ.πλ.)	[xíli]
maçãs (f pl) do rosto	ζυγωματικά (ουδ.πλ.)	[ziɣomatiká]
gengiva (f)	ούλο (ουδ.)	[úlʲo]
palato (m)	ουρανίσκος (αρ.)	[uraXXXa] — [uranískos]

narinas (f pl)	ρουθούνια (ουδ.πλ.)	[ruθúnia]
queixo (m)	πηγούνι (ουδ.)	[piɣúni]
mandíbula (f)	σαγόνι (ουδ.)	[saɣóni]
bochecha (f)	μάγουλο (ουδ.)	[máɣulʲo]
testa (f)	μέτωπο (ουδ.)	[métopo]
têmpora (f)	κρόταφος (αρ.)	[krótafos]
orelha (f)	αυτί (ουδ.)	[aftí]
nuca (f)	πίσω μέρος του κεφαλιού (ουδ.)	[píso méros tu kefaliú]

| pescoço (m) | αυχένας , σβέρκος (αρ.) | [afxénas], [svérkos] |
| garganta (f) | λαιμός (αρ.) | [lemós] |

cabelos (m pl)	μαλλιά (ουδ.πλ.)	[maliá]
penteado (m)	χτένισμα (ουδ.)	[xténizma]
corte (m) de cabelo	κούρεμα (ουδ.)	[kúrema]
peruca (f)	περούκα (θηλ.)	[perúka]

bigode (m)	μουστάκι (ουδ.)	[mustáki]
barba (f)	μούσι (ουδ.)	[músi]
usar, ter (~ barba, etc.)	φορώ	[foró]
trança (f)	κοτσίδα (θηλ.)	[kotsíða]
suíças (f pl)	φαβορίτες (θηλ.πλ.)	[favorítes]

ruivo	κοκκινομάλλης	[kokinomális]
grisalho	γκρίζος	[grízos]
calvo	φαλακρός	[falʲakrós]
calva (f)	φαλάκρα (θηλ.)	[falʲákra]
rabo-de-cavalo (m)	αλογοουρά (θηλ.)	[alʲoɣourá]
franja (f)	φράντζα (θηλ.)	[frándza]

29. Corpo humano

mão (f)	χέρι (ουδ.)	[xéri]
braço (m)	χέρι (ουδ.)	[xéri]

dedo (m)	δάχτυλο (ουδ.)	[ðáxtilⁱo]
polegar (m)	αντίχειρας (αρ.)	[andíxiras]
dedo (m) mindinho	μικρό δάχτυλο (ουδ.)	[mikró ðáxtilⁱo]
unha (f)	νύχι (ουδ.)	[níxi]

punho (m)	γροθιά (θηλ.)	[ɣroθxá]
palma (f) da mão	παλάμη (θηλ.)	[palⁱámi]
pulso (m)	καρπός (αρ.)	[karpós]
antebraço (m)	πήχης (αρ.)	[píxis]
cotovelo (m)	αγκώνας (αρ.)	[angónas]
ombro (m)	ώμος (αρ.)	[ómos]

perna (f)	πόδι (ουδ.)	[póði]
pé (m)	πόδι (ουδ.)	[póði]
joelho (m)	γόνατο (ουδ.)	[ɣónato]
barriga (f) da perna	γάμπα (θηλ.)	[ɣámba]
anca (f)	γοφός (αρ.)	[ɣofós]
calcanhar (m)	φτέρνα (θηλ.)	[ftérna]

corpo (m)	σώμα (ουδ.)	[sóma]
barriga (f)	κοιλιά (θηλ.)	[kiliá]
peito (m)	στήθος (ουδ.)	[stíθos]
seio (m)	στήθος (ουδ.)	[stíθos]
lado (m)	λαγόνα (θηλ.)	[lⁱaɣóna]
costas (f pl)	πλάτη (θηλ.)	[plⁱáti]
região (f) lombar	οσφυική χώρα (θηλ.)	[osfikí xóra]
cintura (f)	οσφύς (θηλ.)	[osfís]

umbigo (m)	ομφαλός (αρ.)	[omfalⁱós]
nádegas (f pl)	οπίσθια (ουδ.πλ.)	[opísθxa]
traseiro (m)	πισινός (αρ.)	[pisinós]

sinal (m)	ελιά (θηλ.)	[eliá]
sinal (m) de nascença	σημάδι εκ γενετής (ουδ.)	[simáði ek jenetís]
tatuagem (f)	τατουάζ (ουδ.)	[tatuáz]
cicatriz (f)	ουλή (θηλ.)	[ulí]

Vestuário & Acessórios

30. Roupa exterior. Casacos

roupa (f)	ενδύματα (ουδ.πλ.)	[enðímata]
roupa (f) exterior	πανωφόρια (ουδ.πλ.)	[panofória]
roupa (f) de inverno	χειμωνιάτικα ρούχα (ουδ.πλ.)	[ximoniátika rúxa]

sobretudo (m)	παλτό (ουδ.)	[palʲtó]
casaco (m) de peles	γούνα (θηλ.)	[ɣúna]
casaco curto (m) de peles	κοντογούνι (ουδ.)	[kondoɣúni]
casaco (m) acolchoado	πουπουλένιο μπουφάν (ουδ.)	[pupulénio bufán]

casaco, blusão (m)	μπουφάν (ουδ.)	[bufán]
impermeável (m)	αδιάβροχο (ουδ.)	[aðiávroxo]
impermeável	αδιάβροχος	[aðiávroxos]

31. Vestuário de homem & mulher

camisa (f)	πουκάμισο (ουδ.)	[pukámiso]
calças (f pl)	παντελόνι (ουδ.)	[pandelʲóni]
calças (f pl) de ganga	τζιν (ουδ.)	[dzin]
casaco (m) de fato	σακάκι (ουδ.)	[sakáki]
fato (m)	κοστούμι (ουδ.)	[kostúmi]

vestido (ex. ~ vermelho)	φόρεμα (ουδ.)	[fórema]
saia (f)	φούστα (θηλ.)	[fústa]
blusa (f)	μπλούζα (θηλ.)	[blʲúza]
casaco (m) de malha	ζακέτα (θηλ.)	[zakéta]
casaco, blazer (m)	σακάκι (ουδ.)	[sakáki]

T-shirt, camiseta (f)	μπλουζάκι (ουδ.)	[blʲuzáki]
calções (Bermudas, etc.)	σορτς (ουδ.)	[sorts]
fato (m) de treino	αθλητική φόρμα (θηλ.)	[aθlitikí fórma]
roupão (m) de banho	μπουρνούζι (ουδ.)	[burnúzi]
pijama (m)	πιτζάμα (θηλ.)	[pidzáma]
suéter (m)	πουλόβερ (ουδ.)	[pulʲóver]
pulôver (m)	πουλόβερ (ουδ.)	[pulʲóver]

colete (m)	γιλέκο (ουδ.)	[ʝiléko]
fraque (m)	φράκο (ουδ.)	[fráko]
smoking (m)	σμόκιν (ουδ.)	[smókin]

uniforme (m)	στολή (θηλ.)	[stolí]
roupa (f) de trabalho	τα ρούχα της δουλειάς (ουδ.πλ.)	[ta rúxa tis ðuliás]
fato-macaco (m)	φόρμα (θηλ.)	[fórma]
bata (~ branca, etc.)	ρόμπα (θηλ.)	[rómpa]

32. Vestuário. Roupa interior

roupa (f) interior	εσώρουχα (ουδ.πλ.)	[esóruxa]
camisola (f) interior	φανέλα (θηλ.)	[fanéli̯a]
peúgas (f pl)	κάλτσες (θηλ.πλ.)	[kálitses]

camisa (f) de noite	νυχτικό (ουδ.)	[nixtikó]
sutiã (m)	σουτιέν (ουδ.)	[sutién]
meias longas (f pl)	κάλτσες μέχρι το γόνατο (θηλ.πλ.)	[kálitses méxri to γónato]
meia-calça (f)	καλτσόν (ουδ.)	[kalitsón]
meias (f pl)	κάλτσες (θηλ.πλ.)	[kálitses]
fato (m) de banho	μαγιό (ουδ.)	[maji̯ó]

33. Adereços de cabeça

chapéu (m)	καπέλο (ουδ.)	[kapéli̯o]
chapéu (m) de feltro	καπέλο, φεντόρα (ουδ.)	[kapéli̯o], [fedóra]
boné (m) de beisebol	καπέλο του μπέιζμπολ (ουδ.)	[kapéli̯o tu béjzboli̯]
boné (m)	κασκέτο (ουδ.)	[kaskéto]

boina (f)	μπερές (αρ.)	[berés]
capuz (m)	κουκούλα (θηλ.)	[kukúli̯a]
panamá (m)	παναμάς (αρ.)	[panamás]
gorro (m) de malha	πλεκτό καπέλο (ουδ.)	[plektó kapéli̯o]

| lenço (m) | μαντήλι (ουδ.) | [mandíli] |
| chapéu (m) de mulher | γυναικείο καπέλο (ουδ.) | [ji̯inekío kapéli̯o] |

capacete (m) de proteção	κράνος (ουδ.)	[krános]
bibico (m)	δίκοχο (ουδ.)	[δíkoxo]
capacete (m)	κράνος (ουδ.)	[krános]

| chapéu-coco (m) | μπόουλερ (αρ.) | [bóuler] |
| chapéu (m) alto | ψηλό καπέλο (ουδ.) | [psili̯ó kapéli̯o] |

34. Calçado

calçado (m)	υποδήματα (ουδ.πλ.)	[ipoδímata]
botinas (f pl)	παπούτσια (ουδ.πλ.)	[papútsia]
sapatos (de salto alto, etc.)	γόβες (θηλ.πλ.)	[γóves]
botas (f pl)	μπότες (θηλ.πλ.)	[bótes]
pantufas (f pl)	παντόφλες (θηλ.πλ.)	[pandófles]

ténis (m pl)	αθλητικά (ουδ.πλ.)	[aθlitiká]
sapatilhas (f pl)	αθλητικά παπούτσια (ουδ.πλ.)	[aθlitiká papútsia]
sandálias (f pl)	σανδάλια (ουδ.)	[sanδália]

sapateiro (m)	τσαγκάρης (αρ.)	[tsangáris]
salto (m)	τακούνι (ουδ.)	[takúni]
par (m)	ζευγάρι (ουδ.)	[zevγári]

atacador (m)	κορδόνι (ουδ.)	[korðóni]
apertar os atacadores	δένω τα κορδόνια	[ðéno ta korðónia]
calçadeira (f)	κόκκαλο παπουτσιών (ουδ.)	[kókalⁱo paputsion]
graxa (f) para calçado	κρέμα παπουτσιών (θηλ.)	[kréma paputsión]

35. Têxtil. Tecidos

algodão (m)	βαμβάκι (ουδ.)	[vamváki]
de algodão	βαμβακερός	[vamvakerós]
linho (m)	λινάρι (ουδ.)	[linári]
de linho	λινός	[linós]

seda (f)	μετάξι (ουδ.)	[metáksi]
de seda	μεταξωτός	[metaksotós]
lã (f)	μαλλί (ουδ.)	[malí]
de lã	μάλλινος	[málinos]

veludo (m)	βελούδο (ουδ.)	[velⁱúðo]
camurça (f)	καστόρι (ουδ.)	[kastóri]
bombazina (f)	κοτλέ (ουδ.)	[kotlé]

náilon (m)	νάιλον (ουδ.)	[nájlⁱon]
de náilon	από νάιλον	[apó nájlⁱon]
poliéster (m)	πολυεστέρας (αρ.)	[poliestéras]
de poliéster	πολυεστερικός	[poliesterikós]

couro (m)	δέρμα (ουδ.)	[ðérma]
de couro	δερμάτινος	[ðermátinos]
pele (f)	γούνα (θηλ.)	[γúna]
de peles, de pele	γούνινος	[γúninos]

36. Acessórios pessoais

luvas (f pl)	γάντια (ουδ.πλ.)	[γándia]
cachecol (m)	κασκόλ (ουδ.)	[kaskólⁱ]

óculos (m pl)	γυαλιά (ουδ.πλ.)	[jaliá]
armação (f) de óculos	σκελετός (αρ.)	[skeletós]
guarda-chuva (m)	ομπρέλα (θηλ.)	[ombrélⁱa]
bengala (f)	μπαστούνι (ουδ.)	[bastúni]
escova (f) para o cabelo	βούρτσα (θηλ.)	[vúrtsa]
leque (m)	βεντάλια (θηλ.)	[vendália]

gravata (f)	γραβάτα (θηλ.)	[γraváta]
gravata-borboleta (f)	παπιγιόν (ουδ.)	[papijón]
suspensórios (m pl)	τιράντες (θηλ.πλ.)	[tirándes]
lenço (m)	μαντήλι (ουδ.)	[mandíli]

pente (m)	χτένα (θηλ.)	[xténa]
travessão (m)	φουρκέτα (θηλ.)	[furkéta]
gancho (m) de cabelo	φουρκέτα (θηλ.)	[furkéta]
fivela (f)	πόρπη (θηλ.)	[pórpi]

cinto (m)	ζώνη (θηλ.)	[zóni]
correia (f)	λουρί (αρ.)	[lʲurí]

mala (f)	τσάντα (θηλ.)	[tsánda]
mala (f) de senhora	τσάντα (θηλ.)	[tsánda]
mochila (f)	σακίδιο (ουδ.)	[sakíðio]

37. Vestuário. Diversos

moda (f)	μόδα (θηλ.)	[móða]
na moda	της μόδας	[tis móðas]
estilista (m)	σχεδιαστής (αρ.)	[sxeðiastís]

colarinho (m), gola (f)	γιακάς (αρ.)	[jakás]
bolso (m)	τσέπη (θηλ.)	[tsépi]
de bolso	της τσέπης	[tis tsépis]
manga (f)	μανίκι (ουδ.)	[maníki]
alcinha (f)	θηλιά (θηλ.)	[θiliá]
braguilha (f)	φερμουάρ (ουδ.)	[fermuár]

fecho (m) de correr	φερμουάρ (ουδ.)	[fermuár]
fecho (m), colchete (m)	κούμπωμα (ουδ.)	[kúmboma]
botão (m)	κουμπί (ουδ.)	[kumbí]
casa (f) de botão	κουμπότρυπα (θηλ.)	[kumbótripa]
soltar-se (vr)	βγαίνω	[vjéno]

coser, costurar (vi)	ράβω	[rávo]
bordar (vt)	κεντώ	[kendó]
bordado (m)	κέντημα (ουδ.)	[kéndima]
agulha (f)	βελόνα (θηλ.)	[velʲóna]
fio (m)	κλωστή (θηλ.)	[klʲostí]
costura (f)	ραφή (θηλ.)	[rafí]

sujar-se (vr)	λερώνομαι	[lerónome]
mancha (f)	λεκές (αρ.)	[lekés]
engelhar-se (vr)	τσαλακώνομαι	[tsalʲakónome]
rasgar (vt)	σκίζω	[skízo]
traça (f)	σκόρος (αρ.)	[skóros]

38. Cuidados pessoais. Cosméticos

pasta (f) de dentes	οδοντόκρεμα (θηλ.)	[oðondókrema]
escova (f) de dentes	οδοντόβουρτσα (θηλ.)	[oðondóvutsa]
escovar os dentes	πλένω τα δόντια	[pléno ta ðóndia]

máquina (f) de barbear	ξυράφι (ουδ.)	[ksiráfi]
creme (m) de barbear	κρέμα ξυρίσματος (θηλ.)	[kréma ksirízmatos]
barbear-se (vr)	ξυρίζομαι	[ksirízome]

sabonete (m)	σαπούνι (ουδ.)	[sapúni]
champô (m)	σαμπουάν (ουδ.)	[sambuán]
tesoura (f)	ψαλίδι (ουδ.)	[psalíði]

lima (f) de unhas	λίμα νυχιών (θηλ.)	[líma nixión]
corta-unhas (m)	νυχοκόπτης (αρ.)	[nixokóptis]
pinça (f)	τσιμπιδάκι (ουδ.)	[tsimbiðáki]

cosméticos (m pl)	καλλυντικά (ουδ.πλ.)	[kalindiká]
máscara (f) facial	μάσκα (θηλ.)	[máska]
manicura (f)	μανικιούρ (ουδ.)	[manikiúr]
fazer a manicura	κάνω μανικιούρ	[káno manikiúr]
pedicure (f)	πεντικιούρ (ουδ.)	[pedikiúr]

mala (f) de maquilhagem	τσαντάκι καλλυντικών (ουδ.)	[tsandáki kalindikón]
pó (m)	πούδρα (θηλ.)	[púðra]
caixa (f) de pó	πουδριέρα (θηλ.)	[puðriéra]
blush (m)	ρουζ (ουδ.)	[ruz]

perfume (m)	άρωμα (ουδ.)	[ároma]
água (f) de toilette	κολόνια (θηλ.)	[kolʲónia]
loção (f)	λοσιόν (θηλ.)	[lʲosión]
água-de-colónia (f)	κολόνια (θηλ.)	[kolʲónia]

sombra (f) de olhos	σκιά ματιών (θηλ.)	[skiá matión]
lápis (m) delineador	μολύβι ματιών (ουδ.)	[molívi matión]
máscara (f), rímel (m)	μάσκαρα (θηλ.)	[máskara]

batom (m)	κραγιόν (ουδ.)	[krajión]
verniz (m) de unhas	βερνίκι νυχιών (ουδ.)	[verníki nixión]
laca (f) para cabelos	λακ μαλλιών (ουδ.)	[lʲak malión]
desodorizante (m)	αποσμητικό (ουδ.)	[apozmitikó]

creme (m)	κρέμα (θηλ.)	[kréma]
creme (m) de rosto	κρέμα προσώπου (θηλ.)	[kréma prosópu]
creme (m) de mãos	κρέμα χεριών (θηλ.)	[kréma xerión]
creme (m) antirrugas	αντιρυτιδική κρέμα (θηλ.)	[andiritiðikí kréma]
creme (m) de dia	κρέμα ημέρας (θηλ.)	[kréma iméras]
creme (m) de noite	κρέμα νυκτός (θηλ.)	[kréma niktós]

tampão (m)	ταμπόν (ουδ.)	[tabón]
papel (m) higiénico	χαρτί υγείας (ουδ.)	[xartí ijías]
secador (m) elétrico	πιστολάκι (ουδ.)	[pistolʲáki]

39. Joalheria

joias (f pl)	κοσμήματα (ουδ.πλ.)	[kozmímata]
precioso	πολύτιμος	[polítimos]
marca (f) de contraste	σφραγίδα (θηλ.)	[sfrajíða]

anel (m)	δαχτυλίδι (ουδ.)	[ðaxtilíði]
aliança (f)	βέρα (θηλ.)	[véra]
pulseira (f)	βραχιόλι (ουδ.)	[vraxióli]

brincos (m pl)	σκουλαρίκια (ουδ.πλ.)	[skulʲaríkia]
colar (m)	κολιέ (ουδ.)	[kolié]
coroa (f)	στέμμα (ουδ.)	[stéma]
colar (m) de contas	χάντρες (θηλ.πλ.)	[xándres]

41

diamante (m)	διαμάντι (ουδ.)	[ðiamándi]
esmeralda (f)	σμαράγδι (ουδ.)	[zmaráɣði]
rubi (m)	ρουμπίνι (ουδ.)	[rubíni]
safira (f)	ζαφείρι (ουδ.)	[zafíri]
pérola (f)	μαργαριτάρι (ουδ.)	[marɣaritári]
âmbar (m)	κεχριμπάρι (ουδ.)	[kexribári]

40. Relógios de pulso. Relógios

relógio (m) de pulso	ρολόι χειρός (ουδ.)	[roljój xirós]
mostrador (m)	πλάκα ρολογιού (θηλ.)	[pljáka roljojú]
ponteiro (m)	δείκτης (αρ.)	[ðíktis]
bracelete (f) em aço	μπρασελέ (ουδ.)	[braselé]
bracelete (f) em couro	λουράκι (ουδ.)	[ljuráki]

pilha (f)	μπαταρία (θηλ.)	[bataría]
descarregar-se	εξαντλούμαι	[eksantljúme]
trocar a pilha	αλλάζω μπαταρία	[aljázo bataría]
estar adiantado	πηγαίνω μπροστά	[pijéno brostá]
estar atrasado	πηγαίνω πίσω	[pijéno píso]

relógio (m) de parede	ρολόι τοίχου (ουδ.)	[roljój tíxu]
ampulheta (f)	κλεψύδρα (θηλ.)	[klepsíðra]
relógio (m) de sol	ηλιακό ρολόι (ουδ.)	[iliakó roljój]
despertador (m)	ξυπνητήρι (ουδ.)	[ksipnitíri]
relojoeiro (m)	ωρολογοποιός (αρ.)	[oroljoɣopiós]
reparar (vt)	επισκευάζω	[episkevázo]

Alimentação. Nutrição

41. Comida

carne (f)	κρέας (ουδ.)	[kréas]
galinha (f)	κότα (θηλ.)	[kóta]
frango (m)	κοτόπουλο (ουδ.)	[kotópulʲo]
pato (m)	πάπια (θηλ.)	[pápia]
ganso (m)	χήνα (θηλ.)	[xína]
caça (f)	θήραμα (ουδ.)	[θírama]
peru (m)	γαλοπούλα (θηλ.)	[ɣalʲopúlʲa]

carne (f) de porco	χοιρινό κρέας (ουδ.)	[xirinó kréas]
carne (f) de vitela	μοσχαρίσιο κρέας (ουδ.)	[mosxarísio kréas]
carne (f) de carneiro	αρνήσιο κρέας (ουδ.)	[arnísio kréas]
carne (f) de vaca	βοδινό κρέας (ουδ.)	[voðinó kréas]
carne (f) de coelho	κουνέλι (ουδ.)	[kunéli]

chouriço, salsichão (m)	λουκάνικο (ουδ.)	[lʲukániko]
salsicha (f)	λουκάνικο (ουδ.)	[lʲukániko]
bacon (m)	μπέικον (ουδ.)	[béjkon]
fiambre (f)	ζαμπόν (ουδ.)	[zabón]
presunto (m)	καπνιστό χοιρομέρι (ουδ.)	[kapnistó xiroméri]

patê (m)	πατέ (ουδ.)	[paté]
fígado (m)	συκώτι (ουδ.)	[sikóti]
carne (f) moída	κιμάς (αρ.)	[kimás]
língua (f)	γλώσσα (θηλ.)	[ɣlʲósa]

ovo (m)	αυγό (ουδ.)	[avɣó]
ovos (m pl)	αυγά (ουδ.πλ.)	[avɣá]
clara (f) do ovo	ασπράδι (ουδ.)	[aspráði]
gema (f) do ovo	κρόκος (αρ.)	[krókos]

peixe (m)	ψάρι (ουδ.)	[psári]
mariscos (m pl)	θαλασσινά (θηλ.πλ.)	[θalʲasiná]
caviar (m)	χαβιάρι (ουδ.)	[xaviári]

caranguejo (m)	καβούρι (ουδ.)	[kavúri]
camarão (m)	γαρίδα (θηλ.)	[ɣaríða]
ostra (f)	στρείδι (ουδ.)	[stríði]
lagosta (f)	ακανθωτός αστακός (αρ.)	[akanθotós astakós]
polvo (m)	χταπόδι (ουδ.)	[xtapóði]
lula (f)	καλαμάρι (ουδ.)	[kalʲamári]

esturjão (m)	οξύρυγχος (αρ.)	[oksírinxos]
salmão (m)	σολομός (αρ.)	[solʲomós]
halibute (m)	ιππόγλωσσος (αρ.)	[ipóɣlʲosos]
bacalhau (m)	μπακαλιάρος (αρ.)	[bakaliáros]
cavala, sarda (f)	σκουμπρί (ουδ.)	[skumbrí]

| atum (m) | τόνος (αρ.) | [tónos] |
| enguia (f) | χέλι (ουδ.) | [xéli] |

truta (f)	πέστροφα (θηλ.)	[péstrofa]
sardinha (f)	σαρδέλα (θηλ.)	[sarðélʲa]
lúcio (m)	λούτσος (αρ.)	[lʲútsos]
arenque (m)	ρέγγα (θηλ.)	[rénga]

pão (m)	ψωμί (ουδ.)	[psomí]
queijo (m)	τυρί (ουδ.)	[tirí]
açúcar (m)	ζάχαρη (θηλ.)	[záxari]
sal (m)	αλάτι (ουδ.)	[alʲáti]

arroz (m)	ρύζι (ουδ.)	[rízi]
massas (f pl)	ζυμαρικά (ουδ.πλ.)	[zimariká]
talharim (m)	νουντλς (ουδ.πλ.)	[nudls]

manteiga (f)	βούτυρο (ουδ.)	[vútiro]
óleo (m) vegetal	φυτικό λάδι (ουδ.)	[fitikó lʲáði]
óleo (m) de girassol	ηλιέλαιο (ουδ.)	[iliéleo]
margarina (f)	μαργαρίνη (θηλ.)	[marɣaríni]

| azeitonas (f pl) | ελιές (θηλ.πλ.) | [eliés] |
| azeite (m) | ελαιόλαδο (ουδ.) | [eleólʲaðo] |

leite (m)	γάλα (ουδ.)	[ɣálʲa]
leite (m) condensado	συμπυκνωμένο γάλα (ουδ.)	[simbiknoméno ɣálʲa]
iogurte (m)	γιαούρτι (ουδ.)	[jaúrti]
nata (f) azeda	ξινή κρέμα (θηλ.)	[ksiní kréma]
nata (f) do leite	κρέμα γάλακτος (θηλ.)	[kréma ɣálʲaktos]

| maionese (f) | μαγιονέζα (θηλ.) | [majonéza] |
| creme (m) | κρέμα (θηλ.) | [kréma] |

grãos (m pl) de cereais	πλιγούρι (ουδ.)	[pliɣúri]
farinha (f)	αλεύρι (ουδ.)	[alévri]
enlatados (m pl)	κονσέρβες (θηλ.πλ.)	[konsérves]

flocos (m pl) de milho	κορν φλέικς (ουδ.πλ.)	[kornfléjks]
mel (m)	μέλι (ουδ.)	[méli]
doce (m)	μαρμελάδα (θηλ.)	[marmelʲáða]
pastilha (f) elástica	τσίχλα (θηλ.)	[tsíxlʲa]

42. Bebidas

água (f)	νερό (ουδ.)	[neró]
água (f) potável	πόσιμο νερό (ουδ.)	[pósimo neró]
água (f) mineral	μεταλλικό νερό (ουδ.)	[metalikó neró]

sem gás	χωρίς ανθρακικό	[xorís anθrakikó]
gaseificada	ανθρακούχος	[anθrakúxos]
com gás	ανθρακούχο	[anθrakúxo]
gelo (m)	πάγος (αρ.)	[páɣos]
com gelo	με πάγο	[me páɣo]

sem álcool	χωρίς αλκοόλ (ουδ.)	[xorís alʲkoólʲ]
bebida (f) sem álcool	αναψυκτικό (ουδ.)	[anapsiktikó]
refresco (m)	αναψυκτικό (ουδ.)	[anapsiktikó]
limonada (f)	λεμονάδα (θηλ.)	[lemonáða]

bebidas (f pl) alcoólicas	αλκοολούχα ποτά (ουδ.πλ.)	[alʲkoolʲúxa potá]
vinho (m)	κρασί (ουδ.)	[krasí]
vinho (m) branco	λευκό κρασί (ουδ.)	[lefkó krasí]
vinho (m) tinto	κόκκινο κρασί (ουδ.)	[kókino krasí]

licor (m)	λικέρ (ουδ.)	[likér]
champanhe (m)	σαμπάνια (θηλ.)	[sambánia]
vermute (m)	βερμούτ (ουδ.)	[vermút]

uísque (m)	ουίσκι (ουδ.)	[wíski]
vodka (f)	βότκα (θηλ.)	[vótka]
gim (m)	τζιν (ουδ.)	[dzin]
conhaque (m)	κονιάκ (ουδ.)	[konják]
rum (m)	ρούμι (ουδ.)	[rúmi]

café (m)	καφές (αρ.)	[kafés]
café (m) puro	σκέτος καφές (αρ.)	[skétos kafés]
café (m) com leite	καφές με γάλα (αρ.)	[kafés me ɣálʲa]
cappuccino (m)	καπουτσίνο (αρ.)	[kaputsíno]
café (m) solúvel	στιγμιαίος καφές (αρ.)	[stiɣmiéos kafes]

leite (m)	γάλα (ουδ.)	[ɣálʲa]
coquetel (m)	κοκτέιλ (ουδ.)	[koktéjlʲ]
batido (m) de leite	μιλκσέικ (ουδ.)	[milʲkséjk]

sumo (m)	χυμός (αρ.)	[ximós]
sumo (m) de tomate	χυμός ντομάτας (αρ.)	[ximós domátas]
sumo (m) de laranja	χυμός πορτοκαλιού (αρ.)	[ximós portokaliú]
sumo (m) fresco	φρέσκος χυμός (αρ.)	[fréskos ximós]

cerveja (f)	μπύρα (θηλ.)	[bíra]
cerveja (f) clara	ανοιχτόχρωμη μπύρα (θηλ.)	[anixtóxromi bíra]
cerveja (f) preta	σκούρα μπύρα (θηλ.)	[skúra bíra]

chá (m)	τσάι (ουδ.)	[tsáj]
chá (m) preto	μαύρο τσάι (ουδ.)	[mávro tsaj]
chá (m) verde	πράσινο τσάι (ουδ.)	[prásino tsaj]

43. Vegetais

| legumes (m pl) | λαχανικά (ουδ.πλ.) | [lʲaxaniká] |
| verduras (f pl) | χόρτα (ουδ.) | [xórta] |

tomate (m)	ντομάτα (θηλ.)	[domáta]
pepino (m)	αγγούρι (ουδ.)	[angúri]
cenoura (f)	καρότο (ουδ.)	[karóto]
batata (f)	πατάτα (θηλ.)	[patáta]
cebola (f)	κρεμμύδι (ουδ.)	[kremíði]
alho (m)	σκόρδο (ουδ.)	[skórðo]

couve (f)	λάχανο (ουδ.)	[l'áxano]
couve-flor (f)	κουνουπίδι (ουδ.)	[kunupíδi]
couve-de-bruxelas (f)	λαχανάκι Βρυξελλών (ουδ.)	[l'axanáki vriksel'ón]
brócolos (m pl)	μπρόκολο (ουδ.)	[brókol'o]

beterraba (f)	παντζάρι (ουδ.)	[pandzári]
beringela (f)	μελιτζάνα (θηλ.)	[melidzána]
curgete (f)	κολοκύθι (ουδ.)	[kol'okíθi]
abóbora (f)	κολοκύθα (θηλ.)	[kol'okíθa]
nabo (m)	γογγύλι (ουδ.), ρέβα (θηλ.)	[ɣongíli], [réva]

salsa (f)	μαϊντανός (αρ.)	[majdanós]
funcho, endro (m)	άνηθος (αρ.)	[ániθos]
alface (f)	μαρούλι (ουδ.)	[marúli]
aipo (m)	σέλινο (ουδ.)	[sélino]
espargo (m)	σπαράγγι (ουδ.)	[sparángi]
espinafre (m)	σπανάκι (ουδ.)	[spanáki]

ervilha (f)	αρακάς (αρ.)	[arakás]
fava (f)	κουκί (ουδ.)	[kukí]
milho (m)	καλαμπόκι (ουδ.)	[kal'ambóki]
feijão (m)	κόκκινο φασόλι (ουδ.)	[kókino fasóli]

pimentão (m)	πιπεριά (θηλ.)	[piperiá]
rabanete (m)	ρεπανάκι (ουδ.)	[repanáki]
alcachofra (f)	αγκινάρα (θηλ.)	[anginára]

44. Frutos. Nozes

fruta (f)	φρούτο (ουδ.)	[frúto]
maçã (f)	μήλο (ουδ.)	[míl'o]
pera (f)	αχλάδι (ουδ.)	[axl'áδi]
limão (m)	λεμόνι (ουδ.)	[lemóni]
laranja (f)	πορτοκάλι (ουδ.)	[portokáli]
morango (m)	φράουλα (θηλ.)	[frául'a]

tangerina (f)	μανταρίνι (ουδ.)	[mandaríni]
ameixa (f)	δαμάσκηνο (ουδ.)	[ðamáskino]
pêssego (m)	ροδάκινο (ουδ.)	[roδákino]
damasco (m)	βερίκοκο (ουδ.)	[veríkoko]
framboesa (f)	σμέουρο (ουδ.)	[zméuro]
ananás (m)	ανανάς (αρ.)	[ananás]

banana (f)	μπανάνα (θηλ.)	[banána]
melancia (f)	καρπούζι (ουδ.)	[karpúzi]
uva (f)	σταφύλι (ουδ.)	[stafíli]
ginja (f)	βύσσινο (ουδ.)	[vísino]
cereja (f)	κεράσι (ουδ.)	[kerási]
meloa (f)	πεπόνι (ουδ.)	[pepóni]

toranja (f)	γκρέιπφρουτ (ουδ.)	[gréjpfrut]
abacate (m)	αβοκάντο (ουδ.)	[avokádo]
papaia (f)	παπάγια (θηλ.)	[papája]
manga (f)	μάγκο (ουδ.)	[mángo]

romã (f)	ρόδι (ουδ.)	[róði]
groselha (f) vermelha	κόκκινο	[kókino
	φραγκοστάφυλο (ουδ.)	frangostáfiľo]
groselha (f) preta	μαύρο	[mávro
	φραγκοστάφυλο (ουδ.)	frangostáfiľo]
groselha (f) espinhosa	λαγοκέρασο (ουδ.)	[ľaγokéraso]
mirtilo (m)	μύρτιλλο (ουδ.)	[mírtiľo]
amora silvestre (f)	βατόμουρο (ουδ.)	[vatómuro]

uvas (f pl) passas	σταφίδα (θηλ.)	[stafíða]
figo (m)	σύκο (ουδ.)	[síko]
tâmara (f)	χουρμάς (αρ.)	[xurmás]

amendoim (m)	φυστίκι (ουδ.)	[fistíki]
amêndoa (f)	αμύγδαλο (ουδ.)	[amíγðaľo]
noz (f)	καρύδι (ουδ.)	[karíði]
avelã (f)	φουντούκι (ουδ.)	[fundúki]
coco (m)	καρύδα (θηλ.)	[karíða]
pistáchios (m pl)	φυστίκια (ουδ.πλ.)	[fistíkia]

45. Pão. Bolaria

pastelaria (f)	ζαχαροπλαστική (θηλ.)	[zaxaropľastikí]
pão (m)	ψωμί (ουδ.)	[psomí]
bolacha (f)	μπισκότο (ουδ.)	[biskóto]

chocolate (m)	σοκολάτα (θηλ.)	[sokoľáta]
de chocolate	σοκολατένιος	[sokoľaténios]
rebuçado (m)	καραμέλα (θηλ.)	[karaméľa]
bolo (cupcake, etc.)	κέικ (ουδ.)	[kéjk]
bolo (m) de aniversário	τούρτα (θηλ.)	[túrta]

| tarte (~ de maçã) | πίτα (θηλ.) | [píta] |
| recheio (m) | γέμιση (θηλ.) | [jémisi] |

doce (m)	μαρμελάδα (θηλ.)	[marmeľáða]
geleia (f) de frutas	μαρμελάδα (θηλ.)	[marmeľáða]
waffle (m)	γκοφρέτες (θηλ.πλ.)	[gofrétes]
gelado (m)	παγωτό (ουδ.)	[paγotó]

46. Pratos cozinhados

prato (m)	πιάτο (ουδ.)	[piáto]
cozinha (~ portuguesa)	κουζίνα (θηλ.)	[kuzína]
receita (f)	συνταγή (θηλ.)	[sindají]
porção (f)	μερίδα (θηλ.)	[meríða]

| salada (f) | σαλάτα (θηλ.) | [saľáta] |
| sopa (f) | σούπα (θηλ.) | [súpa] |

| caldo (m) | ζωμός (αρ.) | [zomós] |
| sandes (f) | σάντουιτς (ουδ.) | [sánduits] |

ovos (m pl) estrelados	τηγανητά αυγά (ουδ.πλ.)	[tiɣanitá avɣá]
hambúrguer (m)	χάμπουργκερ (ουδ.)	[xámburger]
bife (m)	μπριζόλα (θηλ.)	[brizólʲa]

conduto (m)	συνοδευτικό πιάτο (ουδ.)	[sinoðeftikó piáto]
espaguete (m)	σπαγγέτι (ουδ.)	[spagéti]
puré (m) de batata	πουρές (αρ.)	[purés]
pizza (f)	πίτσα (θηλ.)	[pítsa]
omelete (f)	ομελέτα (θηλ.)	[omeléta]

cozido em água	βραστός	[vrastós]
fumado	καπνιστός	[kapnistós]
frito	τηγανητός	[tiɣanitós]
seco	αποξηραμένος	[apoksiraménos]
congelado	κατεψυγμένος	[katepsiɣménos]
em conserva	τουρσί	[tursí]

doce (açucarado)	γλυκός	[ɣlikós]
salgado	αλμυρός	[alʲmirós]
frio	κρύος	[kríos]
quente	ζεστός	[zestós]
amargo	πικρός	[pikrós]
gostoso	νόστιμος	[nóstimos]

cozinhar (em água a ferver)	βράζω	[vrázo]
fazer, preparar (vt)	μαγειρεύω	[majirévo]
fritar (vt)	τηγανίζω	[tiɣanízo]
aquecer (vt)	ζεσταίνω	[zesténo]

salgar (vt)	αλατίζω	[alʲatízo]
apimentar (vt)	πιπερώνω	[piperóno]
ralar (vt)	τρίβω	[trívo]
casca (f)	φλούδα (θηλ.)	[flʲúða]
descascar (vt)	καθαρίζω	[kaθarízo]

47. Especiarias

sal (m)	αλάτι (ουδ.)	[alʲáti]
salgado	αλμυρός	[alʲmirós]
salgar (vt)	αλατίζω	[alʲatízo]

pimenta (f) preta	μαύρο πιπέρι (ουδ.)	[mávro pipéri]
pimenta (f) vermelha	κόκκινο πιπέρι (ουδ.)	[kókino pipéri]
mostarda (f)	μουστάρδα (θηλ.)	[mustárða]
raiz-forte (f)	χρένο (ουδ.)	[xréno]

condimento (m)	μπαχαρικό (ουδ.)	[baxarikó]
especiaria (f)	καρύκευμα (ουδ.)	[karíkevma]
molho (m)	σάλτσα (θηλ.)	[sálʲtsa]
vinagre (m)	ξίδι (ουδ.)	[ksíði]

anis (m)	γλυκάνισος (αρ.)	[ɣlikánisos]
manjericão (m)	βασιλικός (αρ.)	[vasilikós]
cravo (m)	γαρίφαλο (ουδ.)	[ɣarífalʲo]

gengibre (m)	πιπερόριζα (θηλ.)	[piperóriza]
coentro (m)	κόλιανδρος (αρ.)	[kólianðros]
canela (f)	κανέλα (θηλ.)	[kanélʲa]

sésamo (m)	σουσάμι (ουδ.)	[susámi]
folhas (f pl) de louro	φύλλο δάφνης (ουδ.)	[fílʲo ðáfnis]
páprica (f)	πάπρικα (θηλ.)	[páprika]
cominho (m)	κύμινο (ουδ.)	[kímino]
açafrão (m)	σαφράν (ουδ.)	[safrán]

48. Refeições

| comida (f) | τροφή (θηλ.), φαγητό (ουδ.) | [trofí], [faʝitó] |
| comer (vt) | τρώω | [tróo] |

pequeno-almoço (m)	πρωινό (ουδ.)	[proinó]
tomar o pequeno-almoço	παίρνω πρωινό	[pérno proinó]
almoço (m)	μεσημεριανό (ουδ.)	[mesimerianó]
almoçar (vi)	τρώω μεσημεριανό	[tróo mesimerianó]

| jantar (m) | δείπνο (ουδ.) | [ðípno] |
| jantar (vi) | τρώω βραδινό | [tróo vraðinó] |

| apetite (m) | όρεξη (θηλ.) | [óreksi] |
| Bom apetite! | Καλή όρεξη! | [kalí óreksi] |

abrir (~ uma lata, etc.)	ανοίγω	[aníɣo]
derramar (vt)	χύνω	[xíno]
derramar-se (vr)	χύνομαι	[xínome]

ferver (vi)	βράζω	[vrázo]
ferver (vt)	βράζω	[vrázo]
fervido	βρασμένος	[vrazménos]

| arrefecer (vt) | κρυώνω | [krióno] |
| arrefecer-se (vr) | κρυώνω | [krióno] |

| sabor, gosto (m) | γεύση (θηλ.) | [ʝéfsi] |
| gostinho (m) | επίγευση (θηλ.) | [epíʝefsi] |

fazer dieta	αδυνατίζω	[aðinatízo]
dieta (f)	δίαιτα (θηλ.)	[ðíeta]
vitamina (f)	βιταμίνη (θηλ.)	[vitamíni]
caloria (f)	θερμίδα (θηλ.)	[θermíða]

| vegetariano (m) | χορτοφάγος (αρ.) | [xortofáɣos] |
| vegetariano | χορτοφάγος | [xortofáɣos] |

gorduras (f pl)	λίπη (ουδ.πλ.)	[lípi]
proteínas (f pl)	πρωτεΐνες (θηλ.πλ.)	[proteínes]
carboidratos (m pl)	υδατάνθρακες (αρ.πλ.)	[iðatánθrakes]
fatia (~ de limão, etc.)	φέτα (θηλ.)	[féta]
pedaço (~ de bolo)	κομμάτι (ουδ.)	[komáti]
migalha (f)	ψίχουλο (ουδ.)	[psíxulʲo]

49. Por a mesa

colher (f)	κουτάλι (ουδ.)	[kutáli]
faca (f)	μαχαίρι (ουδ.)	[maxéri]
garfo (m)	πιρούνι (ουδ.)	[pirúni]

chávena (f)	φλιτζάνι (ουδ.)	[flidzáni]
prato (m)	πιάτο (ουδ.)	[piáto]
pires (m)	πιατάκι (ουδ.)	[piatáki]
guardanapo (m)	χαρτοπετσέτα (θηλ.)	[xartopetséta]
palito (m)	οδοντογλυφίδα (θηλ.)	[oðondoɣlifíða]

50. Restaurante

restaurante (m)	εστιατόριο (ουδ.)	[estiatório]
café (m)	καφετέρια (θηλ.)	[kafetéria]
bar (m), cervejaria (f)	μπαρ (ουδ.), μπυραρία (θηλ.)	[bar], [biraría]
salão (m) de chá	τσαγερί (θηλ.)	[tsajerí]

empregado (m) de mesa	σερβιτόρος (αρ.)	[servitóros]
empregada (f) de mesa	σερβιτόρα (θηλ.)	[servitóra]
barman (m)	μπάρμαν (αρ.)	[bárman]

ementa (f)	κατάλογος (αρ.)	[katálloɣos]
lista (f) de vinhos	κατάλογος κρασιών (αρ.)	[katálloɣos krasión]
reservar uma mesa	κλείνω τραπέζι	[klíno trapézi]

prato (m)	πιάτο (ουδ.)	[piáto]
pedir (vt)	παραγγέλνω	[parangélino]
fazer o pedido	κάνω παραγγελία	[káno parangelía]

aperitivo (m)	απεριτίφ (ουδ.)	[aperitíf]
entrada (f)	ορεκτικό (ουδ.)	[orektikó]
sobremesa (f)	επιδόρπιο (ουδ.)	[epiðórpio]

conta (f)	λογαριασμός (αρ.)	[lloɣariazmós]
pagar a conta	πληρώνω λογαριασμό	[pliróno lloɣariazmó]
dar o troco	δίνω τα ρέστα	[ðíno ta résta]
gorjeta (f)	πουρμπουάρ (ουδ.)	[purbuár]

Família, parentes e amigos

51. Informação pessoal. Formulários

nome (m)	όνομα (ουδ.)	[ónoma]
apelido (m)	επώνυμο (ουδ.)	[epónimo]
data (f) de nascimento	ημερομηνία γέννησης (θηλ.)	[imerominía jénisis]
local (m) de nascimento	τόπος γέννησης (αρ.)	[tópos jénisis]
nacionalidade (f)	εθνικότητα (θηλ.)	[eθnikótita]
lugar (m) de residência	τόπος διαμονής (αρ.)	[tópos ðiamonís]
país (m)	χώρα (θηλ.)	[xóra]
profissão (f)	επάγγελμα (ουδ.)	[epángelima]
sexo (m)	φύλο (ουδ.)	[fílio]
estatura (f)	ύψος, μπόι (ουδ.)	[ípsos], [bói]
peso (m)	βάρος (ουδ.)	[város]

52. Membros da família. Parentes

mãe (f)	μητέρα (θηλ.)	[mitéra]
pai (m)	πατέρας (αρ.)	[patéras]
filho (m)	γιός (αρ.)	[jos]
filha (f)	κόρη (θηλ.)	[kóri]
filha (f) mais nova	μικρότερη κόρη (ουδ.)	[mikróteri kóri]
filho (m) mais novo	μικρότερος γιός (αρ.)	[mikróteros jos]
filha (f) mais velha	μεγαλύτερη κόρη (θηλ.)	[meγalíteri kóri]
filho (m) mais velho	μεγαλύτερος γιός (αρ.)	[meγalíteros jiós]
irmão (m)	αδερφός (αρ.)	[aðerfós]
irmã (f)	αδερφή (θηλ.)	[aðerfí]
primo (m)	ξάδερφος (αρ.)	[ksáðerfos]
prima (f)	ξαδέρφη (θηλ.)	[ksaðérfi]
mamã (f)	μαμά (θηλ.)	[mamá]
papá (m)	μπαμπάς (αρ.)	[babás]
pais (pl)	γονείς (αρ.πλ.)	[γonís]
criança (f)	παιδί (ουδ.)	[peðí]
crianças (f pl)	παιδιά (ουδ.πλ.)	[peðiá]
avó (f)	γιαγιά (θηλ.)	[jajá]
avô (m)	παπούς (αρ.)	[papús]
neto (m)	εγγονός (αρ.)	[engonós]
neta (f)	εγγονή (θηλ.)	[engoní]
netos (pl)	εγγόνια (ουδ.πλ.)	[engónia]
tio (m)	θείος (αρ.)	[θíos]
tia (f)	θεία (θηλ.)	[θía]

| sobrinho (m) | ανιψιός (αρ.) | [anipsiós] |
| sobrinha (f) | ανιψιά (θηλ.) | [anipsiá] |

sogra (f)	πεθερά (θηλ.)	[peθerá]
sogro (m)	πεθερός (αρ.)	[peθerós]
genro (m)	γαμπρός (αρ.)	[ɣambrós]
madrasta (f)	μητριά (θηλ.)	[mitriá]
padrasto (m)	πατριός (αρ.)	[patriós]

criança (f) de colo	βρέφος (ουδ.)	[vréfos]
bebé (m)	βρέφος (ουδ.)	[vréfos]
menino (m)	νήπιο (ουδ.)	[nípio]

mulher (f)	γυναίκα (θηλ.)	[jinéka]
marido (m)	άνδρας (αρ.)	[ánðras]
esposo (m)	σύζυγος (αρ.)	[síziɣos]
esposa (f)	σύζυγος (θηλ.)	[síziɣos]

casado	παντρεμένος	[pandreménos]
casada	παντρεμένη	[pandreméni]
solteiro	ανύπαντρος	[anípandros]
solteirão (m)	εργένης (αρ.)	[erjénis]
divorciado	χωρισμένος	[xorizménos]
viúva (f)	χήρα (θηλ.)	[xíra]
viúvo (m)	χήρος (αρ.)	[xíros]

parente (m)	συγγενής (αρ.)	[singenís]
parente (m) próximo	κοντινός συγγενής (αρ.)	[kondinós singenís]
parente (m) distante	μακρινός συγγενής (αρ.)	[makrinós singenís]
parentes (m pl)	συγγενείς (αρ.πλ.)	[singenís]

órfão (m), órfã (f)	ορφανό (ουδ.)	[orfanó]
tutor (m)	κηδεμόνας (αρ.)	[kiðemónas]
adotar (um filho)	υιοθετώ	[ioθetó]
adotar (uma filha)	υιοθετώ	[ioθetó]

53. Amigos. Colegas de trabalho

amigo (m)	φίλος (αρ.)	[fílʲos]
amiga (f)	φίλη (θηλ.)	[fili]
amizade (f)	φιλία (θηλ.)	[filía]
ser amigos	κάνω φιλία	[káno filía]

amigo (m)	φίλος (αρ.)	[fílʲos]
amiga (f)	φιλενάδα (θηλ.)	[filenáða]
parceiro (m)	συνέταιρος (αρ.)	[sinéteros]

chefe (m)	αφεντικό (ουδ.)	[afendikó]
superior (m)	προϊστάμενος (αρ.)	[projstámenos]
subordinado (m)	υφιστάμενος (αρ.)	[ifistámenos]
colega (m)	συνεργάτης (αρ.)	[sinerɣátis]

| conhecido (m) | γνωστός (αρ.) | [ɣnostós] |
| companheiro (m) de viagem | συνταξιδιώτης (αρ.) | [sindaksiðiótis] |

colega (m) de classe	συμμαθητής (αρ.)	[simaθitís]
vizinho (m)	γείτονας (αρ.)	[jítonas]
vizinha (f)	γειτόνισσα (θηλ.)	[jitónisa]
vizinhos (pl)	γείτονες (αρ.πλ.)	[jítones]

54. Homem. Mulher

mulher (f)	γυναίκα (θηλ.)	[jinéka]
rapariga (f)	κοπέλα (θηλ.)	[kopéľa]
noiva (f)	νύφη (θηλ.)	[nífi]

bonita	όμορφη	[ómorfi]
alta	ψηλή	[psilí]
esbelta	λεπτή	[leptí]
de estatura média	κοντή	[kondí]

| loura (f) | ξανθιά (θηλ.) | [ksanθxá] |
| morena (f) | μελαχρινή (θηλ.) | [meľaxriní] |

de senhora	γυναικείος	[jinekíos]
virgem (f)	παρθένα (θηλ.)	[parθéna]
grávida	έγκυος	[éngios]

homem (m)	άντρας, άνδρας (αρ.)	[ándras], [ánðras]
louro (m)	ξανθός (αρ.)	[ksanθós]
moreno (m)	μελαχρινός (αρ.)	[meľaxrinós]
alto	ψηλός	[psiľós]
de estatura média	κοντός	[kondós]

rude	άξεστος	[áksestos]
atarracado	γεροδεμένος	[jeroðeménos]
robusto	ρωμαλέος	[romaléos]
forte	δυνατός	[ðinatós]
força (f)	δύναμη (θηλ.)	[ðínami]

gordo	χοντρός, παχύς	[xondrós], [paxís]
moreno	μελαψός	[meľapsós]
esbelto	λεπτός	[leptós]
elegante	κομψός	[kompsós]

55. Idade

idade (f)	ηλικία (θηλ.)	[ilikía]
juventude (f)	νιάτα (πλ.)	[niáta]
jovem	νέος, νεαρός	[néos], [nearós]

| mais novo | μικρότερος | [mikróteros] |
| mais velho | μεγαλύτερος | [meɣalíteros] |

jovem (m)	νεαρός (αρ.)	[nearós]
adolescente (m)	έφηβος (αρ.)	[éfivos]
rapaz (m)	αγόρι (ουδ.)	[aɣóri]

| velho (m) | γέρος (αρ.) | [jéros] |
| velhota (f) | γριά (θηλ.) | [γriá] |

adulto	ενήλικος	[enílikos]
de meia-idade	μέσης ηλικίας	[mésis ilikías]
idoso, de idade	ηλικιωμένος	[ilikioménos]
velho	γέρος	[jéros]

reforma (f)	σύνταξη (θηλ.)	[síndaksi]
reformar-se (vr)	βγαίνω σε σύνταξη	[vjéno se síndaksi]
reformado (m)	συνταξιούχος (αρ.)	[sindaksiúxos]

56. Crianças

criança (f)	παιδί (ουδ.)	[peðí]
crianças (f pl)	παιδιά (ουδ.πλ.)	[peðiá]
gémeos (m pl)	δίδυμα (πλ.)	[ðíðima]

berço (m)	κούνια (θηλ.)	[kúnia]
guizo (m)	κουδουνίστρα (θηλ.)	[kuðunístra]
fralda (f)	πάνα (θηλ.), πάμπερς (ουδ.)	[pána], [pámpers]

chupeta (f)	πιπίλα (θηλ.)	[pipíl'a]
carrinho (m) de bebé	καροτσάκι (ουδ.)	[karotsáki]
jardim (m) de infância	παιδικός σταθμός (αρ.)	[peðikós staθmós]
babysitter (f)	νταντά (θηλ.)	[dadá]

infância (f)	παιδικά χρόνια (ουδ.πλ.)	[peðiká xrónia]
boneca (f)	κούκλα (θηλ.)	[kúkl'a]
brinquedo (m)	παιχνίδι (ουδ.)	[pexníði]

bem-educado	ευγενικός	[evjenikós]
mal-educado	αγενής	[ajenís]
mimado	κακομαθημένος	[kakomaθiménos]

ser travesso	κάνω αταξίες	[káno ataksíes]
travesso, traquinas	άτακτος	[átaktos]
travessura (f)	αταξία (θηλ.)	[ataksía]
criança (f) travessa	άτακτο παιδί (ουδ.)	[átakto peðí]

| obediente | υπάκουος | [ipákuos] |
| desobediente | ανυπάκουος | [anipákuos] |

dócil	πειθήνιος	[piθínios]
inteligente	έξυπνος	[éksipnos]
menino (m) prodígio	παιδί θαύμα (ουδ.)	[peðiθávma]

57. Casais. Vida de família

beijar (vt)	φιλάω	[fil'áo]
beijar-se (vr)	φιλιέμαι	[filiéme]
família (f)	οικογένεια (θηλ.)	[ikojénia]

familiar	οικογενειακός	[ikojeniakós]
casal (m)	ζευγάρι (ουδ.)	[zevγári]
matrimónio (m)	γάμος (αρ.)	[γámos]
lar (m)	σπίτι (ουδ.)	[spíti]
dinastia (f)	δυναστεία (θηλ.)	[ðinastía]
encontro (m)	ραντεβού (ουδ.)	[randevú]
beijo (m)	φιλί (ουδ.)	[filí]
amor (m)	αγάπη (θηλ.)	[aγápi]
amar (vt)	αγαπάω	[aγapáo]
amado, querido	αγαπημένος	[aγapiménos]
ternura (f)	τρυφερότητα (θηλ.)	[triferótita]
terno, afetuoso	τρυφερός	[triferós]
fidelidade (f)	πίστη (θηλ.)	[písti]
fiel	πιστός	[pistós]
cuidado (m)	φροντίδα (θηλ.)	[frondíða]
carinhoso	στοργικός	[storjikós]
recém-casados (m pl)	νεόνυμφοι (πλ.)	[neónimfi]
lua de mel (f)	ταξίδι του μέλιτος (ουδ.)	[taksíði tu mélitos]
casar-se (com um homem)	παντρεύομαι	[pandrévome]
casar-se (com uma mulher)	παντρεύομαι	[pandrévome]
boda (f)	γάμος (αρ.)	[γámos]
bodas (f pl) de ouro	χρυσή επέτειος (θηλ.)	[xrisí epétios]
aniversário (m)	επέτειος (θηλ.)	[epétios]
amante (m)	εραστής (αρ.)	[erastís]
amante (f)	ερωμένη (θηλ.)	[eroméni]
adultério (m)	απιστία, μοιχεία (θηλ.)	[apistía], [mixía]
cometer adultério	απατώ	[apató]
ciumento	ζηλιάρης	[ziliáris]
ser ciumento	ζηλεύω	[zilévo]
divórcio (m)	διαζύγιο (ουδ.)	[ðiazíjo]
divorciar-se (vr)	χωρίζω	[xorízo]
brigar (discutir)	τσακώνομαι	[tsakónome]
fazer as pazes	συμφιλιώνομαι	[simfiliónome]
juntos	μαζί	[mazí]
sexo (m)	σεξ (ουδ.)	[seks]
felicidade (f)	ευτυχία (θηλ.)	[eftixía]
feliz	ευτυχισμένος	[eftixizménos]
infelicidade (f)	κακοτυχία (θηλ.)	[kakotixía]
infeliz	στεναχωρημένος	[stenaxoriménos]

Caráter. Sentimentos. Emoções

58. Sentimentos. Emoções

sentimento (m)	αίσθημα (ουδ.)	[ésθima]
sentimentos (m pl)	αισθήματα (ουδ.πλ.)	[esθímata]
fome (f)	πείνα (θηλ.)	[pína]
ter fome	πεινάω	[pináo]
sede (f)	δίψα (θηλ.)	[ðípsa]
ter sede	διψάω	[ðipsáo]
sonolência (f)	νύστα (θηλ.)	[nísta]
estar sonolento	νυστάζω	[nistázo]
cansaço (m)	κούραση (θηλ.)	[kúrasi]
cansado	κουρασμένος	[kurazménos]
ficar cansado	κουράζομαι	[kurázome]
humor (m)	διάθεση (θηλ.)	[ðiáθesi]
tédio (m)	ανία (θηλ.)	[anía]
aborrecer-se (vr)	βαριέμαι	[variéme]
isolamento (m)	απομόνωση (θηλ.)	[apomónosi]
isolar-se	απομονώνομαι	[apomonónome]
preocupar (vt)	ανησυχώ	[anisixó]
preocupar-se (vr)	ανησυχώ	[anisixó]
preocupação (f)	ανησυχία (θηλ.)	[anisixía]
ansiedade (f)	άγχος (ουδ.)	[ánxos]
preocupado	προβληματισμένος	[provlimatizménos]
estar nervoso	αγχώνομαι	[anxónome]
entrar em pânico	πανικοβάλλομαι	[panikovál'ome]
esperança (f)	ελπίδα (θηλ.)	[el'pída]
esperar (vt)	ελπίζω	[el'pízo]
certeza (f)	σιγουριά (θηλ.)	[siɣuriá]
certo	σίγουρος	[síɣuros]
indecisão (f)	αβεβαιότητα (θηλ.)	[aveveótita]
indeciso	αβέβαιος	[avéveos]
ébrio, bêbado	μεθυσμένος	[meθizménos]
sóbrio	νηφάλιος	[nifálios]
fraco	αδύναμος	[aðínamos]
feliz	τυχερός	[tixerós]
assustar (vt)	τρομάζω	[tromázo]
fúria (f)	λύσσα (θηλ.)	[lísa]
ira, raiva (f)	οργή (θηλ.)	[orjí]
depressão (f)	κατάθλιψη (θηλ.)	[katáθlipsi]
desconforto (m)	δυσφορία (θηλ.)	[ðisforía]

conforto (m)	άνεση (θηλ.)	[ánesi]
arrepender-se (vr)	λυπάμαι	[lipáme]
arrependimento (m)	λύπη (θηλ.)	[lípi]
azar (m), má sorte (f)	ατυχία (θηλ.)	[atixía]
tristeza (f)	στεναχώρια (θηλ.)	[stenaxória]

vergonha (f)	ντροπή (θηλ.)	[dropí]
alegria (f)	χαρά (θηλ.)	[xará]
entusiasmo (m)	ενθουσιασμός (αρ.)	[enθusiazmós]
entusiasta (m)	ενθουσιαστής (αρ.)	[enθusiastís]
mostrar entusiasmo	ενθουσιάζομαι	[enθusiázome]

59. Caráter. Personalidade

caráter (m)	χαρακτήρας (αρ.)	[xaraktíras]
falha (f) de caráter	ελάττωμα (ουδ.)	[el'átoma]
mente (f)	μυαλό (ουδ.)	[mial'ó]
razão (f)	λογική (θηλ.)	[l'ojikí]

consciência (f)	συνείδηση (θηλ.)	[siníðisi]
hábito (m)	συνήθεια (θηλ.)	[siníθia]
habilidade (f)	ικανότητα (θηλ.)	[ikanótita]
saber (~ nadar, etc.)	ξέρω	[kséro]

paciente	υπομονετικός	[ipomonetikós]
impaciente	ανυπόμονος	[anipómonos]
curioso	περίεργος	[períeryos]
curiosidade (f)	περιέργεια (θηλ.)	[periérjia]

modéstia (f)	σεμνότητα (θηλ.)	[semnótita]
modesto	σεμνός	[semnós]
imodesto	άσεμνος	[ásemnos]

preguiça (f)	τεμπελιά (θηλ.)	[tembeliá]
preguiçoso	τεμπέλης	[tembélis]
preguiçoso (m)	τεμπέλης (αρ.)	[tembélis]

astúcia (f)	πονηριά (θηλ.)	[poniriá]
astuto	πονηρός	[ponirós]
desconfiança (f)	δυσπιστία (θηλ.)	[ðispistía]
desconfiado	δύσπιστος	[ðíspistos]

generosidade (f)	γενναιοδωρία (θηλ.)	[jeneoðoría]
generoso	γενναιόδωρος	[jeneóðoros]
talentoso	ταλαντούχος	[tal'andúxos]
talento (m)	ταλέντο (ουδ.)	[taléndo]

corajoso	θαρραλέος	[θaraléos]
coragem (f)	θάρρος (ουδ.)	[θáros]
honesto	τίμιος	[tímios]
honestidade (f)	τιμιότητα (θηλ.)	[timiótita]

prudente	προσεκτικός	[prosektikós]
valente	θαρραλέος	[θaraléos]

| sério | σοβαρός | [sovarós] |
| severo | αυστηρός | [afstirós] |

decidido	αποφασιστικός	[apofasistikós]
indeciso	αναποφάσιστος	[anapofásistos]
tímido	άτολμος	[átol^jmos]
timidez (f)	ατολμία (θηλ.)	[atol^jmía]

confiança (f)	εμπιστοσύνη (θηλ.)	[embistosíni]
confiar (vt)	εμπιστεύομαι	[embistévome]
crédulo	ευκολόπιστος	[efkol^jópistos]

sinceramente	ειλικρινά	[ilikriná]
sincero	ειλικρινής	[ilikrinís]
sinceridade (f)	ειλικρίνεια (θηλ.)	[ilikrínia]
aberto	ανοιχτός	[anixtós]

calmo	ήσυχος	[ísixos]
franco	ειλικρινής	[ilikrinís]
ingénuo	αφελής	[afelís]
distraído	αφηρημένος	[afiriménos]
engraçado	αστείος	[astíos]

ganância (f)	τσιγκουνιά (θηλ.)	[tsinguniá]
ganancioso	τσιγκούνης	[tsingúnis]
avarento	φιλάργυρος	[fil^járɟiros]
mau	κακός	[kakós]
teimoso	πεισματάρης	[pizmatáris]
desagradável	δυσάρεστος	[ðisárestos]

egoísta (m)	εγωιστής (αρ.)	[eɣoistís]
egoísta	εγωιστικός	[eɣoistikós]
cobarde (m)	δειλός	[ðil^jós]
cobarde	δειλός	[ðil^jós]

60. O sono. Sonhos

dormir (vi)	κοιμάμαι	[kimáme]
sono (m)	ύπνος (αρ.)	[ípnos]
sonho (m)	όνειρο (ουδ.)	[óniro]
sonhar (vi)	βλέπω όνειρα	[vlépo ónira]
sonolento	νυσταγμένος	[nistaɣménos]

cama (f)	κρεβάτι (ουδ.)	[kreváti]
colchão (m)	στρώμα (ουδ.)	[stróma]
cobertor (m)	πάπλωμα (ουδ.)	[pápl^joma]
almofada (f)	μαξιλάρι (ουδ.)	[maksil^jári]
lençol (m)	σεντόνι (ουδ.)	[sendóni]

insónia (f)	αϋπνία (θηλ.)	[aipnía]
insone	άυπνος	[áipnos]
sonífero (m)	υπνωτικό χάπι (ουδ.)	[ipnotikó xápi]
tomar um sonífero	παίρνω υπνωτικό χάπι	[pérno ipnotikó xápi]
estar sonolento	νυστάζω	[nistázo]

58

bocejar (vi)	χασμουριέμαι	[xazmuriéme]
ir para a cama	πηγαίνω για ύπνο	[pijéno ja ípno]
fazer a cama	στρώνω το κρεβάτι	[stróno to kreváti]
adormecer (vi)	αποκοιμάμαι	[apokimáme]

pesadelo (m)	εφιάλτης (αρ.)	[efiál'tis]
ronco (m)	ροχαλητό (ουδ.)	[roxalitó]
roncar (vi)	ροχαλίζω	[roxalízo]

despertador (m)	ξυπνητήρι (ουδ.)	[ksipnitíri]
acordar, despertar (vt)	ξυπνάω	[ksipnáo]
acordar (vi)	ξυπνάω	[ksipnáo]
levantar-se (vr)	σηκώνομαι	[sikónome]
lavar-se (vr)	πλένομαι	[plénome]

61. Humor. Riso. Alegria

humor (m)	χιούμορ (ουδ.)	[xúmor]
sentido (m) de humor	αίσθηση του χιούμορ (θηλ.)	[ésθisi tu xúmor]
divertir-se (vr)	διασκεδάζω	[ðiaskeðázo]
alegre	χαρούμενος	[xarúmenos]
alegria (f)	ευθυμία (θηλ.)	[efθimía]

sorriso (m)	χαμόγελο (ουδ.)	[xamójel'o]
sorrir (vi)	χαμογελάω	[xamojel'áo]
começar a rir	ξεκινώ να γελάω	[ksekinó na jel'áo]
rir (vi)	γελάω	[jel'áo]
riso (m)	γέλιο (ουδ.)	[jélio]

anedota (f)	ανέκδοτο (ουδ.)	[anékðoto]
engraçado	αστείος	[astíos]
ridículo	αστείος	[astíos]

brincar, fazer piadas	αστειεύομαι	[astiévome]
piada (f)	αστείο (ουδ.)	[astío]
alegria (f)	χαρά (θηλ.)	[xará]
regozijar-se (vr)	χαίρομαι	[xérome]
alegre	χαρούμενος	[xarúmenos]

62. Discussão, conversação. Parte 1

comunicação (f)	επικοινωνία (θηλ.)	[epikinonía]
comunicar-se (vr)	επικοινωνώ	[epikinonó]

conversa (f)	κουβέντα (θηλ.)	[kuvénda]
diálogo (m)	διάλογος (αρ.)	[ðiál'oγos]
discussão (f)	συζήτηση (θηλ.)	[sizítisi]
debate (m)	διαμάχη (θηλ.)	[ðiamáxi]
debater (vt)	λογομαχώ	[l'oγomaxó]

interlocutor (m)	συνομιλητής (αρ.)	[sinomilitís]
tema (m)	θέμα (ουδ.)	[θéma]

ponto (m) de vista	άποψη (θηλ.)	[ápopsi]
opinião (f)	άποψη (θηλ.)	[ápopsi]
discurso (m)	ομιλία (θηλ.)	[omilía]

discussão (f)	συζήτηση (θηλ.)	[sizítisi]
discutir (vt)	συζητώ	[sizitó]
conversa (f)	συζήτηση (θηλ.)	[sizítisi]
conversar (vi)	συζητώ	[sizitó]
encontro (m)	συνάντηση (θηλ.)	[sinándisi]
encontrar-se (vr)	συναντιέμαι	[sinandiéme]

provérbio (m)	παροιμία (θηλ.)	[parimía]
ditado (m)	ρητό (ουδ.)	[ritó]
adivinha (f)	αίνιγμα (ουδ.)	[éniɣma]
dizer uma adivinha	θέτω αίνιγμα	[θeto éniɣma]
senha (f)	κωδικός (αρ.)	[koðikós]
segredo (m)	μυστικό (ουδ.)	[mistikó]

juramento (m)	όρκος (αρ.)	[órkos]
jurar (vi)	ορκίζομαι	[orkízome]
promessa (f)	υπόσχεση (θηλ.)	[ipósxesi]
prometer (vt)	υπόσχομαι	[ipósxome]

conselho (m)	συμβουλή (θηλ.)	[simvulí]
aconselhar (vt)	συμβουλεύω	[simvulévo]
escutar (~ os conselhos)	υπακούω	[ipakúo]

novidade, notícia (f)	νέα (ουδ.)	[néa]
sensação (f)	εντύπωση (θηλ.)	[endíposi]
informação (f)	στοιχεία (ουδ.πλ.)	[stixía]
conclusão (f)	συμπέρασμα (ουδ.)	[simbérazma]
voz (f)	φωνή (θηλ.)	[foní]
elogio (m)	κομπλιμέντο (ουδ.)	[kombliméndo]
amável	ευγενικός	[evjenikós]

palavra (f)	λέξη (θηλ.)	[léksi]
frase (f)	φράση (θηλ.)	[frási]
resposta (f)	απάντηση (θηλ.)	[apándisi]

verdade (f)	αλήθεια (θηλ.)	[alíθia]
mentira (f)	ψέμα (ουδ.)	[pséma]

pensamento (m)	σκέψη (θηλ.)	[sképsi]
ideia (f)	ιδέα (θηλ.)	[iðéa]
fantasia (f)	φαντασιοπληξία (θηλ.)	[fandasiopliksía]

63. Discussão, conversação. Parte 2

estimado	αξιοσέβαστος	[aksiosévastos]
respeitar (vt)	σέβομαι	[sévome]
respeito (m)	σεβασμός (αρ.)	[sevazmós]
Estimado ..., Caro ...	Αξιότιμε ...	[aksiótime]
apresentar (vt)	συστήνω	[sistíno]
intenção (f)	πρόθεση (θηλ.)	[próθesi]

tencionar (vt)	σκοπεύω	[skopévo]
desejo (m)	ευχή (θηλ.)	[efxí]
desejar (ex. ~ boa sorte)	εύχομαι	[éfxome]

surpresa (f)	έκπληξη (θηλ.)	[ékpliksi]
surpreender (vt)	εκπλήσσω	[ekplíso]
surpreender-se (vr)	εκπλήσσομαι	[ekplísome]

dar (vt)	δίνω	[δíno]
pegar (tomar)	παίρνω	[pérno]
devolver (vt)	επιστρέφω	[epistréfo]
retornar (vt)	επιστρέφω	[epistréfo]

desculpar-se (vr)	ζητώ συγνώμη	[zitó siɣnómi]
desculpa (f)	συγνώμη (θηλ.)	[siɣnómi]
perdoar (vt)	συγχωρώ	[sinxoró]

falar (vi)	μιλάω	[milʲáo]
escutar (vt)	ακούω	[akúo]
ouvir até o fim	ακούω	[akúo]
compreender (vt)	καταλαβαίνω	[katalʲavéno]

mostrar (vt)	δείχνω	[δíxno]
olhar para …	κοιτάω	[kitáo]
chamar (dizer em voz alta o nome)	καλώ	[kalʲó]
perturbar (vt)	ενοχλώ	[enoxlʲó]
entregar (~ em mãos)	μεταβιβάζω	[metavivázo]

pedido (m)	παράκληση (θηλ.)	[paráklisi]
pedir (ex. ~ ajuda)	ζητάω	[zitáo]
exigência (f)	απαίτηση (θηλ.)	[apétisi]
exigir (vt)	απαιτώ	[apetó]

chamar nomes (vt)	κοροϊδεύω	[koroiδévo]
zombar (vt)	κοροϊδεύω	[koroiδévo]
zombaria (f)	χλευασμός (αρ.)	[xlevazmós]
alcunha (f)	παρατσούκλι (ουδ.)	[paratsúkli]

insinuação (f)	υπαινιγμός (αρ.)	[ipeniɣmós]
insinuar (vt)	υπαινίσσομαι	[ipenísome]
subentender (vt)	σημαίνω	[siméno]

descrição (f)	περιγραφή (θηλ.)	[periɣrafí]
descrever (vt)	περιγράφω	[periɣráfo]
elogio (m)	έπαινος (αρ.)	[épenos]
elogiar (vt)	παινεύω	[penévo]

desapontamento (m)	απογοήτευση (θηλ.)	[apoɣoítefsi]
desapontar (vt)	απογοητεύω	[apoɣoitévo]
desapontar-se (vr)	απογοητεύομαι	[apoɣoitévome]

suposição (f)	υπόθεση (θηλ.)	[ipóθesi]
supor (vt)	υποθέτω	[ipoθéto]
advertência (f)	προειδοποίηση (θηλ.)	[proiδopíisi]
advertir (vt)	προειδοποιώ	[proiδopió]

64. Discussão, conversação. Parte 3

convencer (vt)	πείθω	[píθo]
acalmar (vt)	καθησυχάζω	[kaθisixázo]

silêncio (o ~ é de ouro)	σιωπή (θηλ.)	[siopí]
ficar em silêncio	σιωπώ	[siopó]
sussurrar (vt)	ψιθυρίζω	[psiθirízo]
sussurro (m)	ψιθύρισμα (ουδ.)	[psiθírizma]

francamente	ειλικρινά	[ilikriná]
a meu ver ...	κατά τη γνώμη μου ...	[katá ti γnómi mu]

detalhe (~ da história)	λεπτομέρεια (θηλ.)	[leptoméria]
detalhado	λεπτομερής	[leptomerís]
detalhadamente	λεπτομερώς	[leptomerós]

dica (f)	υπαινιγμός (αρ.)	[ipeniγmós]
dar uma dica	υπαινίσσομαι	[ipenísome]

olhar (m)	βλέμμα (ουδ.)	[vléma]
dar uma vista de olhos	ρίχνω ματιά	[ríxno matiá]
fixo (olhar ~)	απλανής	[aplˈanís]
piscar (vi)	ανοιγοκλείνω τα μάτια	[aniγoklíno ta mátia]
pestanejar (vt)	κλείνω το μάτι	[klíno to máti]
acenar (com a cabeça)	γνέφω	[γnéfo]

suspiro (m)	αναπνοή (θηλ.)	[anapnoí]
suspirar (vi)	αναστενάζω	[anastenázo]
estremecer (vi)	τρέμω	[trémo]
gesto (m)	χειρονομία (θηλ.)	[xironomía]
tocar (com as mãos)	αγγίζω	[angízo]
agarrar (~ pelo braço)	πιάνω	[piáno]
bater de leve	χτυπώ ελαφρά	[xtipó elˈafrá]

Cuidado!	Προσοχή!	[prosoxí]
A sério?	Αλήθεια;	[alíθia]
Tem certeza?	Είσαι σίγουρος;	[íse síγuros]
Boa sorte!	Καλή τύχη!	[kalí tíxi]
Compreendi!	Κατάλαβα!	[katálˈava]
Que pena!	Τι κρίμα!	[ti kríma]

65. Acordo. Recusa

consentimento (~ mútuo)	συγκατάθεση (θηλ.)	[singatáθasi]
consentir (vi)	συμφωνώ	[simfonó]
aprovação (f)	έγκριση (θηλ.)	[éngrisi]
aprovar (vt)	εγκρίνω	[engríno]
recusa (f)	άρνηση (θηλ.)	[árnisi]
negar-se (vt)	αρνούμαι	[arnúme]

Está ótimo!	Ωραία!	[oréa]
Muito bem!	Εντάξει!	[endáksi]

Está bem! De acordo!	Εντάξει!	[endáksi]
proibido	απαγορευμένος	[apaγorevménos]
é proibido	απαγορεύεται	[apaγorévete]
é impossível	είναι αδύνατο	[íne aðínato]
incorreto	λανθασμένος	[lˡanθazménos]

rejeitar (~ um pedido)	απορρίπτω	[aporípto]
apoiar (vt)	υποστηρίζω	[ipostirízo]
aceitar (desculpas, etc.)	δέχομαι	[ðéxome]

confirmar (vt)	επιβεβαιώνω	[epiveveóno]
confirmação (f)	επιβεβαίωση (θηλ.)	[epivevéosi]
permissão (f)	άδεια (θηλ.)	[áðia]
permitir (vt)	επιτρέπω	[epitrépo]
decisão (f)	απόφαση (θηλ.)	[apófasi]
não dizer nada	σιωπώ	[siopó]

condição (com uma ~)	όρος (αρ.)	[óros]
pretexto (m)	πρόφαση (θηλ.)	[prófasi]
elogio (m)	έπαινος (αρ.)	[épenos]
elogiar (vt)	παινεύω	[penévo]

66. Sucesso. Boa sorte. Insucesso

êxito, sucesso (m)	επιτυχία (θηλ.)	[epitixía]
com êxito	επιτυχώς	[epitixós]
bem sucedido	επιτυχής	[epitixís]

sorte (fortuna)	τύχη (θηλ.)	[tíxi]
Boa sorte!	Καλή τύχη!	[kalí tíxi]
de sorte	τυχερός	[tixerós]
sortudo, felizardo	τυχερός	[tixerós]
fracasso (m)	αποτυχία (θηλ.)	[apotixía]
pouca sorte (f)	ατυχία (θηλ.)	[atixía]
azar (m), má sorte (f)	ατυχία (θηλ.)	[atixía]
mal sucedido	αποτυχημένος	[apotiximénos]
catástrofe (f)	καταστροφή (θηλ.)	[katastrofí]

orgulho (m)	υπερηφάνεια (θηλ.)	[iperifánia]
orgulhoso	υπερήφανος	[iperífanos]
estar orgulhoso	είμαι περήφανος	[íme perífanos]
vencedor (m)	νικητής (αρ.)	[nikitís]
vencer (vi)	νικάω, κερδίζω	[nikáo], [kerðízo]
perder (vt)	χάνω	[xáno]
tentativa (f)	προσπάθεια (θηλ.)	[prospáθia]
tentar (vt)	προσπαθώ	[prospaθó]
chance (m)	ευκαιρία (θηλ.)	[efkería]

67. Conflitos. Emoções negativas

| grito (m) | κραυγή (θηλ.) | [kravjí] |
| gritar (vi) | φωνάζω | [fonázo] |

começar a gritar	ξεκινώ να φωνάζω	[ksekinó na fonázo]
discussão (f)	τσακωμός (αρ.)	[tsakomós]
discutir (vt)	τσακώνομαι	[tsakónome]
escândalo (m)	καυγάς (αρ.)	[kavγás]
criar escândalo	καυγαδίζω	[kavγaðízo]
conflito (m)	σύγκρουση (θηλ.)	[síngrusi]
mal-entendido (m)	παρεξήγηση (θηλ.)	[pareksíjisi]

insulto (m)	προσβολή (θηλ.)	[prozvolí]
insultar (vt)	προσβάλλω	[prozválʲo]
insultado	προσβεβλημένος	[prozvevliménos]
ofensa (f)	πίκρα (θηλ.)	[píkra]
ofender (vt)	προσβάλλω	[prozválʲo]
ofender-se (vr)	θίγομαι	[θíχome]

indignação (f)	αγανάκτηση (θηλ.)	[aγanáktisi]
indignar-se (vr)	αγανακτώ	[aγanaktó]
queixa (f)	παράπονο (ουδ.)	[parápono]
queixar-se (vr)	παραπονιέμαι	[paraponiéme]

desculpa (f)	συγνώμη (θηλ.)	[siγnómi]
desculpar-se (vr)	ζητώ συγνώμη	[zitó siγnómi]
pedir perdão	ζητώ συγχώρεση	[zitó sinxóresi]

crítica (f)	κριτική (θηλ.)	[kritikí]
criticar (vt)	κριτικάρω	[kritikáro]
acusação (f)	κατηγορία (θηλ.)	[katiχoría]
acusar (vt)	κατηγορώ	[katiχoró]

vingança (f)	εκδίκηση (θηλ.)	[ekðíkisi]
vingar (vt)	εκδικούμαι	[ekðikúme]
vingar-se (vr)	παίρνω εκδίκηση	[pérno ekðíkisi]

desprezo (m)	περιφρόνηση (θηλ.)	[perifronísi]
desprezar (vt)	περιφρονώ	[perifronó]
ódio (m)	μίσος (ουδ.)	[mísos]
odiar (vt)	μισώ	[misó]

nervoso	νευρικός	[nevrikós]
estar nervoso	αγχώνομαι	[anxónome]
zangado	θυμωμένος	[θimoménos]
zangar (vt)	θυμώνω	[θimóno]

humilhação (f)	ταπείνωση (θηλ.)	[tapínosi]
humilhar (vt)	ταπεινώνω	[tapinóno]
humilhar-se (vr)	ταπεινώνομαι	[tapinónome]

choque (m)	σοκ (ουδ.)	[sok]
chocar (vt)	σοκάρω	[sokáro]

aborrecimento (m)	πρόβλημα (ουδ.)	[próvlima]
desagradável	δυσάρεστος	[ðisárestos]

medo (m)	φόβος (αρ.)	[fóvos]
terrível (tempestade, etc.)	τρομερός	[tromerós]
assustador (ex. história ~a)	τρομακτικός	[tromaktikós]

| horror (m) | τρόμος (αρ.) | [trómos] |
| horrível (crime, etc.) | φρικτός | [friktós] |

chorar (vi)	κλαίω	[kléo]
começar a chorar	ξεκινώ να κλαίω	[ksekinó na kléo]
lágrima (f)	δάκρυ (ουδ.)	[ðákri]

falta (f)	λάθος (ουδ.)	[lʲáθos]
culpa (f)	ενοχή (θηλ.)	[enoxí]
desonra (f)	ντροπή (θηλ.)	[dropí]
protesto (m)	διαμαρτυρία (θηλ.)	[ðiamartiría]
stresse (m)	στρες (ουδ.)	[stres]

perturbar (vt)	ενοχλώ	[enoxlʲó]
zangar-se com ...	θυμώνω	[θimóno]
zangado	θυμωμένος	[θimoménos]
terminar (vt)	τελειώνω	[telióno]
praguejar	βρίζω	[vrízo]

assustar-se	τρομάζω	[tromázo]
golpear (vt)	χτυπάω	[xtipáo]
brigar (na rua, etc.)	παλεύω	[palévo]

resolver (o conflito)	διευθετώ	[ðiefθetó]
descontente	δυσαρεστημένος	[ðisarestiménos]
furioso	οργισμένος	[orʲizménos]

| Não está bem! | Δεν είναι καλό! | [ðen íne kalʲó] |
| É mau! | Είναι κακό! | [íne kakó] |

Medicina

68. Doenças

Português	Grego	Transcrição
doença (f)	αρρώστια (θηλ.)	[aróstia]
estar doente	είμαι άρρωστος	[íme árostos]
saúde (f)	υγεία (θηλ.)	[ijía]
nariz (m) a escorrer	συνάχι (ουδ.)	[sináxi]
amigdalite (f)	αμυγδαλίτιδα (θηλ.)	[amiɣðalítiða]
constipação (f)	κρυολόγημα (ουδ.)	[krioľójima]
constipar-se (vr)	κρυολογώ	[krioľoɣó]
bronquite (f)	βρογχίτιδα (θηλ.)	[vronxítiða]
pneumonia (f)	πνευμονία (θηλ.)	[pnevmonía]
gripe (f)	γρίπη (θηλ.)	[ɣrípi]
míope	μύωπας	[míopas]
presbita	πρεσβύωπας	[prezvíopas]
estrabismo (m)	στραβισμός (αρ.)	[stravizmós]
estrábico	αλλήθωρος	[alíθoros]
catarata (f)	καταρράκτης (αρ.)	[kataráktis]
glaucoma (m)	γλαύκωμα (ουδ.)	[ɣľáfkoma]
AVC (m), apoplexia (f)	αποπληξία (θηλ.)	[apopliksía]
ataque (m) cardíaco	έμφραγμα (ουδ.)	[émfraɣma]
enfarte (m) do miocárdio	έμφραγμα του μυοκαρδίου (ουδ.)	[émfraɣma tu miokarðíu]
paralisia (f)	παράλυση (θηλ.)	[parálisi]
paralisar (vt)	παραλύω	[paralío]
alergia (f)	αλλεργία (θηλ.)	[alerjía]
asma (f)	άσθμα (ουδ.)	[ásθma]
diabetes (f)	διαβήτης (αρ.)	[ðiavítis]
dor (f) de dentes	πονόδοντος (αρ.)	[ponóðondos]
cárie (f)	τερηδόνα (θηλ.)	[teriðóna]
diarreia (f)	διάρροια (θηλ.)	[ðiária]
prisão (f) de ventre	δυσκοιλιότητα (θηλ.)	[ðiskiliótita]
desarranjo (m) intestinal	στομαχική διαταραχή (θηλ.)	[stomaxikí ðiataraxí]
intoxicação (f) alimentar	τροφική δηλητηρίαση (θηλ.)	[trofikí ðilitiríasi]
intoxicar-se	δηλητηριάζομαι	[ðilitiriázome]
artrite (f)	αρθρίτιδα (θηλ.)	[arθrítiða]
raquitismo (m)	ραχίτιδα (θηλ.)	[raxítiða]
reumatismo (m)	ρευματισμοί (αρ.πλ.)	[revmatizmí]
arteriosclerose (f)	αθηροσκλήρωση (θηλ.)	[aθirosklírosi]
gastrite (f)	γαστρίτιδα (θηλ.)	[ɣastrítiða]
apendicite (f)	σκωληκοειδίτιδα (θηλ.)	[skolikoiðítiða]

| colecistite (f) | χολοκυστίτιδα (θηλ.) | [xolʲokistítiða] |
| úlcera (f) | έλκος (ουδ.) | [élʲkos] |

sarampo (m)	ιλαρά (θηλ.)	[ilʲará]
rubéola (f)	ερυθρά (θηλ.)	[eriθrá]
iterícia (f)	ίκτερος (αρ.)	[íkteros]
hepatite (f)	ηπατίτιδα (θηλ.)	[ipatítiða]

esquizofrenia (f)	σχιζοφρένεια (θηλ.)	[sxizofrénia]
raiva (f)	λύσσα (θηλ.)	[lísa]
neurose (f)	νεύρωση (θηλ.)	[névrosi]
comoção (f) cerebral	διάσειση (θηλ.)	[ðiásisi]

cancro (m)	καρκίνος (αρ.)	[karkínos]
esclerose (f)	σκλήρυνση (θηλ.)	[sklírinsi]
esclerose (f) múltipla	σκλήρυνση κατά πλάκας (θηλ.)	[sklírinsi kataplʲákas]

alcoolismo (m)	αλκοολισμός (αρ.)	[alʲkoolizmós]
alcoólico (m)	αλκοολικός (αρ.)	[alʲkoolikós]
sífilis (f)	σύφιλη (θηλ.)	[sífili]
SIDA (f)	AIDS (ουδ.)	[ejds]

tumor (m)	όγκος (αρ.)	[óngos]
maligno	κακοήθης	[kakoíθis]
benigno	καλοήθης	[kalʲoíθis]

febre (f)	πυρετός (αρ.)	[piretós]
malária (f)	ελονοσία (θηλ.)	[elʲonosía]
gangrena (f)	γάγγραινα (θηλ.)	[ɣángrena]
enjoo (m)	ναυτία (θηλ.)	[naftía]
epilepsia (f)	επιληψία (θηλ.)	[epilipsía]

epidemia (f)	επιδημία (θηλ.)	[epiðimía]
tifo (m)	τύφος (αρ.)	[tífos]
tuberculose (f)	φυματίωση (θηλ.)	[fimatíosi]
cólera (f)	χολέρα (θηλ.)	[xoléra]
peste (f)	πανούκλα (θηλ.)	[panúklʲa]

69. Sintomas. Tratamentos. Parte 1

sintoma (m)	σύμπτωμα (ουδ.)	[símptoma]
temperatura (f)	θερμοκρασία (θηλ.)	[θermokrasía]
febre (f)	υψηλή θερμοκρασία (θηλ.)	[ipsilí θermokrasía]
pulso (m)	παλμός (αρ.)	[palʲmós]

vertigem (f)	ίλιγγος (αρ.)	[ílingos]
quente (testa, etc.)	ζεστός	[zestós]
calafrio (m)	ρίγος (ουδ.)	[ríɣos]
pálido	χλομός	[xlʲomós]

tosse (f)	βήχας (αρ.)	[víxas]
tossir (vi)	βήχω	[víxo]
espirrar (vi)	φτερνίζομαι	[fternízome]

| desmaio (m) | λιποθυμία (θηλ.) | [lipoθimía] |
| desmaiar (vi) | λιποθυμώ | [lipoθimó] |

nódoa (f) negra	μελανιά (θηλ.)	[melʲaniá]
galo (m)	καρούμπαλο (ουδ.)	[karúmbalʲo]
magoar-se (vr)	χτυπάω	[xtipáo]
pisadura (f)	μώλωπας (αρ.)	[mólʲopas]
aleijar-se (vr)	χτυπάω	[xtipáo]

coxear (vi)	κουτσαίνω	[kutséno]
deslocação (f)	εξάρθρημα (ουδ.)	[eksárθrima]
deslocar (vt)	εξαρθρώνω	[eksaθróno]
fratura (f)	κάταγμα (ουδ.)	[kátaɣma]
fraturar (vt)	παθαίνω κάταγμα	[paθéno kátaɣma]

corte (m)	κόψιμο, σχίσιμο (ουδ.)	[kópsimo], [sxísimo]
cortar-se (vr)	κόβομαι	[kóvome]
hemorragia (f)	αιμορραγία (θηλ.)	[emorajía]

| queimadura (f) | έγκαυμα (ουδ.) | [éngavma] |
| queimar-se (vr) | καίγομαι | [kéɣome] |

picar (vt)	τρυπώ	[tripó]
picar-se (vr)	τρυπώ	[tripó]
lesionar (vt)	τραυματίζω	[travmatízo]
lesão (m)	τραυματισμός (αρ.)	[travmatizmós]
ferida (f), ferimento (m)	πληγή (θηλ.)	[pliʝí]
trauma (m)	τραύμα (ουδ.)	[trávma]

delirar (vi)	παραμιλώ	[paramilʲó]
gaguejar (vi)	τραυλίζω	[travlízo]
insolação (f)	ηλίαση (θηλ.)	[ilíasi]

70. Sintomas. Tratamentos. Parte 2

| dor (f) | πόνος (αρ.) | [pónos] |
| farpa (no dedo) | ακίδα (θηλ.) | [akída] |

suor (m)	ιδρώτας (αρ.)	[iðrótas]
suar (vi)	ιδρώνω	[iðróno]
vómito (m)	εμετός (αρ.)	[emetós]
convulsões (f pl)	σπασμοί (αρ.πλ.)	[spazmí]

grávida	έγκυος	[éngios]
nascer (vi)	γεννιέμαι	[jeniéme]
parto (m)	γέννα (θηλ.)	[jéna]
dar à luz	γεννάω	[jenáo]
aborto (m)	έκτρωση (θηλ.)	[éktrosi]

respiração (f)	αναπνοή (θηλ.)	[anapnoí]
inspiração (f)	εισπνοή (θηλ.)	[ispnoí]
expiração (f)	εκπνοή (θηλ.)	[ekpnoí]
expirar (vi)	εκπνέω	[ekpnéo]
inspirar (vi)	εισπνέω	[ispnéo]

inválido (m)	ανάπηρος (αρ.)	[anápiros]
aleijado (m)	σακάτης (αρ.)	[sakátis]
toxicodependente (m)	ναρκομανής (αρ.)	[narkomanís]

surdo	κουφός, κωφός	[kufós], [kofós]
mudo	μουγγός	[mungós]
surdo-mudo	κωφάλαλος	[kofálʲalʲos]

louco (adj.)	τρελός	[trelʲós]
louco (m)	τρελός (αρ.)	[trelʲós]
louca (f)	τρελή (θηλ.)	[trelí]
ficar louco	τρελαίνομαι	[trelénome]

gene (m)	γονίδιο (ουδ.)	[γonídio]
imunidade (f)	ανοσία (θηλ.)	[anosía]
hereditário	κληρονομικός	[klironomikós]
congénito	συγγενής	[singenís]

vírus (m)	ιός (αρ.)	[jos]
micróbio (m)	μικρόβιο (ουδ.)	[mikróvio]
bactéria (f)	βακτήριο (ουδ.)	[vaktírio]
infeção (f)	μόλυνση (θηλ.)	[mólinsi]

71. Sintomas. Tratamentos. Parte 3

| hospital (m) | νοσοκομείο (ουδ.) | [nosokomío] |
| paciente (m) | ασθενής (αρ.) | [asθenís] |

diagnóstico (m)	διάγνωση (θηλ.)	[ðiáγnosi]
cura (f)	θεραπεία (θηλ.)	[θerapía]
tratamento (m) médico	ιατρική περίθαλψη (θηλ.)	[jatrikí períθalʲpsi]
curar-se (vr)	θεραπεύομαι	[θerapévume]
tratar (vt)	περιποιούμαι	[peripiúme]
cuidar (pessoa)	φροντίζω	[frondízo]
cuidados (m pl)	φροντίδα (θηλ.)	[frondíða]

operação (f)	εγχείρηση (θηλ.)	[enxírisi]
enfaixar (vt)	επιδένω	[epiðéno]
enfaixamento (m)	επίδεση (θηλ.)	[epíðesi]

vacinação (f)	εμβόλιο (ουδ.)	[emvólio]
vacinar (vt)	εμβολιάζω	[emvoliázo]
injeção (f)	ένεση (θηλ.)	[énesi]
dar uma injeção	κάνω ένεση	[káno énesi]

amputação (f)	ακρωτηριασμός (αρ.)	[akrotiriazmós]
amputar (vt)	ακρωτηριάζω	[akrotiriázo]
coma (f)	κώμα (ουδ.)	[kóma]
estar em coma	βρίσκομαι σε κώμα	[vrískome se kóma]
reanimação (f)	εντατική (θηλ.)	[endatikí]

recuperar-se (vr)	αναρρώνω	[anaróno]
estado (~ de saúde)	κατάσταση (θηλ.)	[katástasi]
consciência (f)	αισθήσεις (θηλ.πλ.)	[esθísis]

memória (f)	μνήμη (θηλ.)	[mními]
tirar (vt)	βγάζω	[vγázo]
chumbo (m), obturação (f)	σφράγισμα (ουδ.)	[sfrájizma]
chumbar, obturar (vt)	σφραγίζω	[sfraϳízo]

hipnose (f)	ύπνωση (θηλ.)	[ípnosi]
hipnotizar (vt)	υπνωτίζω	[ipnotízo]

72. Médicos

médico (m)	γιατρός (αρ.)	[ϳatrós]
enfermeira (f)	νοσοκόμα (θηλ.)	[nosokóma]
médico (m) pessoal	προσωπικός γιατρός (αρ.)	[prosopikós ϳatrós]

dentista (m)	οδοντίατρος (αρ.)	[oδondíatros]
oculista (m)	οφθαλμίατρος (αρ.)	[ofθalʲmíatros]
terapeuta (m)	παθολόγος (αρ.)	[paθolʲóγos]
cirurgião (m)	χειρουργός (αρ.)	[xiruryós]

psiquiatra (m)	ψυχίατρος (αρ.)	[psixíatros]
pediatra (m)	παιδίατρος (αρ.)	[peδíatros]
psicólogo (m)	ψυχολόγος (αρ.)	[psixolʲóγos]
ginecologista (m)	γυναικολόγος (αρ.)	[ϳinekolʲóγos]
cardiologista (m)	καρδιολόγος (αρ.)	[karδiolʲóγos]

73. Medicina. Drogas. Acessórios

medicamento (m)	φάρμακο (ουδ.)	[fármako]
remédio (m)	θεραπεία (θηλ.)	[θerapía]
receitar (vt)	γράφω	[ɣráfo]
receita (f)	συνταγή (θηλ.)	[sindaϳí]

comprimido (m)	χάπι (ουδ.)	[xápi]
pomada (f)	αλοιφή (θηλ.)	[alifí]
ampola (f)	αμπούλα (θηλ.)	[ambúlʲa]
preparado (m)	διάλυμα (ουδ.)	[δiálima]
xarope (m)	σιρόπι (ουδ.)	[sirópi]
cápsula (f)	κάψουλα (θηλ.)	[kápsulʲa]
remédio (m) em pó	σκόνη (θηλ.)	[skóni]

ligadura (f)	επίδεσμος (αρ.)	[epíδezmos]
algodão (m)	χειρουργικό βαμβάκι (ουδ.)	[xirurϳikó vamváki]
iodo (m)	ιώδιο (ουδ.)	[ióδio]

penso (m) rápido	τσιρότο (ουδ.)	[tsiróto]
conta-gotas (m)	σταγονόμετρο (ουδ.)	[staɣonómetro]
termómetro (m)	θερμόμετρο (ουδ.)	[θermómetro]
seringa (f)	σύριγγα (θηλ.)	[síringa]

cadeira (f) de rodas	αναπηρικό καροτσάκι (ουδ.)	[anapirikó karotsáki]
muletas (f pl)	πατερίτσες (θηλ.πλ.)	[paterítses]
analgésico (m)	αναλγητικό (ουδ.)	[analʲϳitikó]

laxante (m)	καθαρτικό (ουδ.)	[kaθartikó]
álcool (m) etílico	οινόπνευμα (ουδ.)	[inópnevma]
ervas (f pl) medicinais	θεραπευτικά βότανα (ουδ.πλ.)	[θerapeftiká vótana]
de ervas (chá ~)	από βότανα	[apó vótana]

74. Fumar. Produtos tabágicos

tabaco (m)	καπνός (αρ.)	[kapnós]
cigarro (m)	τσιγάρο (ουδ.)	[tsiɣáro]
charuto (m)	πούρο (ουδ.)	[púro]
cachimbo (m)	πίπα (θηλ.)	[pípa]
maço (~ de cigarros)	πακέτο (ουδ.)	[pakéto]

fósforos (m pl)	σπίρτα (ουδ.πλ.)	[spírta]
caixa (f) de fósforos	σπιρτόκουτο (ουδ.)	[spirtókuto]
isqueiro (m)	αναπτήρας (αρ.)	[anaptíras]
cinzeiro (m)	τασάκι (ουδ.)	[tasáki]
cigarreira (f)	τσιγαροθήκη (θηλ.)	[tsiɣaroθíki]

| boquilha (f) | καπνοσύριγγα (θηλ.) | [kapnosíringa] |
| filtro (m) | φίλτρο (ουδ.) | [fílʲtro] |

fumar (vi, vt)	καπνίζω	[kapnízo]
acender um cigarro	ανάβω τσιγάρο	[anávo tsiɣáro]
tabagismo (m)	κάπνισμα (ουδ.)	[kápnizma]
fumador (m)	καπνιστής (αρ.)	[kapnistís]

beata (f)	αποτσίγαρο (ουδ.)	[apotsíɣaro]
fumo (m)	καπνός (αρ.)	[kapnós]
cinza (f)	στάχτη (θηλ.)	[stáxti]

HABITAT HUMANO

Cidade

75. Cidade. Vida na cidade

cidade (f)	πόλη (θηλ.)	[póli]
capital (f)	πρωτεύουσα (θηλ.)	[protévusa]
aldeia (f)	χωριό (ουδ.)	[xorió]

mapa (m) da cidade	χάρτης πόλης (αρ.)	[xártis pólis]
centro (m) da cidade	κέντρο της πόλης (ουδ.)	[kéndro tis pólis]
subúrbio (m)	προάστιο (ουδ.)	[proástio]
suburbano	προαστιακός	[proastiakós]

periferia (f)	προάστια (ουδ.πλ.)	[proástia]
arredores (m pl)	περίχωρα (πλ.)	[períxora]
quarteirão (m)	συνοικία (θηλ.)	[sinikía]
quarteirão (m) residencial	οικιστικό τετράγωνο (ουδ.)	[ikistikó tetráγono]

tráfego (m)	κίνηση (θηλ.)	[kínisi]
semáforo (m)	φανάρι (ουδ.)	[fanári]
transporte (m) público	δημόσιες συγκοινωνίες (θηλ.πλ.)	[ðimósies singinoníes]
cruzamento (m)	διασταύρωση (θηλ.)	[ðiastávrosi]

passadeira (f)	διάβαση πεζών (θηλ.)	[ðiávasi pezón]
passagem (f) subterrânea	υπόγεια διάβαση (θηλ.)	[ipójia ðiávasi]
cruzar, atravessar (vt)	περνάω, διασχίζω	[pernáo], [ðiasxízo]
peão (m)	πεζός (αρ.)	[pezós]
passeio (m)	πεζοδρόμιο (ουδ.)	[pezoðrómio]

ponte (f)	γέφυρα (θηλ.)	[jéfira]
margem (f) do rio	προκυμαία (θηλ.)	[prokiméa]
fonte (f)	κρήνη (θηλ.)	[kríni]

alameda (f)	αλέα (θηλ.)	[aléa]
parque (m)	πάρκο (ουδ.)	[párko]
bulevar (m)	λεωφόρος (θηλ.)	[leofóros]
praça (f)	πλατεία (θηλ.)	[plʲatía]
avenida (f)	λεωφόρος (θηλ.)	[leofóros]
rua (f)	δρόμος (αρ.)	[ðrómos]
travessa (f)	παράδρομος (αρ.)	[paráðromos]
beco (m) sem saída	αδιέξοδο (ουδ.)	[aðiéksoðo]

casa (f)	σπίτι (ουδ.)	[spíti]
edifício, prédio (m)	κτίριο (ουδ.)	[ktírio]
arranha-céus (m)	ουρανοξύστης (αρ.)	[uranoksístis]
fachada (f)	πρόσοψη (θηλ.)	[prósopsi]

telhado (m)	στέγη (θηλ.)	[stéji]
janela (f)	παράθυρο (ουδ.)	[paráθiro]
arco (m)	αψίδα (θηλ.)	[apsíδa]
coluna (f)	κολόνα (θηλ.)	[kolʲóna]
esquina (f)	γωνία (θηλ.)	[γonía]

montra (f)	βιτρίνα (θηλ.)	[vitrína]
letreiro (m)	ταμπέλα (θηλ.)	[tabélʲa]
cartaz (m)	αφίσα (θηλ.)	[afísa]
cartaz (m) publicitário	διαφημιστική αφίσα (θηλ.)	[δiafimistikí afísa]
painel (m) publicitário	διαφημιστική πινακίδα (θηλ.)	[δiafimistikí pinakíδa]

lixo (m)	σκουπίδια (ουδ.πλ.)	[skupíδia]
cesta (f) do lixo	σκουπιδοτενεκές (αρ.)	[skupiδotenekés]
jogar lixo na rua	λερώνω με σκουπίδια	[leróno me skupíδia]
aterro (m) sanitário	χωματερή (θηλ.)	[xomaterí]

cabine (f) telefónica	τηλεφωνικός θάλαμος (αρ.)	[tilefonikós θálʲamos]
candeeiro (m) de rua	φανοστάτης (αρ.)	[fanostátis]
banco (m)	παγκάκι (ουδ.)	[pangáki]

polícia (m)	αστυνομικός (αρ.)	[astinomikós]
polícia (instituição)	αστυνομία (θηλ.)	[astinomía]
mendigo (m)	ζητιάνος (αρ.)	[zitiános]
sem-abrigo (m)	άστεγος (αρ.)	[ásteγos]

76. Instituições urbanas

loja (f)	κατάστημα (ουδ.)	[katástima]
farmácia (f)	φαρμακείο (ουδ.)	[farmakío]
ótica (f)	κατάστημα οπτικών (ουδ.)	[katástima optikón]
centro (m) comercial	εμπορικό κέντρο (ουδ.)	[emborikó kéndro]
supermercado (m)	σουπερμάρκετ (ουδ.)	[supermárket]

padaria (f)	αρτοπωλείο (ουδ.)	[artopolío]
padeiro (m)	φούρναρης (αρ.)	[fúrnaris]
pastelaria (f)	ζαχαροπλαστείο (ουδ.)	[zaxaroplʲastío]
mercearia (f)	μπακάλικο (ουδ.)	[bakáliko]
talho (m)	κρεοπωλείο (ουδ.)	[kreopolío]

loja (f) de legumes	μανάβικο (ουδ.)	[manáviko]
mercado (m)	αγορά, λαϊκή (θηλ.)	[aγorá], [lʲajkí]

café (m)	καφετέρια (θηλ.)	[kafetéria]
restaurante (m)	εστιατόριο (ουδ.)	[estiatório]
bar (m), cervejaria (f)	μπαρ (ουδ.), μπυραρία (θηλ.)	[bar], [biraría]
pizzaria (f)	πιτσαρία (θηλ.)	[pitsaría]

salão (m) de cabeleireiro	κομμωτήριο (ουδ.)	[komotírio]
correios (m pl)	ταχυδρομείο (ουδ.)	[taxiδromío]
lavandaria (f)	στεγνοκαθαριστήριο (ουδ.)	[steγnokaθaristírio]
estúdio (m) fotográfico	φωτογραφείο (ουδ.)	[fotoγrafío]
sapataria (f)	κατάστημα παπουτσιών (ουδ.)	[katástima paputsión]

| livraria (f) | βιβλιοπωλείο (ουδ.) | [vivliopolío] |
| loja (f) de artigos de desporto | κατάστημα αθλητικών ειδών (ουδ.) | [katástima aθlitikón iδón] |

reparação (f) de roupa	κατάστημα επιδιορθώσεων ενδυμάτων (ουδ.)	[katástima epiδiorθóseon enδimáton]
aluguer (m) de roupa	ενοικίαση ενδυμάτων (θηλ.)	[enikíasi enδimáton]
aluguer (m) de filmes	κατάστημα ενοικίασης βίντεο (ουδ.)	[katástima enikíasis vídeo]

circo (m)	τσίρκο (ουδ.)	[tsírko]
jardim (m) zoológico	ζωολογικός κήπος (αρ.)	[zoolˡojikós kípos]
cinema (m)	κινηματογράφος (αρ.)	[kinimatoγráfos]
museu (m)	μουσείο (ουδ.)	[musío]
biblioteca (f)	βιβλιοθήκη (θηλ.)	[vivlioθíki]

teatro (m)	θέατρο (ουδ.)	[θéatro]
ópera (f)	όπερα (θηλ.)	[ópera]
clube (m) noturno	νυχτερινό κέντρο (ουδ.)	[nixterinó kéndro]
casino (m)	καζίνο (ουδ.)	[kazíno]

mesquita (f)	τζαμί (ουδ.)	[dzamí]
sinagoga (f)	συναγωγή (θηλ.)	[sinaγojí]
catedral (f)	καθεδρικός (αρ.)	[kaθeδrikós]
templo (m)	ναός (αρ.)	[naós]
igreja (f)	εκκλησία (θηλ.)	[eklisía]

instituto (m)	πανεπιστήμιο (ουδ.)	[panepistímio]
universidade (f)	πανεπιστήμιο (ουδ.)	[panepistímio]
escola (f)	σχολείο (ουδ.)	[sxolío]

prefeitura (f)	νομός (αρ.)	[nómos]
câmara (f) municipal	δημαρχείο (ουδ.)	[δimarxío]
hotel (m)	ξενοδοχείο (ουδ.)	[ksenoδoxío]
banco (m)	τράπεζα (θηλ.)	[trápeza]

embaixada (f)	πρεσβεία (θηλ.)	[prezvía]
agência (f) de viagens	ταξιδιωτικό γραφείο (ουδ.)	[taksiδiotikó γrafío]
agência (f) de informações	γραφείο πληροφοριών (ουδ.)	[γrafío pliroforión]
casa (f) de câmbio	ανταλλακτήριο συναλλάγματος (ουδ.)	[andalˡaktírio sinalˡáγmatos]

| metro (m) | μετρό (ουδ.) | [metró] |
| hospital (m) | νοσοκομείο (ουδ.) | [nosokomío] |

| posto (m) de gasolina | βενζινάδικο (ουδ.) | [venzináδiko] |
| parque (m) de estacionamento | πάρκινγκ (ουδ.) | [párking] |

77. Transportes urbanos

autocarro (m)	λεωφορείο (ουδ.)	[leoforío]
elétrico (m)	τραμ (ουδ.)	[tram]
troleicarro (m)	τρόλεϊ (ουδ.)	[trólej]
itinerário (m)	δρομολόγιο (ουδ.)	[δromolˡójo]

número (m)	αριθμός (αρ.)	[ariθmós]
ir de ... (carro, etc.)	πηγαίνω με ...	[pijéno me]
entrar (~ no autocarro)	ανεβαίνω	[anevéno]
descer de ...	κατεβαίνω	[katevéno]

paragem (f)	στάση (θηλ.)	[stási]
próxima paragem (f)	επόμενη στάση (θηλ.)	[epómeni stási]
ponto (m) final	τερματικός σταθμός (αρ.)	[termatikós staθmós]
horário (m)	δρομολόγιο (ουδ.)	[ðromol'ójo]
esperar (vt)	περιμένω	[periméno]

| bilhete (m) | εισιτήριο (ουδ.) | [isitírio] |
| custo (m) do bilhete | τιμή εισιτηρίου (θηλ.) | [timí isitiríu] |

bilheteiro (m)	ταμίας (αρ./θηλ.)	[tamías]
controlo (m) dos bilhetes	έλεγχος εισιτηρίων (αρ.)	[élenxos isitiríon]
revisor (m)	ελεγκτής εισιτηρίων (αρ.)	[elengtís isitiríon]

atrasar-se (vr)	καθυστερώ	[kaθisteró]
perder (o autocarro, etc.)	καθυστερώ	[kaθisteró]
estar com pressa	βιάζομαι	[viázome]

táxi (m)	ταξί (ουδ.)	[taksí]
taxista (m)	ταξιτζής (αρ.)	[taksidzís]
de táxi (ir ~)	με ταξί	[me taksí]
praça (f) de táxis	πιάτσα ταξί (θηλ.)	[piátsa taksí]
chamar um táxi	καλώ ταξί	[kal'ó taksí]
apanhar um táxi	παίρνω ταξί	[pérno taksí]

tráfego (m)	κίνηση (θηλ.)	[kínisi]
engarrafamento (m)	μποτιλιάρισμα (ουδ.)	[botiliárizma]
horas (f pl) de ponta	ώρα αιχμής (θηλ.)	[óra exmís]
estacionar (vi)	παρκάρω	[parkáro]
estacionar (vt)	παρκάρω	[parkáro]
parque (m) de estacionamento	πάρκινγκ (ουδ.)	[párking]

metro (m)	μετρό (ουδ.)	[metró]
estação (f)	σταθμός (αρ.)	[staθmós]
ir de metro	παίρνω το μετρό	[pérno to metró]
comboio (m)	τραίνο, τρένο (ουδ.)	[tréno]
estação (f)	σιδηροδρομικός σταθμός (αρ.)	[siðiroðromikós staθmós]

78. Turismo

monumento (m)	μνημείο (ουδ.)	[mnimío]
fortaleza (f)	φρούριο (ουδ.)	[frúrio]
palácio (m)	παλάτι (ουδ.)	[pal'áti]
castelo (m)	κάστρο (ουδ.)	[kástro]
torre (f)	πύργος (αρ.)	[píryos]
mausoléu (m)	μαυσωλείο (ουδ.)	[mafsolío]

| arquitetura (f) | αρχιτεκτονική (θηλ.) | [arxitektonikí] |
| medieval | μεσαιωνικός | [meseonikós] |

antigo	αρχαίος	[arxéos]
nacional	εθνικός	[eθnikós]
conhecido	διάσημος	[ðiásimos]

turista (m)	τουρίστας (αρ.)	[turístas]
guia (pessoa)	ξεναγός (αρ.)	[ksenaγós]
excursão (f)	εκδρομή (θηλ.)	[ekðromí]
mostrar (vt)	δείχνω	[ðíxno]
contar (vt)	διηγούμαι	[ðiiγúme]

encontrar (vt)	βρίσκω	[vrísko]
perder-se (vr)	χάνομαι	[xánome]
mapa (~ do metrô)	χάρτης (αρ.)	[xártis]
mapa (~ da cidade)	χάρτης (αρ.)	[xártis]

lembrança (f), presente (m)	ενθύμιο (ουδ.)	[enθímio]
loja (f) de presentes	κατάστημα με είδη δώρων (ουδ.)	[katástima me ídi ðóron]
fotografar (vt)	φωτογραφίζω	[fotoγrafízo]
fotografar-se	βγαίνω φωτογραφία	[vjéno fotoγrafía]

79. Compras

comprar (vt)	αγοράζω	[aγorázo]
compra (f)	αγορά (θηλ.)	[aγorá]
fazer compras	ψωνίζω	[psonízo]
compras (f pl)	shopping (ουδ.)	[ʃópiŋ]

| estar aberta (loja, etc.) | λειτουργώ | [liturγó] |
| estar fechada | κλείνω | [klíno] |

calçado (m)	υποδήματα (ουδ.πλ.)	[ipoðímata]
roupa (f)	ενδύματα (ουδ.πλ.)	[enðímata]
cosméticos (m pl)	καλλυντικά (ουδ.πλ.)	[kalindiká]
alimentos (m pl)	τρόφιμα (ουδ.πλ.)	[trófima]
presente (m)	δώρο (ουδ.)	[ðóro]

| vendedor (m) | πωλητής (αρ.) | [politís] |
| vendedora (f) | πωλήτρια (θηλ.) | [polítria] |

caixa (f)	ταμείο (ουδ.)	[tamío]
espelho (m)	καθρέφτης (αρ.)	[kaθréftis]
balcão (m)	πάγκος (αρ.)	[pángos]
cabine (f) de provas	δοκιμαστήριο (ουδ.)	[ðokimastírio]

provar (vt)	δοκιμάζω	[ðokimázo]
servir (vi)	ταιριάζω	[teriázo]
gostar (apreciar)	μου αρέσει	[mu arési]

preço (m)	τιμή (θηλ.)	[timí]
etiqueta (f) de preço	καρτέλα τιμής (θηλ.)	[kartél'a timís]
custar (vt)	κοστίζω	[kostízo]
Quanto?	Πόσο κάνει;	póso káni?
desconto (m)	έκπτωση (θηλ.)	[ékptosi]

não caro	φτηνός	[ftinós]
barato	φτηνός	[ftinós]
caro	ακριβός	[akrivós]
É caro	Είναι ακριβός	[íne akrivós]

aluguer (m)	ενοικίαση (θηλ.)	[enikíasi]
alugar (vestidos, etc.)	νοικιάζω	[nikiázo]
crédito (m)	πίστωση (θηλ.)	[pístosi]
a crédito	με πίστωση	[me pístosi]

80. Dinheiro

dinheiro (m)	χρήματα (ουδ.πλ.)	[xrímata]
câmbio (m)	ανταλλαγή (θηλ.)	[andaľají]
taxa (f) de câmbio	ισοτιμία (θηλ.)	[isotimía]
Caixa Multibanco (m)	ATM (ουδ.)	[eitiém]
moeda (f)	κέρμα (ουδ.)	[kérma]

dólar (m)	δολάριο (ουδ.)	[ðoľário]
euro (m)	ευρώ (ουδ.)	[evró]

lira (f)	λίρα (θηλ.)	[líra]
marco (m)	μάρκο (ουδ.)	[márko]
franco (m)	φράγκο (ουδ.)	[frángo]
libra (f) esterlina	στερλίνα (θηλ.)	[sterlína]
iene (m)	γιεν (ουδ.)	[jién]

dívida (f)	χρέος (ουδ.)	[xréos]
devedor (m)	χρεώστης (αρ.)	[xreóstis]
emprestar (vt)	δανείζω	[ðanízo]
pedir emprestado	δανείζομαι	[ðanízome]

banco (m)	τράπεζα (θηλ.)	[trápeza]
conta (f)	λογαριασμός (αρ.)	[ľoɣariazmós]
depositar na conta	καταθέτω στο λογαριασμό	[kataθéto sto ľoɣariazmó]
levantar (vt)	κάνω ανάληψη	[káno análipsi]

cartão (m) de crédito	πιστωτική κάρτα (θηλ.)	[pistotikí kárta]
dinheiro (m) vivo	μετρητά (ουδ.πλ.)	[metritá]
cheque (m)	επιταγή (θηλ.)	[epitají]
passar um cheque	κόβω επιταγή	[kóvo epitají]
livro (m) de cheques	βιβλιάριο επιταγών (ουδ.)	[vivliário epitaɣón]

carteira (f)	πορτοφόλι (ουδ.)	[portofóli]
porta-moedas (m)	πορτοφόλι (ουδ.)	[portofóli]
cofre (m)	χρηματοκιβώτιο (ουδ.)	[xrimatokivótio]

herdeiro (m)	κληρονόμος (αρ.)	[klironómos]
herança (f)	κληρονομιά (θηλ.)	[klironomiá]
fortuna (riqueza)	περιουσία (θηλ.)	[periusía]

arrendamento (m)	σύμβαση μίσθωσης (θηλ.)	[símvasi mísθosis]
renda (f) de casa	ενοίκιο (ουδ.)	[eníkio]
alugar (vt)	νοικιάζω	[nikiázo]

preço (m)	τιμή (θηλ.)	[timí]
custo (m)	κόστος (ουδ.)	[kóstos]
soma (f)	ποσό (ουδ.)	[posó]

gastar (vt)	ξοδεύω	[ksoðévo]
gastos (m pl)	έξοδα (ουδ.πλ.)	[éksoða]
economizar (vi)	κάνω οικονομία	[káno ikonomía]
económico	οικονομικός	[ikonomikós]

pagar (vt)	πληρώνω	[pliróno]
pagamento (m)	αμοιβή (θηλ.)	[amiví]
troco (m)	ρέστα (ουδ.πλ.)	[résta]

imposto (m)	φόρος (αρ.)	[fóros]
multa (f)	πρόστιμο (ουδ.)	[próstimo]
multar (vt)	επιβάλλω πρόστιμο	[epiválo próstimo]

81. Correios. Serviço postal

correios (m pl)	ταχυδρομείο (ουδ.)	[taxiðromío]
correio (m)	ταχυδρομείο (ουδ.)	[taxiðromío]
carteiro (m)	ταχυδρόμος (αρ.)	[taxiðrómos]
horário (m)	ώρες λειτουργίας (θηλ.πλ.)	[óres liturjías]

carta (f)	γράμμα (ουδ.)	[γráma]
carta (f) registada	συστημένο γράμμα (ουδ.)	[sistiméno γráma]
postal (m)	κάρτα (θηλ.)	[kárta]
telegrama (m)	τηλεγράφημα (ουδ.)	[tileγráfima]
encomenda (f) postal	δέμα (ουδ.)	[ðéma]
remessa (f) de dinheiro	έμβασμα (ουδ.)	[émvazma]

receber (vt)	λαμβάνω	[lamváno]
enviar (vt)	στέλνω	[stélno]
envio (m)	αποστολή (θηλ.)	[apostolí]

endereço (m)	διεύθυνση (θηλ.)	[ðiéfθinsi]
código (m) postal	ταχυδρομικός κώδικας (αρ.)	[taxiðromikós kóðikas]
remetente (m)	αποστολέας (αρ.)	[apostoléas]
destinatário (m)	παραλήπτης (αρ.)	[paralíptis]

| nome (m) | όνομα (ουδ.) | [ónoma] |
| apelido (m) | επώνυμο (ουδ.) | [epónimo] |

tarifa (f)	ταχυδρομικό τέλος (ουδ.)	[taxiðromikó télos]
ordinário	κανονικός	[kanonikós]
económico	οικονομικός	[ikonomikós]

peso (m)	βάρος (ουδ.)	[város]
pesar (estabelecer o peso)	ζυγίζω	[zijízo]
envelope (m)	φάκελος (αρ.)	[fákelos]
selo (m)	γραμματόσημο (ουδ.)	[γramatósimo]
colar o selo	βάζω γραμματόσημο	[vázo γramatósimo]

Moradia. Casa. Lar

82. Casa. Habitação

casa (f)	σπίτι (ουδ.)	[spíti]
em casa	σπίτι	[spíti]
pátio (m)	αυλή (θηλ.)	[avlí]
cerca (f)	φράχτης (αρ.)	[fráxtis]

tijolo (m)	τούβλο (ουδ.)	[túvlo]
de tijolos	από τούβλο	[apó túvlo]
pedra (f)	πέτρα (θηλ.)	[pétra]
de pedra	πέτρινος	[pétrinos]
betão (m)	μπετόν (ουδ.)	[betón]
de betão	από μπετόν	[apó betón]

novo	καινούριος	[kenúrios]
velho	παλιός	[paliós]
decrépito	ετοιμόρροπος	[etimóropos]
moderno	σύγχρονος	[sínxronos]
de muitos andares	πολυώροφος	[poliórofos]
alto	ψηλός	[psilós]

andar (m)	όροφος (αρ.)	[órofos]
de um andar	μονοόροφο (ουδ.)	[monoórofo]

andar (m) de baixo	ισόγειο (ουδ.)	[isójio]
andar (m) de cima	τελευταίος όροφος (αρ.)	[teleftéos órofos]

telhado (m)	στέγη (θηλ.)	[stéji]
chaminé (f)	καμινάδα (θηλ.)	[kamináða]

telha (f)	κεραμίδι (ουδ.)	[keramíði]
de telha	με κεραμίδια	[me keramíðia]
sótão (m)	σοφίτα (θηλ.)	[sofíta]

janela (f)	παράθυρο (ουδ.)	[paráθiro]
vidro (m)	τζάμι (ουδ.)	[dzámi]

parapeito (m)	περβάζι (ουδ.)	[pervázi]
portadas (f pl)	παντζούρια (ουδ.πλ.)	[padzúria]

parede (f)	τοίχος (αρ.)	[tíxos]
varanda (f)	μπαλκόνι (ουδ.)	[balkóni]
tubo (m) de queda	υδρορρόη (θηλ.)	[iðrorói]

em cima	πάνω	[páno]
subir (~ as escadas)	πηγαίνω πάνω	[pijéno páno]
descer (vi)	κατεβαίνω	[katevéno]
mudar-se (vr)	μετακομίζω	[metakomízo]

83. Casa. Entrada. Elevador

entrada (f)	είσοδος (θηλ.)	[ísoðos]
escada (f)	σκάλα (θηλ.)	[skálʲa]
degraus (m pl)	σκαλοπάτια (ουδ.πλ.)	[skalʲopátia]
corrimão (m)	κάγκελα (ουδ.πλ.)	[kángelʲa]
hall (m) de entrada	φουαγιέ (ουδ.)	[fuaʲjé]

caixa (f) de correio	γραμματοκιβώτιο (ουδ.)	[ɣramatokivótio]
caixote (m) do lixo	σκουπιδοτενεκές (αρ.)	[skupiðotenekés]
conduta (f) do lixo	αγωγός ρίψης σκουπιδιών (αρ.)	[aɣoɣóz rípsis skupiðion]

elevador (m)	ασανσέρ (ουδ.)	[asansér]
elevador (m) de carga	ανελκυστήρας εμπορευμάτων (αρ.)	[anelʲkistíras emborevmáton]
cabine (f)	θάλαμος (αρ.)	[θálʲamos]
pegar o elevador	πηγαίνω με ασανσέρ	[piʲjéno me asansér]

apartamento (m)	διαμέρισμα (ουδ.)	[ðiamérizma]
moradores (m pl)	κάτοικοι (αρ.πλ.)	[kátiki]
vizinho (m)	γείτονας (αρ.)	[ʝítonas]
vizinha (f)	γειτόνισσα (θηλ.)	[ʝitónisa]
vizinhos (pl)	γείτονες (αρ.πλ.)	[ʝítones]

84. Casa. Portas. Fechaduras

porta (f)	πόρτα (θηλ.)	[pórta]
portão (m)	αυλόπορτα (θηλ.)	[avlʲóporta]
maçaneta (f)	χερούλι (ουδ.)	[xerúli]
destrancar (vt)	ξεκλειδώνω	[ksekliðóno]
abrir (vt)	ανοίγω	[aníɣo]
fechar (vt)	κλείνω	[klíno]

chave (f)	κλειδί (ουδ.)	[kliðí]
molho (m)	αρμαθιά (θηλ.)	[armaθxá]
ranger (vi)	τρίζω	[trízo]
rangido (m)	τρίξιμο (ουδ.)	[tríksimo]
dobradiça (f)	ρεζές (αρ.)	[rezés]
tapete (m) de entrada	χαλάκι (ουδ.)	[xalʲáki]

fechadura (f)	κλειδαριά (θηλ.)	[kliðariá]
buraco (m) da fechadura	κλειδαρότρυπα (θηλ.)	[kliðarótripa]
ferrolho (m)	σύρτης (αρ.)	[sírtis]
fecho (ferrolho pequeno)	μάνταλο (ουδ.)	[mándalʲo]
cadeado (m)	λουκέτο (ουδ.)	[lʲukéto]

tocar (vt)	χτυπάω	[xtipáo]
toque (m)	κουδούνισμα (ουδ.)	[kuðúnizma]
campainha (f)	κουδούνι (ουδ.)	[kuðúni]
botão (m)	κουμπί (ουδ.)	[kumbí]
batida (f)	χτύπημα (ουδ.)	[xtípima]
bater (vi)	χτυπάω	[xtipáo]

código (m)	κωδικός (αρ.)	[koðikós]
fechadura (f) de código	κλειδαριά με κωδικό (θηλ.)	[kliðariá mekoðikó]
telefone (m) de porta	θυροτηλέφωνο (ουδ.)	[θirotiléfono]
número (m)	αριθμός (αρ.)	[ariθmós]
placa (f) de porta	πινακίδα (θηλ.)	[pinakíða]
vigia (f), olho (m) mágico	ματάκι (ουδ.)	[matáki]

85. Casa de campo

aldeia (f)	χωριό (ουδ.)	[xorió]
horta (f)	λαχανόκηπος (αρ.)	[lʲaxanókipos]
cerca (f)	φράχτης (αρ.)	[fráxtis]
paliçada (f)	φράχτης (αρ.)	[fráxtis]
cancela (f) do jardim	πόρτα (θηλ.)	[pórta]

celeiro (m)	σιταποθήκη (θηλ.)	[sitapoθíki]
adega (f)	κελάρι (ουδ.)	[kelʲári]
galpão, barracão (m)	αποθήκη (θηλ.)	[apoθíki]
poço (m)	πηγάδι (ουδ.)	[piɣáði]

fogão (m)	ξυλόφουρνος (αρ.)	[ksilʲófurnos]
atiçar o fogo	ανάβω τον φούρνο	[anávo ton fúrno]
lenha (carvão ou ~)	ξύλα (ουδ.πλ.)	[ksílʲa]
acha (lenha)	κούτσουρο (ουδ.)	[kútsuro]

varanda (f)	βεράντα (θηλ.)	[veránda]
alpendre (m)	βεράντα (θηλ.)	[veránda]
degraus (m pl) de entrada	σκαλιά (ουδ.πλ.)	[skaliá]
balouço (m)	κούνια (θηλ.)	[kúnia]

86. Castelo. Palácio

castelo (m)	κάστρο (ουδ.)	[kástro]
palácio (m)	παλάτι (ουδ.)	[palʲáti]
fortaleza (f)	φρούριο (ουδ.)	[frúrio]

muralha (f)	τείχος (ουδ.)	[tíxos]
torre (f)	πύργος (αρ.)	[píryos]
calabouço (m)	μπουντρούμι (ουδ.)	[budrúmi]

grade (f) levadiça	καταρρακτή (θηλ.)	[kataraktí]
passagem (f) subterrânea	υπόγειο πέρασμα (ουδ.)	[ipójio pérazma]
fosso (m)	τάφρος (θηλ.)	[táfros]

| corrente, cadeia (f) | αλυσίδα (θηλ.) | [alisíða] |
| seteira (f) | πολεμίστρα (θηλ.) | [polemístra] |

| magnífico | θαυμάσιος | [θavmásios] |
| majestoso | μεγαλοπρεπής | [meɣalʲoprepís] |

| inexpugnável | απόρθητος | [apórθitos] |
| medieval | μεσαιωνικός | [meseonikós] |

87. Apartamento

apartamento (m)	διαμέρισμα (ουδ.)	[ðiamérizma]
quarto (m)	δωμάτιο (ουδ.)	[ðomátio]
quarto (m) de dormir	υπνοδωμάτιο (ουδ.)	[ipnoðomátio]
sala (f) de jantar	τραπεζαρία (θηλ.)	[trapezaría]
sala (f) de estar	σαλόνι (ουδ.)	[salʲóni]
escritório (m)	γραφείο (ουδ.)	[ɣrafío]
antessala (f)	χωλ (ουδ.)	[xolʲ]
quarto (m) de banho	μπάνιο (ουδ.)	[bánio]
toilette (lavabo)	τουαλέτα (θηλ.)	[tualéta]
teto (m)	ταβάνι (ουδ.)	[taváni]
chão, soalho (m)	πάτωμα (ουδ.)	[pátoma]
canto (m)	γωνία (θηλ.)	[ɣonía]

88. Apartamento. Limpeza

arrumar, limpar (vt)	τακτοποιώ	[taktopió]
guardar (no armário, etc.)	τακτοποιώ	[taktopió]
pó (m)	σκόνη (θηλ.)	[skóni]
empoeirado	σκονισμένος	[skonizménos]
limpar o pó	ξεσκονίζω	[kseskonízo]
aspirador (m)	ηλεκτρική σκούπα (θηλ.)	[ilektrikí skúpa]
aspirar (vt)	σκουπίζω με την ηλεκτρική	[skupízo me tin ilektrikí]
varrer (vt)	σκουπίζω	[skupízo]
sujeira (f)	σκουπίδια (ουδ.πλ.)	[skupíðia]
arrumação (f), ordem (f)	τάξη (θηλ.)	[táksi]
desordem (f)	ακαταστασία (θηλ.)	[akatastasía]
esfregão (m)	σφουγγαρίστρα (θηλ.)	[sfungarístra]
pano (m), trapo (m)	πατσαβούρα (θηλ.)	[patsavúra]
vassoura (f)	μικρή σκούπα (θηλ.)	[mikrí skúpa]
pá (f) de lixo	φαράσι (ουδ.)	[farási]

89. Mobiliário. Interior

mobiliário (m)	έπιπλα (ουδ.πλ.)	[épiplʲa]
mesa (f)	τραπέζι (ουδ.)	[trapézi]
cadeira (f)	καρέκλα (θηλ.)	[karéklʲa]
cama (f)	κρεβάτι (ουδ.)	[kreváti]
divã (m)	καναπές (αρ.)	[kanapés]
cadeirão (m)	πολυθρόνα (θηλ.)	[poliθróna]
estante (f)	βιβλιοθήκη (θηλ.)	[vivlioθíki]
prateleira (f)	ράφι (ουδ.)	[ráfi]
guarda-vestidos (m)	ντουλάπα (θηλ.)	[dulʲápa]
cabide (m) de parede	κρεμάστρα (θηλ.)	[kremástra]

cabide (m) de pé	καλόγερος (αρ.)	[kal'ójeros]
cómoda (f)	συρταριέρα (θηλ.)	[sirtariéra]
mesinha (f) de centro	τραπεζάκι (ουδ.)	[trapezáki]

espelho (m)	καθρέφτης (αρ.)	[kaθréftis]
tapete (m)	χαλί (ουδ.)	[xalí]
tapete (m) pequeno	χαλάκι (ουδ.)	[xal'áki]

lareira (f)	τζάκι (ουδ.)	[dzáki]
vela (f)	κερί (ουδ.)	[kerí]
castiçal (m)	κηροπήγιο (ουδ.)	[kiropíjo]

cortinas (f pl)	κουρτίνες (θηλ.πλ.)	[kurtínes]
papel (m) de parede	ταπετσαρία (θηλ.)	[tapetsaría]
estores (f pl)	στόρια (ουδ.πλ.)	[stória]

candeeiro (m) de mesa	επιτραπέζιο φωτιστικό (ουδ.)	[epitrapézio fotistikó]
candeeiro (m) de parede	φωτιστικό τοίχου (ουδ.)	[fotistikó tíxu]
candeeiro (m) de pé	φωτιστικό δαπέδου (ουδ.)	[fotistikó ðapéðu]
lustre (m)	πολυέλαιος (αρ.)	[poliéleos]

pé (de mesa, etc.)	πόδι (ουδ.)	[póði]
braço (m)	μπράτσο (ουδ.)	[brátso]
costas (f pl)	πλάτη (θηλ.)	[pl'áti]
gaveta (f)	συρτάρι (ουδ.)	[sirtári]

90. Quarto de dormir

roupa (f) de cama	σεντόνια (ουδ.πλ.)	[sendónia]
almofada (f)	μαξιλάρι (ουδ.)	[maksil'ári]
fronha (f)	μαξιλαροθήκη (θηλ.)	[maksil'aroθíki]
cobertor (m)	πάπλωμα (ουδ.)	[pápl'oma]
lençol (m)	σεντόνι (ουδ.)	[sendóni]
colcha (f)	κουβερλί (ουδ.)	[kuverlí]

91. Cozinha

cozinha (f)	κουζίνα (θηλ.)	[kuzína]
gás (m)	γκάζι (ουδ.)	[gázi]
fogão (m) a gás	κουζίνα με γκάζι (θηλ.)	[kuzína me gázi]
fogão (m) elétrico	ηλεκτρική κουζίνα (θηλ.)	[ilektrikí kuzína]
forno (m)	φούρνος (αρ.)	[fúrnos]
forno (m) de micro-ondas	φούρνος μικροκυμάτων (αρ.)	[fúrnos mikrokimáton]

frigorífico (m)	ψυγείο (ουδ.)	[psijío]
congelador (m)	καταψύκτης (αρ.)	[katapsíktis]
máquina (f) de lavar louça	πλυντήριο πιάτων (ουδ.)	[plindírio piáton]

moedor (m) de carne	κρεατομηχανή (θηλ.)	[kreatomixaní]
espremedor (m)	αποχυμωτής (αρ.)	[apoximotís]
torradeira (f)	φρυγανιέρα (θηλ.)	[friɣaniéra]
batedeira (f)	μίξερ (ουδ.)	[míkser]

máquina (f) de café	καφετιέρα (θηλ.)	[kafetiéra]
cafeteira (f)	καφετιέρα (θηλ.)	[kafetiéra]
moinho (m) de café	μύλος του καφέ (αρ.)	[mílʲos tu kafé]

chaleira (f)	βραστήρας (αρ.)	[vrastíras]
bule (m)	τσαγιέρα (θηλ.)	[tsajéra]
tampa (f)	καπάκι (ουδ.)	[kapáki]
coador (m) de chá	σουρωτήρι τσαγιού (ουδ.)	[surotíri tsajú]

colher (f)	κουτάλι (ουδ.)	[kutáli]
colher (f) de chá	κουταλάκι του γλυκού (ουδ.)	[kutalʲáki tu ɣlikú]
colher (f) de sopa	κουτάλι της σούπας (ουδ.)	[kutáli tis súpas]
garfo (m)	πιρούνι (ουδ.)	[pirúni]
faca (f)	μαχαίρι (ουδ.)	[maxéri]

louça (f)	επιτραπέζια σκεύη (ουδ.πλ.)	[epitrapézia skévi]
prato (m)	πιάτο (ουδ.)	[piáto]
pires (m)	πιατάκι (ουδ.)	[piatáki]

cálice (m)	σφηνοπότηρο (ουδ.)	[sfinopótiro]
copo (m)	ποτήρι (ουδ.)	[potíri]
chávena (f)	φλιτζάνι (ουδ.)	[flidzáni]

açucareiro (m)	ζαχαριέρα (θηλ.)	[zaxariéra]
saleiro (m)	αλατιέρα (θηλ.)	[alʲatiéra]
pimenteiro (m)	πιπεριέρα (θηλ.)	[piperiéra]
manteigueira (f)	βουτυριέρα (θηλ.)	[vutiriéra]

panela, caçarola (f)	κατσαρόλα (θηλ.)	[katsarólʲa]
frigideira (f)	τηγάνι (ουδ.)	[tiɣáni]
concha (f)	κουτάλα (θηλ.)	[kutálʲa]
passador (m)	σουρωτήρι (ουδ.)	[surotíri]
bandeja (f)	δίσκος (αρ.)	[ðískos]

garrafa (f)	μπουκάλι (ουδ.)	[bukáli]
boião (m) de vidro	βάζο (ουδ.)	[vázo]
lata (f)	κουτί (ουδ.)	[kutí]

abre-garrafas (m)	ανοιχτήρι (ουδ.)	[anixtíri]
abre-latas (m)	ανοιχτήρι (ουδ.)	[anixtíri]
saca-rolhas (m)	τιρμπουσόν (ουδ.)	[tirbusón]
filtro (m)	φίλτρο (ουδ.)	[fílʲtro]
filtrar (vt)	φιλτράρω	[filʲtráro]

lixo (m)	σκουπίδια (ουδ.πλ.)	[skupíðia]
balde (m) do lixo	κάδος σκουπιδιών (αρ.)	[káðos skupiðión]

92. Casa de banho

quarto (m) de banho	μπάνιο (ουδ.)	[bánio]
água (f)	νερό (ουδ.)	[neró]
torneira (f)	βρύση (ουδ.)	[vrísi]
água (f) quente	ζεστό νερό (ουδ.)	[zestó neró]
água (f) fria	κρύο νερό (ουδ.)	[krío neró]

| pasta (f) de dentes | οδοντόκρεμα (θηλ.) | [oδondókrema] |
| escovar os dentes | πλένω τα δόντια | [pléno ta δóndia] |

barbear-se (vr)	ξυρίζομαι	[ksirízome]
espuma (f) de barbear	αφρός ξυρίσματος (αρ.)	[afrós ksirízmatos]
máquina (f) de barbear	ξυράφι (ουδ.)	[ksiráfi]

lavar (vt)	πλένω	[pléno]
lavar-se (vr)	πλένομαι	[plénome]
duche (m)	ντουζ (ουδ.)	[duz]
tomar um duche	κάνω ντουζ	[káno duz]

banheira (f)	μπανιέρα (θηλ.)	[baniéra]
sanita (f)	λεκάνη (θηλ.)	[lekáni]
lavatório (m)	νιπτήρας (αρ.)	[niptíras]

| sabonete (m) | σαπούνι (ουδ.) | [sapúni] |
| saboneteira (f) | σαπουνοθήκη (θηλ.) | [sapunoθíki] |

esponja (f)	σφουγγάρι (ουδ.)	[sfungári]
champô (m)	σαμπουάν (ουδ.)	[sambuán]
toalha (f)	πετσέτα (θηλ.)	[petséta]
roupão (m) de banho	μπουρνούζι (ουδ.)	[burnúzi]

lavagem (f)	μπουγάδα (θηλ.)	[buγáδa]
máquina (f) de lavar	πλυντήριο ρούχων (ουδ.)	[plindírio rúxon]
lavar a roupa	πλένω τα σεντόνια	[pléno ta sendónia]
detergente (m)	απορρυπαντικό (ουδ.)	[aporipandikó]

93. Eletrodomésticos

televisor (m)	τηλεόραση (θηλ.)	[tileórasi]
gravador (m)	κασετόφωνο (ουδ.)	[kasetófono]
videogravador (m)	συσκευή βίντεο (θηλ.)	[siskeví vídeo]
rádio (m)	ραδιόφωνο (ουδ.)	[raδiófono]
leitor (m)	πλέιερ (ουδ.)	[pléjer]

projetor (m)	βιντεοπροβολέας (αρ.)	[videoprovoléas]
cinema (m) em casa	οικιακός κινηματογράφος (αρ.)	[ikiakós kinimatoγráfos]
leitor (m) de DVD	συσκευή DVD (θηλ.)	[siskeví dividí]
amplificador (m)	ενισχυτής (αρ.)	[enisxitís]
console (f) de jogos	κονσόλα παιχνιδιών (θηλ.)	[konsólia pexniδion]

câmara (f) de vídeo	βιντεοκάμερα (θηλ.)	[videokámera]
máquina (f) fotográfica	φωτογραφική μηχανή (θηλ.)	[fotografikí mixaní]
câmara (f) digital	ψηφιακή φωτογραφική μηχανή (θηλ.)	[psifiakí fotoγrafikí mixaní]

aspirador (m)	ηλεκτρική σκούπα (θηλ.)	[ilektrikí skúpa]
ferro (m) de engomar	σίδερο (ουδ.)	[síδero]
tábua (f) de engomar	σιδερώστρα (θηλ.)	[siδeróstra]
telefone (m)	τηλέφωνο (ουδ.)	[tiléfono]
telemóvel (m)	κινητό τηλέφωνο (ουδ.)	[kinitó tiléfono]

máquina (f) de escrever	γραφομηχανή (θηλ.)	[γrafomixaní]
máquina (f) de costura	ραπτομηχανή (θηλ.)	[raptomixaní]

microfone (m)	μικρόφωνο (ουδ.)	[mikrófono]
auscultadores (m pl)	ακουστικά (ουδ.πλ.)	[akustiká]
controlo remoto (m)	τηλεχειριστήριο (ουδ.)	[tilexiristírio]

CD (m)	συμπαγής δίσκος (αρ.)	[simpajís δískos]
cassete (f)	κασέτα (θηλ.)	[kaséta]
disco (m) de vinil	δίσκος βινυλίου (αρ.)	[δískos vinilíu]

94. Reparações. Renovação

renovação (f)	ανακαίνιση (θηλ.)	[anakénisi]
renovar (vt), fazer obras	κάνω ανακαίνιση	[káno anakénisi]
reparar (vt)	επισκευάζω	[episkevázo]
consertar (vt)	τακτοποιώ	[taktopió]
refazer (vt)	ξανακάνω	[ksanakáno]

tinta (f)	μπογιά (θηλ.)	[bojá]
pintar (vt)	βάφω	[váfo]
pintor (m)	ελαιοχρωματιστής (αρ.)	[eleoxromatistís]
pincel (m)	πινέλο (ουδ.)	[pinélʲo]

cal (f)	ασβεστόχρωμα (ουδ.)	[asvestóxroma]
caiar (vt)	ασβεστώνω	[asvestóno]

papel (m) de parede	ταπετσαρία (θηλ.)	[tapetsaría]
colocar papel de parede	βάζω ταπετσαρία	[vázo tapetsaría]
verniz (m)	βερνίκι (ουδ.)	[verníki]
envernizar (vt)	βερνικώνω	[vernikóno]

95. Canalizações

água (f)	νερό (ουδ.)	[neró]
água (f) quente	ζεστό νερό (ουδ.)	[zestó neró]
água (f) fria	κρύο νερό (ουδ.)	[krío neró]
torneira (f)	βρύση (ουδ.)	[vrísi]

gota (f)	σταγόνα (θηλ.)	[staγóna]
gotejar (vi)	στάζω	[stázo]
vazar (vt)	διαρρέω	[δiaréo]
vazamento (m)	διαρροή (θηλ.)	[δiaroí]
poça (f)	λιμνούλα (θηλ.)	[limnúlʲa]

tubo (m)	σωλήνας (αρ.)	[solínas]
válvula (f)	βαλβίδα (θηλ.)	[valʲvíδa]
entupir-se (vr)	βουλώνω	[vulʲóno]

ferramentas (f pl)	εργαλεία (ουδ.πλ.)	[erγalía]
chave (f) inglesa	γαλλικό κλειδί (ουδ.)	[γalikó kliδí]
desenroscar (vt)	ξεβιδώνω	[kseviδóno]

enroscar (vt)	βιδώνω	[viδóno]
desentupir (vt)	ξεβουλώνω	[ksevulióno]
canalizador (m)	υδραυλικός (αρ.)	[iδravlikós]
cave (f)	υπόγειο (ουδ.)	[ipójio]
sistema (m) de esgotos	αποχέτευση (θηλ.)	[apoxétefsi]

96. Fogo. Deflagração

incêndio (m)	φωτιά, πυρκαγιά (θηλ.)	[fotiá], [pirkajá]
chama (f)	φλόγα (θηλ.)	[flióγa]
faísca (f)	σπίθα (θηλ.)	[spíθa]
fumo (m)	καπνός (αρ.)	[kapnós]
tocha (f)	δαυλός (αρ.)	[δavlós]
fogueira (f)	φωτιά (θηλ.)	[fotiá]

gasolina (f)	βενζίνη (θηλ.)	[venzíni]
querosene (m)	κηροζίνη (θηλ.)	[kirozíni]
inflamável	καύσιμος	[káfsimos]
explosivo	εκρηκτικός	[ekriktikós]
PROIBIDO FUMAR!	ΑΠΑΓΟΡΕΥΕΤΑΙ ΤΟ ΚΑΠΝΙΣΜΑ	[apaγorévete to kápnizma]

segurança (f)	ασφάλεια (θηλ.)	[asfália]
perigo (m)	κίνδυνος (αρ.)	[kínδinos]
perigoso	επικίνδυνος	[epikínδinos]

incendiar-se (vr)	παίρνω φωτιά	[pérno fotiá]
explosão (f)	έκρηξη (θηλ.)	[ékriksi]
incendiar (vt)	πυρπολώ	[pirpolió]
incendiário (m)	εμπρηστής (αρ.)	[embristís]
incêndio (m) criminoso	εμπρησμός (αρ.)	[embrizmós]

arder (vi)	καίω	[kéo]
queimar (vi)	καίγομαι	[kéγome]
queimar tudo (vi)	καίγομαι	[kéγome]

bombeiro (m)	πυροσβέστης (αρ.)	[pirozvéstis]
carro (m) de bombeiros	πυροσβεστικό όχημα (ουδ.)	[pirozvestikó óxima]
corpo (m) de bombeiros	πυροσβεστικό σώμα (ουδ.)	[pirozvestikó sóma]
escada (f) extensível	πυροσβεστική σκάλα (θηλ.)	[pirozvestikí skália]

mangueira (f)	μάνικα (θηλ.)	[mánika]
extintor (m)	πυροσβεστήρας (αρ.)	[pirozvestíras]
capacete (m)	κράνος (ουδ.)	[krános]
sirene (f)	σειρήνα (θηλ.)	[sirína]

gritar (vi)	φωνάζω	[fonázo]
chamar por socorro	καλώ βοήθεια	[kalió voíθia]
salvador (m)	διασώστης (αρ.)	[δiasóstis]
salvar, resgatar (vt)	σώζω	[sózo]

chegar (vi)	έρχομαι	[érxome]
apagar (vt)	σβήνω	[zvíno]
água (f)	νερό (ουδ.)	[neró]

areia (f)	άμμος (θηλ.)	[ámos]
ruínas (f pl)	ερείπια (ουδ.πλ.)	[erípia]
ruir (vi)	γκρεμίζομαι	[gremízome]
desmoronar (vi)	καταρρέω	[kataréo]
desabar (vi)	γκρεμίζομαι	[gremízome]

| fragmento (m) | συντρίμμι (ουδ.) | [sindrími] |
| cinza (f) | στάχτη (θηλ.) | [stáxti] |

| sufocar (vi) | ασφυκτιώ | [asfiktió] |
| perecer (vi) | σκοτώνομαι | [skotónome] |

ATIVIDADES HUMANAS

Emprego. Negócios. Parte 1

97. Banca

banco (m)	τράπεζα (θηλ.)	[trápeza]
sucursal, balcão (f)	κατάστημα (ουδ.)	[katástima]
consultor (m)	υπάλληλος (αρ.)	[ipáliľos]
gerente (m)	διευθυντής (αρ.)	[ðiefθindís]
conta (f)	λογαριασμός (αρ.)	[ľoγariazmós]
número (m) da conta	αριθμός λογαριασμού (αρ.)	[ariθmós ľoγariazmú]
conta (f) corrente	τρεχούμενος λογαριασμός (αρ.)	[trexúmenos ľoγariazmós]
abrir uma conta	ανοίγω λογαριασμό	[aníγo ľoγariazmó]
fechar uma conta	κλείνω λογαριασμό	[klíno ľoγariazmó]
depositar na conta	καταθέτω στο λογαριασμό	[kataθéto sto ľoγariazmó]
levantar (vt)	κάνω ανάληψη	[káno análipsi]
depósito (m)	κατάθεση (θηλ.)	[katáθesi]
fazer um depósito	καταθέτω	[kataθéto]
transferência (f) bancária	έμβασμα (ουδ.)	[émvazma]
transferir (vt)	εμβάζω	[emvázo]
soma (f)	ποσό (ουδ.)	[posó]
Quanto?	Πόσο κάνει;	póso káni?
assinatura (f)	υπογραφή (θηλ.)	[ipoγrafí]
assinar (vt)	υπογράφω	[ipoγráfo]
cartão (m) de crédito	πιστωτική κάρτα (θηλ.)	[pistotikí kárta]
código (m)	κωδικός (αρ.)	[koðikós]
número (m) do cartão de crédito	αριθμός πιστωτικής κάρτας (αρ.)	[ariθmós pistotikís kártas]
Caixa Multibanco (m)	ATM (ουδ.)	[eitiém]
cheque (m)	επιταγή (θηλ.)	[epitají]
passar um cheque	κόβω επιταγή	[kóvo epitají]
livro (m) de cheques	βιβλιάριο επιταγών (ουδ.)	[vivliário epitaγón]
empréstimo (m)	δάνειο (ουδ.)	[ðánio]
pedir um empréstimo	υποβάλλω αίτηση για δάνειο	[ipováľo étisi ja ðánio]
obter um empréstimo	παίρνω δάνειο	[pérno ðánio]
conceder um empréstimo	παρέχω δάνειο	[paréxo ðánio]

98. Telefone. Conversação telefónica

telefone (m)	τηλέφωνο (ουδ.)	[tiléfono]
telemóvel (m)	κινητό τηλέφωνο (ουδ.)	[kinitó tiléfono]
secretária (f) electrónica	τηλεφωνητής (αρ.)	[tilefonitís]

fazer uma chamada	τηλεφωνώ	[tilefonó]
chamada (f)	κλήση (θηλ.)	[klísi]

marcar um número	καλώ έναν αριθμό	[kalió énan ariθmó]
Alô!	Εμπρός!	[embrós]
perguntar (vt)	ρωτάω	[rotáo]
responder (vt)	απαντώ	[apandó]

ouvir (vt)	ακούω	[akúo]
bem	καλά	[kaliá]
mal	χάλια	[xália]
ruído (m)	παρεμβολές (θηλ.πλ.)	[paremvolés]

auscultador (m)	ακουστικό (ουδ.)	[akustikó]
pegar o telefone	σηκώνω το ακουστικό	[sikóno to akustikó]
desligar (vi)	κλείνω το τηλεφώνο	[klíno to tiléfono]

ocupado	κατειλημμένος	[katiliménos]
tocar (vi)	χτυπάω	[xtipáo]
lista (f) telefónica	τηλεφωνικός κατάλογος (αρ.)	[tilefonikós katálioγos]

local	τοπική	[topikí]
de longa distância	υπεραστική	[iperastikí]
internacional	διεθνής	[ðieθnís]

99. Telefone móvel

telemóvel (m)	κινητό τηλέφωνο (ουδ.)	[kinitó tiléfono]
ecrã (m)	οθόνη (θηλ.)	[oθóni]
botão (m)	κουμπί (ουδ.)	[kumbí]
cartão SIM (m)	κάρτα SIM (θηλ.)	[kárta sim]

bateria (f)	μπαταρία (θηλ.)	[bataría]
descarregar-se	εξαντλούμαι	[eksantliúme]
carregador (m)	φορτιστής (αρ.)	[fortistís]
menu (m)	μενού (ουδ.)	[menú]
definições (f pl)	ρυθμίσεις (θηλ.πλ.)	[riθmísis]
melodia (f)	μελωδία (θηλ.)	[melioðía]
escolher (vt)	επιλέγω	[epiléγo]

calculadora (f)	αριθμομηχανή (θηλ.)	[ariθmomixaní]
correio (m) de voz	τηλεφωνητής (αρ.)	[tilefonitís]
despertador (m)	ξυπνητήρι (ουδ.)	[ksipnitíri]
contatos (m pl)	επαφές (θηλ.πλ.)	[epafés]
mensagem (f) de texto	μήνυμα SMS (ουδ.)	[mínima esemés]
assinante (m)	συνδρομητής (αρ.)	[sinðromitís]

100. Estacionário

caneta (f)	στιλό διαρκείας (ουδ.)	[stil'ó ðiarkías]
caneta (f) tinteiro	πέννα (θηλ.)	[péna]
lápis (m)	μολύβι (ουδ.)	[molívi]
marcador (m)	μαρκαδόρος (αρ.)	[markaðóros]
caneta (f) de feltro	μαρκαδόρος (αρ.)	[markaðóros]
bloco (m) de notas	μπλοκ (ουδ.)	[bl'ok]
agenda (f)	ατζέντα (θηλ.)	[adzénda]
régua (f)	χάρακας (αρ.)	[xárakas]
calculadora (f)	αριθμομηχανή (θηλ.)	[ariθmomixaní]
borracha (f)	γόμα (θηλ.)	[γóma]
pionés (m)	πινέζα (θηλ.)	[pinéza]
clipe (m)	συνδετήρας (αρ.)	[sinðetíras]
cola (f)	κόλλα (θηλ.)	[kól'a]
agrafador (m)	συρραπτικό (ουδ.)	[siraptikó]
furador (m)	περφορατέρ (ουδ.)	[perforatér]
afia-lápis (m)	ξύστρα (θηλ.)	[ksístra]

Emprego. Negócios. Parte 2

101. Media

jornal (m)	εφημερίδα (θηλ.)	[efimeríða]
revista (f)	περιοδικό (ουδ.)	[perioðikó]
imprensa (f)	τύπος (αρ.)	[típos]
rádio (m)	ραδιόφωνο (ουδ.)	[raðiófono]
estação (f) de rádio	ραδιοφωνικός σταθμός (αρ.)	[raðiofonikós staθmós]
televisão (f)	τηλεόραση (θηλ.)	[tileórasi]

apresentador (m)	παρουσιαστής (αρ.)	[parusiastís]
locutor (m)	παρουσιαστής (αρ.)	[parusiastís]
comentador (m)	σχολιαστής (αρ.)	[sxoliastís]

jornalista (m)	δημοσιογράφος (αρ.)	[ðimosioɣráfos]
correspondente (m)	ανταποκριτής (αρ.)	[andapokritís]
repórter (m)	ρεπόρτερ (αρ.)	[repórter]

redator (m)	συντάκτης (αρ.)	[sindáktis]
redator-chefe (m)	αρχισυντάκτης (αρ.)	[arxisindáktis]
assinar a ...	γίνομαι συνδρομητής (αρ.)	[jínome sinðromitís]
assinatura (f)	συνδρομή (θηλ.)	[sinðromí]
assinante (m)	συνδρομητής (αρ.)	[sinðromitís]
ler (vt)	διαβάζω	[ðiavázo]
leitor (m)	αναγνώστης (αρ.)	[anaɣnóstis]

tiragem (f)	τιράζ (ουδ.)	[tiráz]
mensal	μηνιαίος	[miniéos]
semanal	εβδομαδιαίος	[evðomaðiéos]
número (jornal, revista)	τεύχος (ουδ.)	[téfxos]
recente	τελευταίος	[telestéos]

manchete (f)	τίτλος (αρ.)	[títlos]
pequeno artigo (m)	αρθρίδιο (ουδ.)	[arθríðio]
coluna (~ semanal)	στήλη (θηλ.)	[stíli]
artigo (m)	άρθρο (ουδ.)	[árθro]
página (f)	σελίδα (θηλ.)	[selíða]

reportagem (f)	ρεπορτάζ (ουδ.)	[reportáz]
evento (m)	γεγονός (ουδ.)	[jeɣonós]
sensação (f)	εντύπωση (θηλ.)	[endíposi]
escândalo (m)	σκάνδαλο (ουδ.)	[skánðalo]
escandaloso	σκανδαλιστικός	[skanðalistikós]
grande	μεγάλος	[meɣálos]

programa (m) de TV	εκπομπή (θηλ.)	[ekpombí]
entrevista (f)	συνέντευξη (θηλ.)	[sinéndefksi]
transmissão (f) em direto	απευθείας μετάδοση (θηλ.)	[apefθías metáðosi]
canal (m)	κανάλι (ουδ.)	[kanáli]

102. Agricultura

agricultura (f)	γεωργία (θηλ.)	[jeorjía]
camponês (m)	αγρότης (αρ.)	[aγrótis]
camponesa (f)	αγρότισσα (θηλ.)	[aγrótisa]
agricultor (m)	αγρότης (αρ.)	[aγrótis]

| trator (m) | τρακτέρ (ουδ.) | [traktér] |
| ceifeira-debulhadora (f) | θεριζοαλωνιστική μηχανή (θηλ.) | [θerizoal'onistikí mixaní] |

arado (m)	άροτρο (ουδ.)	[árotro]
arar (vt)	οργώνω	[orγóno]
campo (m) lavrado	οργωμένο χωράφι (ουδ.)	[orγoméno xoráfi]
rego (m)	αυλακιά (θηλ.)	[avl'akiá]

semear (vt)	σπείρω	[spíro]
semeadora (f)	σπαρτική μηχανή (θηλ.)	[spartikí mixaní]
semeadura (f)	σπορά (θηλ.)	[sporá]

| gadanha (f) | κόσα (θηλ.) | [kósa] |
| gadanhar (vt) | θερίζω | [θerízo] |

| pá (f) | φτυάρι (ουδ.) | [ftiári] |
| cavar (vt) | οργώνω | [orγóno] |

enxada (f)	τσάπα (θηλ.)	[tsápa]
carpir (vt)	σκαλίζω, ξεχορταριάζω	[skalízo], [ksexortariázo]
erva (f) daninha	ζιζάνιο (ουδ.)	[zizánio]

regador (m)	ποτιστήρι (ουδ.)	[potistíri]
regar (vt)	ποτίζω	[potízo]
rega (f)	πότισμα (ουδ.)	[pótizma]

| forquilha (f) | δικράνι (ουδ.) | [ðikráni] |
| ancinho (m) | τσουγκράνα (θηλ.) | [tsungrána] |

fertilizante (m)	λίπασμα (ουδ.)	[lípazma]
fertilizar (vt)	λιπαίνω	[lipéno]
estrume (m)	κοπριά (θηλ.)	[kopriá]

campo (m)	αγρός (αρ.)	[aγrós]
prado (m)	λιβάδι (ουδ.)	[liváði]
horta (f)	λαχανόκηπος (αρ.)	[l'axanókipos]
pomar (m)	οπωρώνας (αρ.)	[oporónas]

pastar (vt)	βόσκω	[vósko]
pastor (m)	βοσκός (αρ.)	[voskós]
pastagem (f)	βοσκή (θηλ.)	[voskí]

| pecuária (f) | κτηνοτροφία (θηλ.) | [ktinotrofía] |
| criação (f) de ovelhas | εκτροφή προβάτων (θηλ.) | [ektrofí prováton] |

| plantação (f) | φυτεία (θηλ.) | [fitía] |
| canteiro (m) | βραγιά (θηλ.) | [vrajá] |

invernadouro (m)	θερμοκήπιο (ουδ.)	[θermokípio]
seca (f)	ξηρασιά (θηλ.)	[ksirasiá]
seco (verão ~)	ξηρός	[ksirós]

| cereais (m pl) | δημητριακών (ουδ.πλ.) | [ðimitriakón] |
| colher (vt) | θερίζω | [θerízo] |

moleiro (m)	μυλωνάς (αρ.)	[milʲonás]
moinho (m)	μύλος (αρ.)	[mílʲos]
moer (vt)	αλέθω	[aléθo]
farinha (f)	αλεύρι (ουδ.)	[alévri]
palha (f)	άχυρο (ουδ.)	[áxiro]

103. Construção. Processo de construção

canteiro (m) de obras	εργοτάξιο (ουδ.)	[erγotáksio]
construir (vt)	κτίζω	[ktízo]
construtor (m)	οικοδόμος (αρ.)	[ikoðómos]

projeto (m)	πρότζεκτ (ουδ.)	[pródzekt]
arquiteto (m)	αρχιτέκτονας (αρ.)	[arxitéktonas]
operário (m)	εργάτης (αρ.)	[erγátis]

fundação (f)	θεμέλιο (ουδ.)	[θemélio]
telhado (m)	στέγη (θηλ.)	[stéji]
estaca (f)	πάσσαλος (αρ.)	[pásalʲos]
parede (f)	τοίχος (αρ.)	[tíxos]

| varões (m pl) para betão | οπλισμός (αρ.) | [oplizmós] |
| andaime (m) | σκαλωσιές (θηλ.πλ.) | [skalʲosiés] |

betão (m)	μπετόν (ουδ.)	[betón]
granito (m)	γρανίτης (αρ.)	[γranítis]
pedra (f)	πέτρα (θηλ.)	[pétra]
tijolo (m)	τούβλο (ουδ.)	[túvlʲo]

areia (f)	άμμος (θηλ.)	[ámos]
cimento (m)	τσιμέντο (ουδ.)	[tsiméndo]
emboço (m)	στόκος (αρ.)	[stókos]
emboçar (vt)	σοβατίζω	[sovatízo]

tinta (f)	μπογιά (θηλ.)	[boɟá]
pintar (vt)	βάφω	[váfo]
barril (m)	βαρέλι (ουδ.)	[varéli]

grua (f), guindaste (m)	γερανός (αρ.)	[jeranós]
erguer (vt)	σηκώνω	[sikóno]
baixar (vt)	κατεβάζω	[katevázo]

buldózer (m)	μπουλντόζα (θηλ.)	[bulʲdóza]
escavadora (f)	εκσκαφέας (αρ.)	[ekskaféas]
caçamba (f)	κουβάς (αρ.)	[kuvás]
escavar (vt)	σκάβω	[skávo]
capacete (m) de proteção	κράνος (ουδ.)	[krános]

Profissões e ocupações

104. Procura de emprego. Demissão

trabalho (m)	δουλειά (θηλ.)	[ðuliá]
equipa (f)	προσωπικό (ουδ.)	[prosopikó]
carreira (f)	καριέρα (θηλ.)	[kariéra]
perspetivas (f pl)	προοπτικές (θηλ.πλ.)	[prooptikés]
mestria (f)	μαστοριά (θηλ.)	[mastoriá]
seleção (f)	επιλογή (θηλ.)	[epilioɹí]
agência (f) de emprego	γραφείο ευρέσεως εργασίας (ουδ.)	[ɣrafío évresis erɣasías]
CV, currículo (m)	βιογραφικό (ουδ.)	[vioɣrafikó]
entrevista (f) de emprego	συνέντευξη (θηλ.)	[sinéndefksi]
vaga (f)	κενή θέση (θηλ.)	[kení θési]
salário (m)	μισθός (αρ.)	[misθós]
salário (m) fixo	άκαμπτος μισθός (αρ.)	[ákamptos misθós]
pagamento (m)	αμοιβή (θηλ.)	[amiví]
posto (m)	θέση (θηλ.)	[θési]
dever (do empregado)	υποχρέωση (θηλ.)	[ipoxréosi]
gama (f) de deveres	φάσμα καθηκόντων (ουδ.)	[fázma kaθikóndon]
ocupado	απασχολημένος	[apasxoliménos]
despedir, demitir (vt)	απολύω	[apolío]
demissão (f)	απόλυση (θηλ.)	[apólisi]
desemprego (m)	ανεργία (θηλ.)	[anerɹía]
desempregado (m)	άνεργος (αρ.)	[ánerɹos]
reforma (f)	σύνταξη (θηλ.)	[síndaksi]
reformar-se	βγαίνω σε σύνταξη	[vɹéno se síndaksi]

105. Gente de negócios

diretor (m)	διευθυντής (αρ.)	[ðiefθindís]
gerente (m)	διευθυντής (αρ.)	[ðiefθindís]
patrão, chefe (m)	διαχειριστής (αρ.)	[ðiaxiristís]
superior (m)	προϊστάμενος (αρ.)	[projstámenos]
superiores (m pl)	προϊστάμενοι (πλ.)	[projstámeni]
presidente (m)	πρόεδρος (αρ.)	[próeðros]
presidente (m) de direção	πρόεδρος (αρ.)	[próeðros]
substituto (m)	αναπληρωτής (αρ.)	[anaplirotís]
assistente (m)	βοηθός (αρ.)	[voiθós]

secretário (m)	γραμματέας (αρ./θηλ.)	[γramatéas]
secretário (m) pessoal	προσωπικός γραμματέας (αρ.)	[prosopikós γramatéas]

homem (m) de negócios	μπίζνεσμαν (αρ.)	[bíznezman]
empresário (m)	επιχειρηματίας (αρ.)	[epixirimatías]
fundador (m)	ιδρυτής (αρ.)	[iðritís]
fundar (vt)	ιδρύω	[iðrío]

fundador, sócio (m)	ιδρυτής (αρ.)	[iðritís]
parceiro, sócio (m)	συνέταιρος (αρ.)	[sinéteros]
acionista (m)	μέτοχος (αρ.)	[métoxos]

milionário (m)	εκατομμυριούχος (αρ.)	[ekatomiriúxos]
bilionário (m)	δισεκατομμυριούχος (αρ.)	[ðisekatomiriúxos]
proprietário (m)	ιδιοκτήτης (αρ.)	[iðioktítis]
proprietário (m) de terras	κτηματίας (αρ.)	[ktimatías]

cliente (m)	πελάτης (αρ.)	[peľátis]
cliente (m) habitual	τακτικός πελάτης (αρ.)	[taktikós peľátis]
comprador (m)	αγοραστής (αρ.)	[aγorastís]
visitante (m)	επισκέπτης (αρ.)	[episképtis]
profissional (m)	επαγγελματίας (αρ.)	[epangeľmatías]
perito (m)	ειδήμονας (αρ.)	[iðímonas]
especialista (m)	ειδικός (αρ.)	[iðikós]

banqueiro (m)	τραπεζίτης (αρ.)	[trapezítis]
corretor (m)	μεσίτης (αρ.)	[mesítis]

caixa (m, f)	ταμίας (αρ./θηλ.)	[tamías]
contabilista (m)	λογιστής (αρ.)	[ľojistís]
guarda (m)	φρουρός (αρ.)	[fíľakas]

investidor (m)	επενδυτής (αρ.)	[epenðitís]
devedor (m)	χρεώστης (αρ.)	[xreóstis]
credor (m)	πιστωτής (αρ.)	[pistotís]
mutuário (m)	δανειολήπτης (αρ.)	[ðaniolíptis]

importador (m)	εισαγωγέας (αρ.)	[isaγojéas]
exportador (m)	εξαγωγέας (αρ.)	[eksaγojéas]

produtor (m)	παραγωγός (αρ.)	[paraγoγós]
distribuidor (m)	διανομέας (αρ.)	[ðianoméas]
intermediário (m)	μεσολαβητής (αρ.)	[mesoľavitís]

consultor (m)	σύμβουλος (αρ.)	[símvuľos]
representante (m)	αντιπρόσωπος (αρ.)	[andiprósopos]
agente (m)	πράκτορας (αρ.)	[práktoras]
agente (m) de seguros	ασφαλιστής (αρ.)	[asfalistís]

106. Profissões de serviços

cozinheiro (m)	μάγειρας (αρ.)	[májiras]
cozinheiro chefe (m)	σεφ (αρ./θηλ.)	[sef]

padeiro (m)	φούρναρης (αρ.)	[fúrnaris]
barman (m)	μπάρμαν (αρ.)	[bárman]
empregado (m) de mesa	σερβιτόρος (αρ.)	[servitóros]
empregada (f) de mesa	σερβιτόρα (θηλ.)	[servitóra]

advogado (m)	δικηγόρος (αρ.)	[ðikiχóros]
jurista (m)	νομικός (αρ.)	[nomikós]
notário (m)	συμβολαιογράφος (αρ.)	[simvoleoγráfos]

eletricista (m)	ηλεκτρολόγος (αρ.)	[ilektrolˈóγos]
canalizador (m)	υδραυλικός (αρ.)	[iðravlikós]
carpinteiro (m)	μαραγκός (αρ.)	[marangós]

massagista (m)	μασέρ (αρ.)	[masér]
massagista (f)	μασέζ (θηλ.)	[maséz]
médico (m)	γιατρός (αρ.)	[jatrós]

taxista (m)	ταξιτζής (αρ.)	[taksidzís]
condutor (automobilista)	οδηγός (αρ.)	[oðiγós]
entregador (m)	κούριερ (αρ.)	[kúrier]

camareira (f)	καμαριέρα (θηλ.)	[kamariéra]
guarda (m)	φρουρός (αρ.)	[fílˈakas]
hospedeira (f) de bordo	αεροσυνοδός (θηλ.)	[aerosinoðós]

professor (m)	δάσκαλος (αρ.)	[ðáskalˈos]
bibliotecário (m)	βιβλιοθηκάριος (αρ.)	[vivlioθikários]
tradutor (m)	μεταφραστής (αρ.)	[metafrastís]
intérprete (m)	διερμηνέας (αρ.)	[ðierminéas]
guia (pessoa)	ξεναγός (αρ.)	[ksenaγós]

cabeleireiro (m)	κομμωτής (αρ.)	[komotís]
carteiro (m)	ταχυδρόμος (αρ.)	[taxiðrómos]
vendedor (m)	πωλητής (αρ.)	[politís]

jardineiro (m)	κηπουρός (αρ.)	[kipurós]
criado (m)	υπηρέτης (αρ.)	[ipirétis]
criada (f)	υπηρέτρια (θηλ.)	[ipirétria]
empregada (f) de limpeza	καθαρίστρια (θηλ.)	[kaθarístria]

107. Profissões militares e postos

soldado (m) raso	απλός στρατιώτης (αρ.)	[aplˈós stratiótis]
sargento (m)	λοχίας (αρ.)	[lˈoxías]
tenente (m)	υπολοχαγός (αρ.)	[ipolˈoxaγós]
capitão (m)	λοχαγός (αρ.)	[lˈoxaγós]

major (m)	ταγματάρχης (αρ.)	[taγmatárxis]
coronel (m)	συνταγματάρχης (αρ.)	[sindaγmatárxis]
general (m)	στρατηγός (αρ.)	[stratiγós]
marechal (m)	στρατάρχης (αρ.)	[stratárxis]
almirante (m)	ναύαρχος (αρ.)	[návarxos]
militar (m)	στρατιωτικός (αρ.)	[stratiotikós]
soldado (m)	στρατιώτης (αρ.)	[stratiótis]

| oficial (m) | αξιωματικός (αρ.) | [aksiomatikós] |
| comandante (m) | διοικητής (αρ.) | [ðiikitís] |

guarda (m) fronteiriço	φρουρός των συνόρων (αρ.)	[frurós ton sinóron]
operador (m) de rádio	χειριστής ασυρμάτου (αρ.)	[xiristís asirmátu]
explorador (m)	ανιχνευτής (αρ.)	[anixneftís]
sapador (m)	σκαπανέας (αρ.)	[skapanéas]
atirador (m)	σκοπευτής (αρ.)	[skopeftís]
navegador (m)	πλοηγός (αρ.)	[plוoiɣós]

108. Oficiais. Padres

| rei (m) | βασιλιάς (αρ.) | [vasiliás] |
| rainha (f) | βασίλισσα (θηλ.) | [vasílisa] |

| príncipe (m) | πρίγκιπας (αρ.) | [príngipas] |
| princesa (f) | πριγκίπισσα (θηλ.) | [pringípisa] |

| czar (m) | τσάρος (αρ.) | [tsáros] |
| czarina (f) | τσαρίνα (θηλ.) | [tsarína] |

presidente (m)	πρόεδρος (αρ.)	[próeðros]
ministro (m)	υπουργός (αρ.)	[ipurɣós]
primeiro-ministro (m)	πρωθυπουργός (αρ.)	[proθipurɣós]
senador (m)	γερουσιαστής (αρ.)	[jerusiastís]

diplomata (m)	διπλωμάτης (αρ.)	[ðiplוomátis]
cônsul (m)	πρόξενος (αρ.)	[próksenos]
embaixador (m)	πρέσβης (αρ.)	[prézvis]
conselheiro (m)	σύμβουλος (αρ.)	[símvulוos]

funcionário (m)	αξιωματούχος (αρ.)	[aksiomatúxos]
prefeito (m)	νομάρχης (αρ.)	[nomárxis]
Presidente (m) da Câmara	δήμαρχος (αρ.)	[ðímarxos]

| juiz (m) | δικαστής (αρ.) | [ðikastís] |
| procurador (m) | εισαγγελέας (αρ.) | [isangeléas] |

missionário (m)	ιεραπόστολος (αρ.)	[ierapóstolוos]
monge (m)	καλόγερος (αρ.)	[kalוójeros]
abade (m)	αβάς (αρ.)	[avás]
rabino (m)	ραβίνος (αρ.)	[ravínos]

vizir (m)	βεζίρης (αρ.)	[vezíris]
xá (m)	σάχης (αρ.)	[sáxis]
xeque (m)	σεΐχης (αρ.)	[séjxis]

109. Profissões agrícolas

apicultor (m)	μελισσοκόμος (αρ.)	[melisokómos]
pastor (m)	βοσκός (αρ.)	[voskós]
agrónomo (m)	αγρονόμος (αρ.)	[aɣronómos]

criador (m) de gado	κτηνοτρόφος (αρ.)	[ktinotrófos]
veterinário (m)	κτηνίατρος (αρ.)	[ktiníatros]

agricultor (m)	αγρότης (αρ.)	[aɣrótis]
vinicultor (m)	οινοποιός (αρ.)	[inopiós]
zoólogo (m)	ζωολόγος (αρ.)	[zoolʲóɣos]
cowboy (m)	καουμπόης (αρ.)	[kaubóis]

110. Profissões artísticas

ator (m)	ηθοποιός (αρ.)	[iθopiós]
atriz (f)	ηθοποιός (θηλ.)	[iθopiós]

cantor (m)	τραγουδιστής (αρ.)	[traɣuðistís]
cantora (f)	τραγουδίστρια (θηλ.)	[traɣuðístria]

bailarino (m)	χορευτής (αρ.)	[xoreftís]
bailarina (f)	χορεύτρια (θηλ.)	[xoréftria]

artista (m)	καλλιτέχνης (αρ.)	[kalitéxnis]
artista (f)	καλλιτέχνης (θηλ.)	[kalitéxnis]

músico (m)	μουσικός (αρ.)	[musikós]
pianista (m)	πιανίστας (αρ.)	[pianístas]
guitarrista (m)	κιθαρίστας (αρ.)	[kiθarístas]

maestro (m)	μαέστρος (αρ.)	[maéstros]
compositor (m)	συνθέτης (αρ.)	[sinθétis]
empresário (m)	ιμπρεσάριος (αρ.)	[imbresários]

realizador (m)	σκηνοθέτης (αρ.)	[skinoθétis]
produtor (m)	παραγωγός (αρ.)	[paraɣoɣós]
argumentista (m)	σεναριογράφος (αρ.)	[senarioɣráfos]
crítico (m)	κριτικός (αρ.)	[kritikós]

escritor (m)	συγγραφέας (αρ.)	[singraféas]
poeta (m)	ποιητής (αρ.)	[piitís]
escultor (m)	γλύπτης (αρ.)	[ɣlíptis]
pintor (m)	ζωγράφος (αρ.)	[zoɣráfos]

malabarista (m)	ζογκλέρ (αρ.)	[zonglér]
palhaço (m)	κλόουν (αρ.)	[klʲóun]
acrobata (m)	ακροβάτης (αρ.)	[akrovátis]
mágico (m)	θαυματοποιός (αρ.)	[θavmatopiós]

111. Várias profissões

médico (m)	γιατρός (αρ.)	[jatrós]
enfermeira (f)	νοσοκόμα (θηλ.)	[nosokóma]
psiquiatra (m)	ψυχίατρος (αρ.)	[psixíatros]
estomatologista (m)	οδοντίατρος (αρ.)	[oðondíatros]
cirurgião (m)	χειρουργός (αρ.)	[xirurɣós]

astronauta (m)	αστροναύτης (αρ.)	[astronáftis]
astrónomo (m)	αστρονόμος (αρ.)	[astronómos]

motorista (m)	οδηγός (αρ.)	[oðiγós]
maquinista (m)	οδηγός τρένου (αρ.)	[oðiγós trénu]
mecânico (m)	μηχανικός (αρ.)	[mixanikós]

mineiro (m)	ανθρακωρύχος (αρ.)	[anθrakoríxos]
operário (m)	εργάτης (αρ.)	[erγátis]
serralheiro (m)	κλειδαράς (αρ.)	[kliðarás]
marceneiro (m)	ξυλουργός (αρ.)	[ksilʲurγós]
torneiro (m)	τορναδόρος (αρ.)	[tornaðóros]
construtor (m)	οικοδόμος (αρ.)	[ikoðómos]
soldador (m)	ηλεκτροσυγκολλητής (αρ.)	[ilektrosingolitís]

professor (m) catedrático	καθηγητής (αρ.)	[kaθiʲitís]
arquiteto (m)	αρχιτέκτονας (αρ.)	[arxitéktonas]
historiador (m)	ιστορικός (αρ.)	[istorikós]
cientista (m)	επιστήμονας (αρ.)	[epistímonas]
físico (m)	φυσικός (αρ.)	[fisikós]
químico (m)	χημικός (αρ.)	[ximikós]

arqueólogo (m)	αρχαιολόγος (αρ.)	[arxeolʲóγos]
geólogo (m)	γεωλόγος (αρ.)	[ʝeolʲóγos]
pesquisador (cientista)	ερευνητής (αρ.)	[erevnitís]

babysitter (f)	νταντά (θηλ.)	[dadá]
professor (m)	παιδαγωγός (αρ.)	[peðaγoγós]

redator (m)	συντάκτης (αρ.)	[sindáktis]
redator-chefe (m)	αρχισυντάκτης (αρ.)	[arxisindáktis]
correspondente (m)	ανταποκριτής (αρ.)	[andapokritís]
datilógrafa (f)	δακτυλογράφος (θηλ.)	[ðaktilʲoγráfos]

designer (m)	σχεδιαστής (αρ.)	[sxeðiastís]
especialista (m) em informática	τεχνικός υπολογιστών (αρ.)	[texnikós ipolʲoʝistón]
programador (m)	προγραμματιστής (αρ.)	[proγramatistís]
engenheiro (m)	μηχανικός (αρ.)	[mixanikós]

marujo (m)	ναυτικός (αρ.)	[naftikós]
marinheiro (m)	ναύτης (αρ.)	[náftis]
salvador (m)	διασώστης (αρ.)	[ðiasóstis]

bombeiro (m)	πυροσβέστης (αρ.)	[pirozvéstis]
polícia (m)	αστυνομικός (αρ.)	[astinomikós]
guarda-noturno (m)	φύλακας (αρ.)	[fílʲakas]
detetive (m)	ντετέκτιβ (αρ.)	[detéktiv]

funcionário (m) da alfândega	τελωνειακός (αρ.)	[telʲoniakós]
guarda-costas (m)	σωματοφύλακας (αρ.)	[somatofílʲakas]
guarda (m) prisional	δεσμοφύλακας (αρ.)	[ðezmofílʲakas]
inspetor (m)	παρατηρητής (αρ.)	[paratiritís]

desportista (m)	αθλητής (αρ.)	[aθlitís]
treinador (m)	προπονητής (αρ.)	[proponitís]

talhante (m)	κρεοπώλης (αρ.)	[kreopólis]
sapateiro (m)	τσαγκάρης (αρ.)	[tsangáris]
comerciante (m)	επιχειρηματίας (αρ.)	[epixirimatías]
carregador (m)	φορτωτής (αρ.)	[fortotís]

| estilista (m) | σχεδιαστής (αρ.) | [sxeðiastís] |
| modelo (f) | μοντέλο (ουδ.) | [modél¦o] |

112. Ocupações. Estatuto social

| aluno, escolar (m) | μαθητής (αρ.) | [maθitís] |
| estudante (~ universitária) | φοιτητής (αρ.) | [fititís] |

filósofo (m)	φιλόσοφος (αρ.)	[fil¦ósofos]
economista (m)	οικονομολόγος (αρ.)	[ikonomol¦óγos]
inventor (m)	εφευρέτης (αρ.)	[efevrétis]

desempregado (m)	άνεργος (αρ.)	[áneryos]
reformado (m)	συνταξιούχος (αρ.)	[sindaksiúxos]
espião (m)	κατάσκοπος (αρ.)	[katáskopos]

preso (m)	φυλακισμένος (αρ.)	[fil¦akizménos]
grevista (m)	απεργός (αρ.)	[aperγós]
burocrata (m)	γραφειοκράτης (αρ.)	[γrafiokrátis]
viajante (m)	ταξιδιώτης (αρ.)	[taksiðiótis]

| homossexual (m) | γκέι, ομοφυλόφιλος (αρ.) | [géi], [omofil¦ófil¦os] |
| hacker (m) | χάκερ (αρ.) | [xáker] |

| bandido (m) | συμμορίτης (αρ.) | [simorítis] |
| assassino (m) a soldo | πληρωμένος δολοφόνος (αρ.) | [pliroménos ðol¦ofónos] |

toxicodependente (m)	ναρκομανής (αρ.)	[narkomanís]
traficante (m)	έμπορος ναρκωτικών (αρ.)	[émboros narkotikón]
prostituta (f)	πόρνη (θηλ.)	[pórni]
chulo (m)	νταβατζής (αρ.)	[davadzís]

bruxo (m)	μάγος (αρ.)	[máγos]
bruxa (f)	μάγισσα (θηλ.)	[májisa]
pirata (m)	πειρατής (αρ.)	[piratís]
escravo (m)	δούλος (αρ.)	[ðúl¦os]
samurai (m)	σαμουράι (αρ.)	[samurái]
selvagem (m)	άγριος (αρ.)	[áγrios]

Desportos

113. Tipos de desportos. Desportistas

desportista (m)	αθλητής (αρ.)	[aθlitís]
tipo (m) de desporto	είδος αθλήματος (ουδ.)	[ídos aθlímatos]
basquetebol (m)	μπάσκετ (ουδ.)	[básket]
jogador (m) de basquetebol	μπασκετμπολίστας (αρ.)	[basketbolístas]
beisebol (m)	μπέιζμπολ (ουδ.)	[béjzbolʲ]
jogador (m) de beisebol	παίκτης μπέιζμπολ (αρ.)	[péktis béjzbolʲ]
futebol (m)	ποδόσφαιρο (ουδ.)	[poðósfero]
futebolista (m)	ποδοσφαιριστής (αρ.)	[poðosferistís]
guarda-redes (m)	τερματοφύλακας (αρ.)	[termatofílʲakas]
hóquei (m)	χόκεϊ (ουδ.)	[xókej]
jogador (m) de hóquei	παίκτης χόκεϊ (αρ.)	[péktis xókej]
voleibol (m)	βόλεϊ (ουδ.)	[vólej]
jogador (m) de voleibol	βολεϊμπολίστας (αρ.)	[volejbolístas]
boxe (m)	πυγμαχία (θηλ.)	[piɣmaxía]
boxeador, pugilista (m)	πυγμάχος (αρ.)	[piɣmáxos]
luta (f)	πάλη (θηλ.)	[páli]
lutador (m)	παλαιστής (αρ.)	[palestís]
karaté (m)	καράτε (ουδ.)	[karáte]
karateca (m)	αθλητής καράτε (αρ.)	[aθlitís karáte]
judo (m)	τζούντο (ουδ.)	[dzúdo]
judoca (m)	αθλητής του τζούντου (αρ.)	[aθlitís tu dzúdu]
ténis (m)	τένις (ουδ.)	[ténis]
tenista (m)	τενίστας (αρ.)	[tenístas]
natação (f)	κολύμβηση (θηλ.)	[kolímvisi]
nadador (m)	κολυμβητής (αρ.)	[kolimvistís]
esgrima (f)	ξιφασκία (θηλ.)	[ksifaskía]
esgrimista (m)	ξιφομάχος (αρ.)	[ksifomáxos]
xadrez (m)	σκάκι (ουδ.)	[skáki]
xadrezista (m)	σκακιστής (αρ.)	[skakistís]
alpinismo (m)	ορειβασία (θηλ.)	[orivasía]
alpinista (m)	ορειβάτης (αρ.)	[orivátis]
corrida (f)	δρόμος (αρ.)	[ðrómos]

corredor (m)	δρομέας (αρ.)	[ðroméas]
atletismo (m)	στίβος (αρ.)	[stívos]
atleta (m)	αθλητής (αρ.)	[aθlitís]

| hipismo (m) | ιππασία (θηλ.) | [ipasía] |
| cavaleiro (m) | ιππέας (αρ.) | [ipéas] |

patinagem (f) artística	καλλιτεχνικό πατινάζ (ουδ.)	[kalitexnikó patináz]
patinador (m)	αθλητής του καλλιτεχνικού πατινάζ (αρ.)	[aθlitís tu kalitexnikú patináz]
patinadora (f)	αθλήτρια του καλλιτεχνικού πατινάζ (θηλ.)	[aθlítria tu kalitexnikú patináz]

halterofilismo (m)	άρση βαρών (θηλ.)	[ársi varón]
corrida (f) de carros	αγώνας αυτοκινήτων (αρ.)	[aγónas aftokiníton]
ciclismo (m)	ποδηλασία (θηλ.)	[poðilʲasía]
ciclista (m)	ποδηλάτης (αρ.)	[poðilʲátis]

salto (m) em comprimento	άλμα εις μήκος (ουδ.)	[álʲma is míkos]
salto (m) à vara	άλμα επί κοντώ (ουδ.)	[álʲma epí kontó]
atleta (m) de saltos	άλτης (αρ.)	[álʲtis]

114. Tipos de desportos. Diversos

futebol (m) americano	αμερικάνικο ποδόσφαιρο (ουδ.)	[amerikániko poðósfero]
badminton (m)	μπάντμιντον (ουδ.)	[bádminton]
biatlo (m)	δίαθλο (ουδ.)	[ðíaθlʲo]
bilhar (m)	μπιλιάρδο (ουδ.)	[biliárðo]

bobsled (m)	έλκηθρο (ουδ.)	[élʲkiθro]
musculação (f)	μπόντι μπίλντινγκ (ουδ.)	[bódi bílʲding]
polo (m) aquático	πόλο (ουδ.)	[pólʲo]
andebol (m)	χειροσφαίριση (θηλ.)	[xirosférisi]
golfe (m)	γκολφ (ουδ.)	[golʲf]

remo (m)	κωπηλασία (θηλ.)	[kopilʲasía]
mergulho (m)	κατάδυση (θηλ.)	[katáðisi]
corrida (f) de esqui	σκι αντοχής (ουδ.)	[ski andoxís]
ténis (m) de mesa	επιτραπέζια αντισφαίριση (θηλ.)	[epitrapézia andisfírisi]

vela (f)	ιστιοπλοΐα (θηλ.)	[istioplʲoía]
rali (m)	ράλι (ουδ.)	[ráli]
râguebi (m)	ράγκμπι (ουδ.)	[rágbi]
snowboard (m)	σνόουμπορντ (ουδ.)	[snóubord]
tiro (m) com arco	τοξοβολία (θηλ.)	[toksovolía]

115. Ginásio

| barra (f) | μπάρα (θηλ.) | [bára] |
| halteres (m pl) | βαράκια (ουδ.πλ.) | [varákia] |

aparelho (m) de musculaçao	όργανο γυμναστικής (ουδ.)	[órɣano jimnastikís]
bicicleta (f) ergométrica	στατικό ποδήλατο (ουδ.)	[statikó poðíl·ato]
passadeira (f) de corrida	διάδρομος (αρ.)	[ðiáðromos]
barra (f) fixa	μονόζυγο (ουδ.)	[monóziɣo]
barras (f) paralelas	παράλληλοι ζυγοί (αρ.πλ.)	[parálili ziɣí]
cavalo (m)	ίππος (αρ.)	[ípos]
tapete (m) de ginástica	στρώμα (ουδ.)	[stróma]
aeróbica (f)	αεροβική (θηλ.)	[aerovikí]
ioga (f)	γιόγκα (θηλ.)	[jóga]

116. Desportos. Diversos

Jogos (m pl) Olímpicos	Ολυμπιακοί Αγώνες (αρ.πλ.)	[olimbiakí aɣónes]
vencedor (m)	νικητής (αρ.)	[nikitís]
vencer (vi)	νικάω	[nikáo]
vencer, ganhar (vi)	νικάω, κερδίζω	[nikáo], [kerðízo]
líder (m)	αρχηγός (αρ.)	[arxiɣós]
liderar (vt)	αρχηγεύω	[arxijévo]
primeiro lugar (m)	πρώτη θέση (θηλ.)	[próti θési]
segundo lugar (m)	δεύτερη θέση (θηλ.)	[ðéfteri θési]
terceiro lugar (m)	τρίτη θέση (θηλ.)	[tríti θési]
medalha (f)	μετάλλιο (ουδ.)	[metálio]
troféu (m)	τρόπαιο (ουδ.)	[trópeo]
taça (f)	κύπελλο (ουδ.)	[kípel·o]
prémio (m)	βραβείο (ουδ.)	[vravío]
prémio (m) principal	πρώτο βραβείο (ουδ.)	[próto vravío]
recorde (m)	ρεκόρ (ουδ.)	[rekór]
estabelecer um recorde	κάνω ρεκόρ	[káno rekór]
final (m)	τελικός (αρ.)	[telikós]
final	τελικός	[telikós]
campeão (m)	πρωταθλητής (αρ.)	[protaθlitís]
campeonato (m)	πρωτάθλημα (ουδ.)	[protáθlima]
estádio (m)	γήπεδο (ουδ.)	[jípeðo]
bancadas (f pl)	κερκίδα (θηλ.)	[kerkíða]
fã, adepto (m)	φίλαθλος (αρ.)	[fíl·aθl·os]
adversário (m)	αντίπαλος (αρ.)	[andípal·os]
partida (f)	αφετηρία (θηλ.)	[afetiría]
chegada, meta (f)	τέρμα (ουδ.)	[térma]
derrota (f)	ήττα (θηλ.)	[íta]
perder (vt)	χάνω	[xáno]
árbitro (m)	δικαστής (αρ.)	[ðikastís]
júri (m)	κριτές (αρ.πλ.)	[krités]

resultado (m)	σκορ (ουδ.)	[skor]
empate (m)	ισοπαλία (θηλ.)	[isopalía]
empatar (vi)	έρχομαι ισοπαλία	[érxome isopalía]
ponto (m)	πόντος, βαθμός (αρ.)	[póndos], [vaθmós]
resultado (m) final	αποτέλεσμα (ουδ.)	[apotélezma]

intervalo (m)	διάλειμμα (ουδ.)	[ðiálima]
doping (m)	ντόπινγκ (ουδ.)	[dóping]
penalizar (vt)	επιβάλλω ποινή	[epiválˈo piní]
desqualificar (vt)	αποκλείω	[apoklío]

aparelho (m)	όργανο γυμναστικής (ουδ.)	[órɣano ɟimnastikís]
dardo (m)	ακόντιο (ουδ.)	[akóndio]
peso (m)	σφαίρα (θηλ.)	[sféra]
bola (f)	μπάλα (θηλ.)	[bálˈa]

alvo, objetivo (m)	στόχος (αρ.)	[stóxos]
alvo (~ de papel)	στόχος (αρ.)	[stóxos]
atirar, disparar (vi)	πυροβολώ	[pirovolˈó]
preciso (tiro ~)	ακριβής	[akrivís]

treinador (m)	προπονητής (αρ.)	[proponitís]
treinar (vt)	προπονώ	[proponó]
treinar-se (vr)	προπονούμαι	[proponúme]
treino (m)	προπόνηση (θηλ.)	[propónisi]

ginásio (m)	γυμναστήριο (ουδ.)	[ɟimnastírio]
exercício (m)	άσκηση (θηλ.)	[áskisi]
aquecimento (m)	προθέρμανση (θηλ.)	[proθérmansi]

Educação

117. Escola

escola (f)	σχολείο (ουδ.)	[sxolío]
diretor (m) de escola	διευθυντής (αρ.)	[ðiefθindís]
aluno (m)	μαθητής (αρ.)	[maθitís]
aluna (f)	μαθήτρια (θηλ.)	[maθítria]
escolar (m)	μαθητής (αρ.)	[maθitís]
escolar (f)	μαθήτρια (θηλ.)	[maθítria]
ensinar (vt)	διδάσκω	[ðiðásko]
aprender (vt)	μαθαίνω	[maθéno]
aprender de cor	μαθαίνω απ'έξω	[maθéno apékso]
estudar (vi)	μαθαίνω	[maθéno]
andar na escola	πηγαίνω σχολείο	[pijéno sxolío]
ir à escola	πηγαίνω σχολείο	[pijéno sxolío]
alfabeto (m)	αλφάβητος (θηλ.)	[alˡfávitos]
disciplina (f)	μάθημα (ουδ.)	[máθima]
sala (f) de aula	τάξη (θηλ.)	[táksi]
lição (f)	μάθημα (ουδ.)	[máθima]
recreio (m)	διάλειμμα (ουδ.)	[ðiálima]
toque (m)	κουδούνι (ουδ.)	[kuðúni]
carteira (f)	θρανίο (ουδ.)	[θranío]
quadro (m) negro	πίνακας (αρ.)	[pínakas]
nota (f)	βαθμός (αρ.)	[vaθmós]
boa nota (f)	καλός βαθμός (αρ.)	[kalˡós vaθmós]
nota (f) baixa	κακός βαθμός (αρ.)	[kakós vaθmós]
dar uma nota	βάζω βαθμό	[vázo vaθmó]
erro (m)	λάθος (ουδ.)	[lˡáθos]
fazer erros	κάνω λάθη	[káno lˡáθi]
corrigir (vt)	διορθώνω	[ðiorθóno]
cábula (f)	σκονάκι (ουδ.)	[skonáki]
dever (m) de casa	εργασία για το σπίτι (θηλ.)	[eryasía ja to spíti]
exercício (m)	άσκηση (θηλ.)	[áskisi]
estar presente	είμαι παρών	[íme parón]
estar ausente	απουσιάζω	[apusiázo]
punir (vt)	τιμωρώ	[timoró]
punição (f)	τιμωρία (θηλ.)	[timoría]
comportamento (m)	συμπεριφορά (θηλ.)	[simberiforá]

boletim (m) escolar	έλεγχος (αρ.)	[élenxos]
lápis (m)	μολύβι (ουδ.)	[molívi]
borracha (f)	γόμα (θηλ.)	[γóma]
giz (m)	κιμωλία (θηλ.)	[kimolía]
estojo (m)	κασετίνα (θηλ.)	[kasetína]

pasta (f) escolar	σχολική τσάντα (θηλ.)	[sxolikí tsánda]
caneta (f)	στιλό (ουδ.)	[stil'ó]
caderno (m)	τετράδιο (ουδ.)	[tetráðio]
manual (m) escolar	σχολικό βιβλίο (ουδ.)	[sxolikó vivlío]
compasso (m)	διαβήτης (αρ.)	[ðiavítis]

traçar (vt)	σχεδιάζω	[sxeðiázo]
desenho (m) técnico	σχέδιο (ουδ.)	[sxéðio]

poesia (f)	ποίημα (ουδ.)	[píima]
de cor	απ'έξω	[apékso]
aprender de cor	μαθαίνω απ'έξω	[maθéno apékso]

férias (f pl)	διακοπές (θηλ.πλ.)	[ðiakopés]
estar de férias	κάνω διακοπές	[káno ðiakopés]

teste (m)	τεστ, διαγώνισμα (ουδ.)	[test], [ðiaγónizma]
composição, redação (f)	έκθεση (θηλ.)	[ékθesi]
ditado (m)	υπαγόρευση (θηλ.)	[ipaγórefsi]

exame (m)	εξετάσεις (θηλ.πλ.)	[eksetásis]
fazer exame	δίνω εξετάσεις	[ðíno eksetásis]
experiência (~ química)	πείραμα (ουδ.)	[pírama]

118. Colégio. Universidade

academia (f)	ακαδημία (θηλ.)	[akaðimía]
universidade (f)	πανεπιστήμιο (ουδ.)	[panepistímio]
faculdade (f)	σχολή (θηλ.)	[sxolí]

estudante (m)	φοιτητής (αρ.)	[fititís]
estudante (f)	φοιτήτρια (θηλ.)	[fitítria]
professor (m)	καθηγητής (αρ.)	[kaθijitís]

sala (f) de palestras	αίθουσα διαλέξεων (θηλ.)	[éθusa ðialékseon]
graduado (m)	απόφοιτος (αρ.)	[apófitos]

diploma (m)	πτυχίο (ουδ.)	[ptixío]
tese (f)	διατριβή (θηλ.)	[ðiatriví]

estudo (obra)	έρευνα (θηλ.)	[érevna]
laboratório (m)	εργαστήριο (ουδ.)	[erγastírio]

palestra (f)	διάλεξη (θηλ.)	[ðiáleksi]
colega (m) de curso	συμφοιτητής (αρ.)	[simfititís]

bolsa (f) de estudos	υποτροφία (θηλ.)	[ipotrofía]
grau (m) académico	ακαδημαϊκό πτυχίο (ουδ.)	[akaðimaikó ptixío]

119. Ciências. Disciplinas

matemática (f)	μαθηματικά (ουδ.πλ.)	[maθimatiká]
álgebra (f)	άλγεβρα (θηλ.)	[álⁱjevra]
geometria (f)	γεωμετρία (θηλ.)	[jeometría]
astronomia (f)	αστρονομία (θηλ.)	[astronomía]
biologia (f)	βιολογία (θηλ.)	[violⁱojía]
geografia (f)	γεωγραφία (θηλ.)	[jeoɣrafía]
geologia (f)	γεωλογία (θηλ.)	[jeolⁱojía]
história (f)	ιστορία (θηλ.)	[istoría]
medicina (f)	ιατρική (θηλ.)	[jatrikí]
pedagogia (f)	παιδαγωγική (θηλ.)	[peδaɣojikí]
direito (m)	δίκαιο (ουδ.)	[δíkeo]
física (f)	φυσική (θηλ.)	[fisikí]
química (f)	χημεία (θηλ.)	[ximía]
filosofia (f)	φιλοσοφία (θηλ.)	[filⁱosofía]
psicologia (f)	ψυχολογία (θηλ.)	[psixolⁱojía]

120. Sistema de escrita. Ortografia

gramática (f)	γραμματική (θηλ.)	[ɣramatikí]
vocabulário (m)	λεξιλόγιο (ουδ.)	[leksilⁱójo]
fonética (f)	φωνητική (θηλ.)	[fonitikí]
substantivo (m)	ουσιαστικό (ουδ.)	[usiastikó]
adjetivo (m)	επίθετο (ουδ.)	[epíθeto]
verbo (m)	ρήμα (ουδ.)	[ríma]
advérbio (m)	επίρρημα (ουδ.)	[epírima]
pronome (m)	αντωνυμία (θηλ.)	[andonimía]
interjeição (f)	επιφώνημα (ουδ.)	[epifónima]
preposição (f)	πρόθεση (θηλ.)	[próθesi]
raiz (f) da palavra	ρίζα (θηλ.)	[ríza]
terminação (f)	κατάληξη (θηλ.)	[katáliksi]
prefixo (m)	πρόθεμα (ουδ.)	[próθema]
sílaba (f)	συλλαβή (θηλ.)	[silⁱaví]
sufixo (m)	επίθημα (ουδ.)	[epíθima]
acento (m)	τόνος (αρ.)	[tónos]
apóstrofo (m)	απόστροφος (θηλ.)	[apóstrofos]
ponto (m)	τελεία (θηλ.)	[telía]
vírgula (f)	κόμμα (ουδ.)	[kóma]
ponto e vírgula (m)	άνω τελεία (θηλ.)	[áno telía]
dois pontos (m pl)	διπλή τελεία (θηλ.)	[δiplí telía]
reticências (f pl)	αποσιωπητικά (ουδ.πλ.)	[aposiopitiká]
ponto (m) de interrogação	ερωτηματικό (ουδ.)	[erotimatikó]
ponto (m) de exclamação	θαυμαστικό (ουδ.)	[θavmastikó]

aspas (f pl)	εισαγωγικά (ουδ.πλ.)	[isaγojiká]
entre aspas	σε εισαγωγικά	[se isaγojiká]
parênteses (m pl)	παρένθεση (θηλ.)	[parénθesi]
entre parênteses	σε παρένθεση	[se parénθesi]
hífen (m)	ενωτικό (ουδ.)	[enotikó]
travessão (m)	παύλα (θηλ.)	[pávlia]
espaço (m)	κενό (ουδ.)	[kenó]
letra (f)	γράμμα (ουδ.)	[γráma]
letra (f) maiúscula	κεφαλαίο γράμμα (ουδ.)	[kefaléo γráma]
vogal (f)	φωνήεν (ουδ.)	[foníen]
consoante (f)	σύμφωνο (ουδ.)	[símfono]
frase (f)	πρόταση (θηλ.)	[prótasi]
sujeito (m)	υποκείμενο (ουδ.)	[ipokímeno]
predicado (m)	κατηγορούμενο (ουδ.)	[katiγorúmeno]
linha (f)	γραμμή (θηλ.)	[γramí]
em uma nova linha	σε καινούργια γραμμή	[se kenúrjia γramí]
parágrafo (m)	παράγραφος (θηλ.)	[paráγrafos]
palavra (f)	λέξη (θηλ.)	[léksi]
grupo (m) de palavras	ομάδα λέξεων (θηλ.)	[omáδa lékseon]
expressão (f)	έκφραση (θηλ.)	[ékfrasi]
sinónimo (m)	συνώνυμο (ουδ.)	[sinónimo]
antónimo (m)	αντώνυμο (ουδ.)	[andónimo]
regra (f)	κανόνας (αρ.)	[kanónas]
exceção (f)	εξαίρεση (θηλ.)	[ekséresi]
correto	σωστός	[sostós]
conjugação (f)	κλίση ρήματος (θηλ.)	[klísi rímatos]
declinação (f)	κλίση (θηλ.)	[klísi]
caso (m)	πτώση (θηλ.)	[ptósi]
pergunta (f)	ερώτημα (ουδ.)	[erótima]
sublinhar (vt)	υπογραμμίζω	[ipoγramízo]
linha (f) pontilhada	διακεκομμένη γραμμή (θηλ.)	[δiakekoméni γramí]

121. Línguas estrangeiras

língua (f)	γλώσσα (θηλ.)	[γlíósa]
língua (f) estrangeira	ξένη γλώσσα (θηλ.)	[kséni γlósa]
estudar (vt)	μελετάω	[meletáo]
aprender (vt)	μαθαίνω	[maθéno]
ler (vt)	διαβάζω	[δiavázo]
falar (vi)	μιλάω	[milíáo]
compreender (vt)	καταλαβαίνω	[kataliavéno]
escrever (vt)	γράφω	[γráfo]
rapidamente	γρήγορα	[γríγora]
devagar	αργά	[arγá]

fluentemente	ευφράδεια	[effráðia]
regras (f pl)	κανόνες (αρ.πλ.)	[kanónes]
gramática (f)	γραμματική (θηλ.)	[ɣramatikí]
vocabulário (m)	λεξιλόγιο (ουδ.)	[leksilʲójo]
fonética (f)	φωνητική (θηλ.)	[fonitikí]

manual (m) escolar	σχολικό βιβλίο (ουδ.)	[sxolikó vivlío]
dicionário (m)	λεξικό (ουδ.)	[leksikó]
manual (m)	εγχειρίδιο	[enxiríðio
de autoaprendizagem	αυτοδιδασκαλίας (ουδ.)	aftoðiðaskalías]
guia (m) de conversação	βιβλίο φράσεων (ουδ.)	[vivlío fráseon]

cassete (f)	κασέτα (θηλ.)	[kaséta]
vídeo cassete (m)	βιντεοκασέτα (θηλ.)	[videokaséta]
CD (m)	συμπαγής δίσκος (αρ.)	[simpaɟís ðískos]
DVD (m)	DVD (ουδ.)	[dividí]

alfabeto (m)	αλφάβητος (θηλ.)	[alʲfávitos]
pronúncia (f)	προφορά (θηλ.)	[proforá]

sotaque (m)	προφορά (θηλ.)	[proforá]
com sotaque	με προφορά	[me proforá]
sem sotaque	χωρίς προφορά	[xorís proforá]

palavra (f)	λέξη (θηλ.)	[léksi]
sentido (m)	σημασία (θηλ.)	[simasía]

cursos (m pl)	μαθήματα (ουδ.πλ.)	[maθímata]
inscrever-se (vr)	γράφομαι	[ɣráfome]
professor (m)	καθηγητής (αρ.)	[kaθiɟitís]

tradução (processo)	μετάφραση (θηλ.)	[metáfrasi]
tradução (texto)	μετάφραση (θηλ.)	[metáfrasi]
tradutor (m)	μεταφραστής (αρ.)	[metafrastís]
intérprete (m)	διερμηνέας (αρ.)	[ðierminéas]

poliglota (m)	πολύγλωσσος (αρ.)	[políɣlʲosos]
memória (f)	μνήμη (θηλ.)	[mními]

122. Personagens de contos de fadas

Pai (m) Natal	Άγιος Βασίλης (αρ.)	[ájos vasílis]
sereia (f)	γοργόνα (θηλ.)	[ɣorɣóna]

mago (m)	μάγος (αρ.)	[máɣos]
fada (f)	νεράιδα (θηλ.)	[neráiða]
mágico	μαγικός	[maɟikós]
varinha (f) mágica	μαγικό ραβδί (ουδ.)	[maɟikó ravðí]

conto (m) de fadas	παραμύθι (ουδ.)	[paramíθi]
milagre (m)	θαύμα (ουδ.)	[θávma]
anão (m)	νάνος (αρ.)	[nános]
transformar-se em ...	μεταμορφώνομαι	[metamorfónome]
fantasma (m)	φάντασμα (ουδ.)	[fándazma]

espetro (m)	φάντασμα (ουδ.)	[fándazma]
monstro (m)	τέρας (ουδ.)	[téras]
dragão (m)	δράκος (αρ.)	[ðrákos]
gigante (m)	γίγαντας (αρ.)	[jíɣandas]

123. Signos do Zodíaco

Carneiro	Κριός (αρ.)	[kriós]
Touro	Ταύρος (αρ.)	[távros]
Gémeos	Δίδυμοι (αρ.πλ.)	[ðídimi]
Caranguejo	Καρκίνος (αρ.)	[karkínos]
Leão	Λέων (αρ.)	[léon]
Virgem (f)	Παρθένος (θηλ.)	[parθénos]

Balança	Ζυγός (αρ.)	[ziɣós]
Escorpião	Σκορπιός (αρ.)	[skorpiós]
Sagitário	Τοξότης (αρ.)	[toksótis]
Capricórnio	Αιγόκερως (αρ.)	[eɣókeros]
Aquário	Υδροχόος (αρ.)	[iðroxóos]
Peixes	Ιχθείς (αρ.πλ.)	[ixθís]

caráter (m)	χαρακτήρας (αρ.)	[xaraktíras]
traços (m pl) do caráter	στοιχεία του χαρακτήρα (ουδ.πλ.)	[stixía tu xaraktíra]
comportamento (m)	συμπεριφορά (θηλ.)	[simberiforá]
predizer (vt)	λέω την τύχη	[léo tin tíxi]
adivinha (f)	μάντισσα (θηλ.)	[mándisa]
horóscopo (m)	ωροσκόπιο (ουδ.)	[oroskópio]

Artes

124. Teatro

teatro (m)	θέατρο (ουδ.)	[théatro]
ópera (f)	όπερα (θηλ.)	[ópera]
opereta (f)	οπερέτα (θηλ.)	[operéta]
balé (m)	μπαλέτο (ουδ.)	[baléto]

cartaz (m)	αφίσα (θηλ.)	[afísa]
companhia (f) teatral	θίασος (αρ.)	[thíasos]
turné (digressão)	περιοδεία (θηλ.)	[perioðía]
estar em turné	περιοδεύω	[perioðévo]
ensaiar (vt)	κάνω πρόβα	[káno próva]
ensaio (m)	πρόβα (θηλ.)	[próva]
repertório (m)	ρεπερτόριο (ουδ.)	[repertório]

apresentação (f)	παράσταση (θηλ.)	[parástasi]
espetáculo (m)	παράσταση (θηλ.)	[parástasi]
peça (f)	θεατρικό έργο (ουδ.)	[theatrikó érγo]

bilhete (m)	εισιτήριο (ουδ.)	[isitírio]
bilheteira (f)	ταμείο (ουδ.)	[tamío]
hall (m)	φουαγιέ (ουδ.)	[fuajé]
guarda-roupa (m)	βεστιάριο (ουδ.)	[vestiário]
senha (f) numerada	καρτελάκι (θηλ.)	[kartelláki]
binóculo (m)	κιάλια (ουδ.πλ.)	[kiália]
lanterninha (m)	ταξιθέτης (αρ.)	[taksithétis]

plateia (f)	πλατεία (θηλ.)	[pl'atía]
balcão (m)	εξώστης (αρ.)	[eksóstis]
camarote (m)	θεωρείο (ουδ.)	[theorío]
fila (f)	σειρά (θηλ.)	[sirá]
assento (m)	θέση (θηλ.)	[thési]

público (m)	κοινό (ουδ.)	[kinó]
espetador (m)	θεατής (αρ.)	[theatís]
aplaudir (vt)	χειροκροτώ	[xirokrotó]
aplausos (m pl)	χειροκρότημα (ουδ.)	[xirokrótima]
ovação (f)	επευφημία (θηλ.)	[epeffimía]

palco (m)	σκηνή (θηλ.)	[skiní]
pano (m) de boca	παραπέτασμα (ουδ.)	[parapétazma]

cenário (m)	σκηνικό (ουδ.)	[skinikó]
bastidores (m pl)	παρασκήνια (ουδ.πλ.)	[paraskínia]

cena (f)	σκηνή (θηλ.)	[skiní]
ato (m)	πράξη (θηλ.)	[práksi]
entreato (m)	διάλειμμα (ουδ.)	[ðiálima]

125. Cinema

| ator (m) | ηθοποιός (αρ.) | [iθopiós] |
| atriz (f) | ηθοποιός (θηλ.) | [iθopiós] |

cinema (m)	κινηματογράφος (αρ.)	[kinimatoɣráfos]
filme (m)	ταινία (θηλ.)	[tenía]
episódio (m)	επεισόδιο (ουδ.)	[episóðio]

filme (m) policial	αστυνομική ταινία (θηλ.)	[astinomikí tenía]
filme (m) de ação	ταινία δράσης (θηλ.)	[tenía ðrásis]
filme (m) de aventuras	περιπέτεια (θηλ.)	[peripétia]
filme (m) de ficção científica	ταινία επιστημονικής φαντασίας (θηλ.)	[tenía epistimonikís fandasías]
filme (m) de terror	ταινία τρόμου (θηλ.)	[tenía trómu]

comédia (f)	κωμωδία (θηλ.)	[komoðía]
melodrama (m)	μελόδραμα (ουδ.)	[melʲóðrama]
drama (m)	δράμα (ουδ.)	[ðráma]

filme (m) ficcional	ταινία (θηλ.)	[tenía]
documentário (m)	ντοκιμαντέρ (ουδ.)	[dokimandér]
desenho (m) animado	κινούμενα σχέδια (ουδ.πλ.)	[kinúmena sxéðia]
cinema (m) mudo	βουβές ταινίες (θηλ.πλ.)	[vuvés teníes]

papel (m)	ρόλος (αρ.)	[rólʲos]
papel (m) principal	πρωταγωνιστικός ρόλος (αρ.)	[protaɣonistikós rólʲos]
representar (vt)	παίζω	[pézo]

estrela (f) de cinema	αστέρας (αρ.)	[astéras]
conhecido	γνωστός	[ɣnostós]
famoso	διάσημος	[ðiásimos]
popular	δημοφιλής	[ðimofilís]

argumento (m)	σενάριο (ουδ.)	[senário]
argumentista (m)	σεναριογράφος (αρ.)	[senarioɣráfos]
realizador (m)	σκηνοθέτης (αρ.)	[skinoθétis]
produtor (m)	παραγωγός (αρ.)	[paraɣoɣós]
assistente (m)	βοηθός (αρ.)	[voiθós]
diretor (m) de fotografia	οπερατέρ (αρ.)	[operatér]
duplo (m)	κασκαντέρ (αρ.)	[kaskadér]

filmar (vt)	γυρίζω ταινία	[ʝirízo tenía]
audição (f)	ακρόαση (θηλ.)	[akróasi]
filmagem (f)	γυρίσματα (ουδ.πλ.)	[ʝirízmata]
equipe (f) de filmagem	κινηματογραφικό συνεργείο (ουδ.)	[kinimatoɣrafikó sinerʝío]
set (m) de filmagem	σκηνικό (ουδ.)	[skinikó]
câmara (f)	κάμερα (θηλ.)	[kámera]

cinema (m)	κινηματογράφος (αρ.)	[kinimatoɣráfos]
ecrã (m), tela (f)	οθόνη (θηλ.)	[oθóni]
exibir um filme	προβάλλω ταινία	[prováʎo tenía]
pista (f) sonora	ηχητική λωρίδα (θηλ.)	[ixitikí lʲoríða]

efeitos (m pl) especiais	ειδικά εφέ (ουδ.πλ.)	[iðiká efé]
legendas (f pl)	υπότιτλοι (αρ.πλ.)	[ipótitli]
crédito (m)	τίτλοι (αρ.πλ.)	[títli]
tradução (f)	μετάφραση (θηλ.)	[metáfrasi]

126. Pintura

arte (f)	τέχνη (θηλ.)	[téxni]
belas-artes (f pl)	καλές τέχνες (θηλ.πλ.)	[kalés texnes]
galeria (f) de arte	γκαλερί (θηλ.)	[galerí]
exposição (f) de arte	έκθεση πινάκων (θηλ.)	[ékθesi pinákon]

pintura (f)	ζωγραφική (θηλ.)	[zoɣrafikí]
arte (f) gráfica	γραφική τέχνη (θηλ.)	[ɣrafikí téxni]
arte (f) abstrata	αφηρημένη τέχνη (θηλ.)	[afiriméni téxni]
impressionismo (m)	ιμπρεσιονισμός (αρ.)	[imbresionizmós]

pintura (f), quadro (m)	πίνακας (αρ.)	[pínakas]
desenho (m)	ζωγραφιά (θηλ.)	[zoɣrafiá]
cartaz, póster (m)	πόστερ (ουδ.)	[póster]

ilustração (f)	εικονογράφηση (θηλ.)	[ikonoɣráfisi]
miniatura (f)	μινιατούρα (θηλ.)	[miniatúra]
cópia (f)	αντίγραφο (ουδ.)	[andíɣrafo]
reprodução (f)	αντίγραφο (ουδ.)	[andíɣrafo]

mosaico (m)	ψηφιδωτό (ουδ.)	[psifiðotó]
vitral (m)	υαλογράφημα (ουδ.)	[ialʲoɣráfima]
fresco (m)	φρέσκο (ουδ.)	[frésko]
gravura (f)	χαλκογραφία (θηλ.)	[xalʲkoɣrafía]

busto (m)	προτομή (θηλ.)	[protomí]
escultura (f)	γλυπτό (ουδ.)	[ɣliptó]
estátua (f)	άγαλμα (ουδ.)	[áɣalʲma]
gesso (m)	γύψος (αρ.)	[ʝípsos]
em gesso	γύψινος	[ʝípsinos]

retrato (m)	πορτρέτο (ουδ.)	[portréto]
autorretrato (m)	αυτοπορτρέτο (ουδ.)	[aftoportréto]
paisagem (f)	τοπιογραφία (θηλ.)	[topioɣrafía]
natureza (f) morta	νεκρή φύση (θηλ.)	[nekrí físi]
caricatura (f)	καρικατούρα (θηλ.)	[karikatúra]
esboço (m)	σκίτσο (ουδ.)	[skítso]

tinta (f)	μπογιά (θηλ.)	[boʝá]
aguarela (f)	νερομπογιά (θηλ.)	[neroboʝá]
óleo (m)	λαδομπογιά (θηλ.)	[lʲaðoboʝá]
lápis (m)	μολύβι (ουδ.)	[molívi]
tinta da China (f)	μελάνι (ουδ.)	[melʲáni]
carvão (m)	άνθρακας (αρ.)	[ánθrakas]

desenhar (vt)	ζωγραφίζω	[zoɣrafízo]
pintar (vt)	ζωγραφίζω	[zoɣrafízo]
posar (vi)	ποζάρω	[pozáro]

| modelo (m) | μοντέλο (ουδ.) | [modélιo] |
| modelo (f) | μοντέλο (ουδ.) | [modélιo] |

pintor (m)	ζωγράφος (αρ.)	[zoγráfos]
obra (f)	έργο (ουδ.)	[érγo]
obra-prima (f)	αριστούργημα (ουδ.)	[aristúrjima]
estúdio (m)	ατελιέ (ουδ.)	[atelié]

tela (f)	καμβάς (αρ.)	[kamvás]
cavalete (m)	καβαλέτο (ουδ.)	[kavaléto]
paleta (f)	παλέτα (θηλ.)	[paléta]

moldura (f)	κορνίζα (θηλ.)	[korníza]
restauração (f)	αναστήλωση (θηλ.)	[anastílιosi]
restaurar (vt)	αναστηλώνω	[anastilιóno]

127. Literatura & Poesia

literatura (f)	λογοτεχνία (θηλ.)	[lιoγotexnía]
autor (m)	συγγραφέας (αρ.)	[singraféas]
pseudónimo (m)	ψευδώνυμο (ουδ.)	[psevδónimo]

livro (m)	βιβλίο (ουδ.)	[vivlío]
volume (m)	τόμος (αρ.)	[tómos]
índice (m)	περιεχόμενα (ουδ.πλ.)	[periexómena]
página (f)	σελίδα (θηλ.)	[selíδa]
protagonista (m)	πρωταγωνιστής (αρ.)	[protaγonistís]
autógrafo (m)	αυτόγραφο (ουδ.)	[aftóγrafo]

conto (m)	διήγημα (ουδ.)	[δiíjima]
novela (f)	νουβέλα (θηλ.)	[nuvélιa]
romance (m)	μυθιστόρημα (ουδ.)	[miθistórima]
obra (f)	έργο (ουδ.)	[érγo]
fábula (m)	μύθος (αρ.)	[míθos]
romance (m) policial	αστυνομικό μυθιστόρημα (ουδ.)	[astinomikó miθistórima]

poesia (obra)	ποίημα (ουδ.)	[píima]
poesia (arte)	ποίηση (θηλ.)	[píisi]
poema (m)	έπος (ουδ.)	[épos]
poeta (m)	ποιητής (αρ.)	[piitís]

ficção (f)	μυθοπλασία (θηλ.)	[miθoplιasía]
ficção (f) científica	επιστημονική φαντασία (θηλ.)	[epistimonikí fandasía]
aventuras (f pl)	περιπέτειες (θηλ.πλ.)	[peripéties]
literatura (f) didática	εκπαιδευτικά βιβλία (ουδ.πλ.)	[ekpeδeftiká vivlía]
literatura (f) infantil	παιδικά βιβλία (ουδ.πλ.)	[peδiká vivlía]

128. Circo

| circo (m) | τσίρκο (ουδ.) | [tsírko] |
| circo (m) ambulante | περιοδεύον τσίρκο (ουδ.) | [perioδévon tsírko] |

| programa (m) | πρόγραμμα (ουδ.) | [próɣrama] |
| apresentação (f) | παράσταση (θηλ.) | [parástasi] |

| número (m) | νούμερο (ουδ.) | [número] |
| arena (f) | σκηνή (θηλ.) | [skiní] |

palhaço (m)	κλόουν (αρ.)	[klióun]
acrobata (m)	ακροβάτης (αρ.)	[akrovátis]
acrobacia (f)	ακροβατική (θηλ.)	[akrovatikí]
ginasta (m)	ακροβάτης (αρ.)	[akrovátis]
ginástica (f)	ακροβασία (θηλ.)	[akrovasía]
salto (m) mortal	σάλτο (ουδ.)	[sálito]

homem forte (m)	μασίστας (αρ.)	[masístas]
domador (m)	δαμαστής (αρ.)	[ðamastís]
cavaleiro (m) equilibrista	ιππέας (αρ.)	[ipéas]
assistente (m)	βοηθός (αρ.)	[voiθós]

truque (m)	κόλπο (ουδ.)	[kólipo]
truque (m) de mágica	μαγικό κόλπο (ουδ.)	[majikó kólipo]
mágico (m)	θαυματοποιός (αρ.)	[θavmatopiós]

malabarista (m)	ζογκλέρ (αρ.)	[zonglér]
domador (m)	εκπαιδευτής ζώων (αρ.)	[ekpeðeftís zóon]
adestramento (m)	εκπαίδευση ζώων (θηλ.)	[ekpéðefsi zóon]
adestrar (vt)	εκπαιδεύω	[ekpeðévo]

129. Música. Música popular

música (f)	μουσική (θηλ.)	[musikí]
músico (m)	μουσικός (αρ.)	[musikós]
instrumento (m) musical	μουσικό όργανο (ουδ.)	[musikó órɣano]
tocar ...	παίζω ...	[pézo]

guitarra (f)	κιθάρα (θηλ.)	[kiθára]
violino (m)	βιολί (ουδ.)	[violí]
violoncelo (m)	βιολοντσέλο (ουδ.)	[violiontsélio]
contrabaixo (m)	κοντραμπάσο (ουδ.)	[kondrabáso]
harpa (f)	άρπα (θηλ.)	[árpa]

piano (m)	πιάνο (ουδ.)	[piáno]
piano (m) de cauda	πιάνο (ουδ.)	[piáno]
órgão (m)	εκκλησιαστικό όργανο (ουδ.)	[eklisiastikó orɣano]

instrumentos (m pl) de sopro	πνευστά όργανα (ουδ.πλ.)	[pnefstá órɣana]
oboé (m)	όμποε (ουδ.)	[óboe]
saxofone (m)	σαξόφωνο (ουδ.)	[saksófono]
clarinete (m)	κλαρίνο (ουδ.)	[klіaríno]
flauta (f)	φλάουτο (ουδ.)	[flíáuto]
trompete (m)	τρομπέτα (θηλ.)	[trombéta]

acordeão (m)	ακορντεόν (ουδ.)	[akordeón]
tambor (m)	τύμπανο (ουδ.)	[tímbano]
duo, dueto (m)	ντουέτο (ουδ.)	[duéto]

trio (m)	τρίο (ουδ.)	[trío]
quarteto (m)	κουαρτέτο (ουδ.)	[kuartéto]
coro (m)	χορωδία (θηλ.)	[xoroðía]
orquestra (f)	ορχήστρα (θηλ.)	[orxístra]

música (f) pop	ποπ μουσική (θηλ.)	[pop musikí]
música (f) rock	ροκ μουσική (θηλ.)	[rok musikí]
grupo (m) de rock	ροκ συγκρότημα (ουδ.)	[rok singrótima]
jazz (m)	τζαζ (θηλ.)	[dzaz]

ídolo (m)	είδωλο (ουδ.)	[íðolʲo]
fã, admirador (m)	θαυμαστής (αρ.)	[θavmastís]

concerto (m)	συναυλία (θηλ.)	[sinavlía]
sinfonia (f)	συμφωνία (θηλ.)	[simfonía]
composição (f)	σύνθεση (θηλ.)	[sínθesi]
compor (vt)	συνθέτω	[sinθéto]

canto (m)	τραγούδημα (ουδ.)	[traγúðima]
canção (f)	τραγούδι (ουδ.)	[traγúði]
melodia (f)	μελωδία (θηλ.)	[melʲoðía]
ritmo (m)	ρυθμός (αρ.)	[riθmós]
blues (m)	μπλουζ (ουδ.)	[blʲuz]

notas (f pl)	νότες (θηλ.πλ.)	[nótes]
batuta (f)	μπαγκέτα (θηλ.)	[bagéta]
arco (m)	δοξάρι (ουδ.)	[ðoksári]
corda (f)	χορδή (θηλ.)	[xorðí]
estojo (m)	θήκη (θηλ.)	[θíki]

Descanso. Entretenimento. Viagens

130. Viagens

turismo (m)	τουρισμός (αρ.)	[turizmós]
turista (m)	τουρίστας (αρ.)	[turístas]
viagem (f)	ταξίδι (ουδ.)	[taksíði]
aventura (f)	περιπέτεια (θηλ.)	[peripétia]
viagem (f)	ταξίδι (ουδ.)	[taksíði]

férias (f pl)	διακοπές (θηλ.πλ.)	[ðiakopés]
estar de férias	είμαι σε διακοπές	[íme se ðiakopés]
descanso (m)	διακοπές (πλ.)	[ðiakopés]

comboio (m)	τραίνο, τρένο (ουδ.)	[tréno]
de comboio (chegar ~)	με τρένο	[me tréno]
avião (m)	αεροπλάνο (ουδ.)	[aeropláno]
de avião	με αεροπλάνο	[me aeropláno]
de carro	με αυτοκίνητο	[me aftokínito]
de navio	με καράβι	[me karávi]

bagagem (f)	αποσκευές (θηλ.πλ.)	[aposkevés]
mala (f)	βαλίτσα (θηλ.)	[valítsa]
carrinho (m)	καρότσι αποσκευών (ουδ.)	[karótsi aposkevón]

passaporte (m)	διαβατήριο (ουδ.)	[ðiavatírio]
visto (m)	βίζα (θηλ.)	[víza]
bilhete (m)	εισιτήριο (ουδ.)	[isitírio]
bilhete (m) de avião	αεροπορικό εισιτήριο (ουδ.)	[aeroporikó isitírio]

guia (m) de viagem	ταξιδιωτικός οδηγός (αρ.)	[taksiðiotikós oðiɣós]
mapa (m)	χάρτης (αρ.)	[xártis]
local (m), area (f)	περιοχή (θηλ.)	[perioxí]
lugar, sítio (m)	τόπος (αρ.)	[tópos]

exotismo (m)	εξωτικά πράγματα (ουδ.πλ.)	[eksotiká práɣmata]
exótico	εξωτικός	[eksotikós]
surpreendente	καταπληκτικός	[katapliktikós]

grupo (m)	ομάδα (θηλ.)	[omáða]
excursão (f)	εκδρομή (θηλ.)	[ekðromí]
guia (m)	ξεναγός (αρ.)	[ksenaɣós]

131. Hotel

hotel (m)	ξενοδοχείο (ουδ.)	[ksenoðoxío]
motel (m)	μοτέλ (ουδ.)	[motéli]
três estrelas	τριών αστέρων	[trión astéron]

| cinco estrelas | πέντε αστέρων | [pénde astéron] |
| ficar (~ num hotel) | μένω | [méno] |

quarto (m)	δωμάτιο (ουδ.)	[ðomátio]
quarto (m) individual	μονόκλινο δωμάτιο (ουδ.)	[monóklino ðomátio]
quarto (m) duplo	δίκλινο δωμάτιο (ουδ.)	[ðíklino ðomátio]
reservar um quarto	κλείνω δωμάτιο	[klíno ðomátio]

| meia pensão (f) | ημιδιατροφή (θηλ.) | [imiðiatrofí] |
| pensão (f) completa | πλήρης διατροφή (θηλ.) | [plíris ðiatrofí] |

com banheira	με μπανιέρα	[me baniéra]
com duche	με ντουζ	[me dúz]
televisão (m) satélite	δορυφορική τηλεόραση (θηλ.)	[ðoriforikí tileórasi]
ar (m) condicionado	κλιματιστικό (ουδ.)	[klimatistikó]
toalha (f)	πετσέτα (θηλ.)	[petséta]
chave (f)	κλειδί (ουδ.)	[kliðí]

administrador (m)	υπεύθυνος (αρ.)	[ipéfθinos]
camareira (f)	καμαριέρα (θηλ.)	[kamariéra]
bagageiro (m)	αχθοφόρος (αρ.)	[axθofóros]
porteiro (m)	πορτιέρης (αρ.)	[portiéris]

restaurante (m)	εστιατόριο (ουδ.)	[estiatório]
bar (m)	μπαρ (ουδ.), μπυραρία (θηλ.)	[bar], [biraría]
pequeno-almoço (m)	πρωινό (ουδ.)	[proinó]
jantar (m)	δείπνο (ουδ.)	[ðípno]
buffet (m)	μπουφές (αρ.)	[bufés]

| hall (m) de entrada | φουαγιέ (ουδ.) | [fuajé] |
| elevador (m) | ασανσέρ (ουδ.) | [asansér] |

| NÃO PERTURBE | ΜΗΝ ΕΝΟΧΛΕΙΤΕ! | [min enoxlíte] |
| PROIBIDO FUMAR! | ΑΠΑΓΟΡΕΥΕΤΑΙ ΤΟ ΚΑΠΝΙΣΜΑ | [apaɣorévete to kápnizma] |

132. Livros. Leitura

livro (m)	βιβλίο (ουδ.)	[vivlío]
autor (m)	συγγραφέας (αρ.)	[singraféas]
escritor (m)	συγγραφέας (αρ.)	[singraféas]
escrever (vt)	γράφω	[ɣráfo]

leitor (m)	αναγνώστης (αρ.)	[anaɣnóstis]
ler (vt)	διαβάζω	[ðiavázo]
leitura (f)	ανάγνωση (θηλ.)	[anáɣnosi]

| para si | από μέσα | [apó mésa] |
| em voz alta | φωναχτά | [fonaxtá] |

publicar (vt)	εκδίδω	[ekðíðo]
publicação (f)	έκδοση (θηλ.)	[ékðosi]
editor (m)	εκδότης (αρ.)	[ekðótis]

editora (f)	εκδοτικός οίκος (αρ.)	[ekðotikós íkos]
sair (vi)	βγαίνω	[vjéno]
lançamento (m)	κυκλοφορία (θηλ.)	[kikⁱoforía]
tiragem (f)	έκδοση (θηλ.)	[ékðosi]

| livraria (f) | βιβλιοπωλείο (ουδ.) | [vivliopolío] |
| biblioteca (f) | βιβλιοθήκη (θηλ.) | [vivlioθíki] |

novela (f)	νουβέλα (θηλ.)	[nuvélⁱa]
conto (m)	διήγημα (ουδ.)	[ðiíjima]
romance (m)	μυθιστόρημα (ουδ.)	[miθistórima]
romance (m) policial	αστυνομικό μυθιστόρημα (ουδ.)	[astinomikó miθistórima]

memórias (f pl)	απομνημονεύματα (ουδ.πλ.)	[apomnimonévmata]
lenda (f)	θρύλος (αρ.)	[θrílⁱos]
mito (m)	μύθος (αρ.)	[míθos]

poesia (f)	ποιήματα (ουδ.πλ.)	[piímata]
autobiografia (f)	αυτοβιογραφία (θηλ.)	[aftovioɣrafía]
obras (f pl) escolhidas	εκλεκτά έργα (ουδ.πλ.)	[eklektá érɣa]
ficção (f) científica	επιστημονική φαντασία (θηλ.)	[epistimonikí fandasía]

título (m)	τίτλος (αρ.)	[títlⁱos]
introdução (f)	εισαγωγή (θηλ.)	[isaɣojí]
folha (f) de rosto	εξώφυλλο (ουδ.)	[eksófilⁱo]

capítulo (m)	κεφάλαιο (ουδ.)	[kefáleo]
excerto (m)	απόσπασμα (ουδ.)	[apóspazma]
episódio (m)	σκηνή (θηλ.)	[skiní]

tema (m)	υπόθεση (θηλ.)	[ipóθesi]
conteúdo (m)	περιεχόμενα (ουδ.πλ.)	[periexómena]
índice (m)	περιεχόμενα (ουδ.πλ.)	[periexómena]
protagonista (m)	πρωταγωνιστής (αρ.)	[protaɣonistís]

tomo, volume (m)	τόμος (αρ.)	[tómos]
capa (f)	εξώφυλλο (ουδ.)	[eksófilⁱo]
encadernação (f)	δέσιμο (ουδ.)	[ðésimo]
marcador (m) de livro	σελιδοδείκτης (αρ.)	[seliðoðíktis]

página (f)	σελίδα (θηλ.)	[selíða]
folhear (vt)	ξεφυλλίζω	[ksefilízo]
margem (f)	περιθώρια (ουδ.πλ.)	[periθória]
anotação (f)	σημείωση (θηλ.)	[simíosi]
nota (f) de rodapé	υποσημείωση (θηλ.)	[iposimíosi]

texto (m)	κείμενο (ουδ.)	[kímeno]
fonte (f)	γραμματοσειρά (θηλ.)	[ɣramatosirá]
gralha (f)	τυπογραφικό λάθος (ουδ.)	[tipoɣrafikó lⁱáθos]

tradução (f)	μετάφραση (θηλ.)	[metáfrasi]
traduzir (vt)	μεταφράζω	[metafrázo]
original (m)	πρωτότυπο (ουδ.)	[protótipo]
famoso	διάσημος	[ðiásimos]

desconhecido	άγνωστος	[áɣnostos]
interessante	ενδιαφέρων	[enðiaféron]
best-seller (m)	μπεστ σέλερ (ουδ.)	[best séler]

dicionário (m)	λεξικό (ουδ.)	[leksikó]
manual (m) escolar	σχολικό βιβλίο (ουδ.)	[sxolikó vivlío]
enciclopédia (f)	εγκυκλοπαίδεια (θηλ.)	[engiklʲopéðia]

133. Caça. Pesca

caça (f)	κυνήγι (ουδ.)	[kinʲji]
caçar (vi)	κυνηγώ	[kiniɣó]
caçador (m)	κυνηγός (αρ.)	[kiniɣós]

atirar (vi)	πυροβολώ	[pirovolʲó]
caçadeira (f)	τουφέκι (ουδ.)	[tuféki]
cartucho (m)	φυσίγγι (ουδ.)	[fisíngi]
chumbo (m) de caça	σκάγια (ουδ.πλ.)	[skája]

armadilha (f)	δόκανο (ουδ.)	[ðókano]
armadilha (com corda)	παγίδα (θηλ.)	[pajíða]
pôr a armadilha	στήνω δόκανο	[stíno ðókano]

caçador (m) furtivo	λαθροθήρας (αρ.)	[lʲaθroθíras]
caça (f)	θήραμα (ουδ.)	[θírama]
cão (m) de caça	λαγωνικό (ουδ.)	[lʲaɣonikó]
safári (m)	σαφάρι (ουδ.)	[safári]
animal (m) empalhado	βαλσαμωμένο ζώο (ουδ.)	[valʲsamoméno zóo]

pescador (m)	ψαράς (αρ.)	[psarás]
pesca (f)	ψάρεμα (ουδ.)	[psárema]
pescar (vt)	ψαρεύω	[psarévo]

cana (f) de pesca	καλάμι (ουδ.)	[kalʲámi]
linha (f) de pesca	πετονιά (θηλ.)	[petoniá]
anzol (m)	αγκίστρι (ουδ.)	[angístri]
boia (f)	φελλός (αρ.)	[felós]
isca (f)	δόλωμα (ουδ.)	[ðólʲoma]

lançar a linha	ρίχνω δόλωμα	[ríxno ðólʲoma]
morder (vt)	τσιμπάω	[tsimbáo]
pesca (f)	αλίευμα (ουδ.)	[alíevma]
buraco (m) no gelo	τρύπα στον πάγο (θηλ.)	[trípa ston páɣo]

rede (f)	δίχτυ (ουδ.)	[ðíxti]
barco (m)	βάρκα (θηλ.)	[várka]
pescar com rede	πιάνω με δίχτυ	[piáno me ðíxti]

| lançar a rede | ρίχνω δίχτυ | [ríxno ðíxti] |
| puxar a rede | βγάζω δίχτυ | [vɣázo ðíxti] |

baleeiro (m)	φαλαινοθήρας (αρ.)	[falenoθíras]
baleeira (f)	φαλαινοθηρικό (ουδ.)	[falenoθirikó]
arpão (m)	καμάκι (ουδ.)	[kamáki]

134. Jogos. Bilhar

bilhar (m)	μπιλιάρδο (ουδ.)	[biliárðo]
sala (f) de bilhar	αίθουσα μπιλιάρδου (θηλ.)	[éθusa biliárðu]
bola (f) de bilhar	μπάλα (θηλ.)	[bála]
embolsar uma bola	βάζω μπάλα σε τρύπα	[vázo bálʲa se trípa]
taco (m)	στέκα (θηλ.)	[stéka]
caçapa (f)	τρύπα (θηλ.)	[trípa]

135. Jogos. Jogar cartas

ouros (m pl)	καρό (ουδ.)	[karó]
espadas (f pl)	μπαστούνι (ουδ.)	[bastúni]
copas (f pl)	κούπα (θηλ.)	[kúpa]
paus (m pl)	σπαθί (ουδ.)	[spaθí]
ás (m)	άσος (αρ.)	[ásos]
rei (m)	ρήγας (αρ.)	[ríɣas]
dama (f)	ντάμα (θηλ.)	[dáma]
valete (m)	βαλές (αρ.)	[valés]
carta (f) de jogar	χαρτί (ουδ.)	[xartí]
cartas (f pl)	χαρτιά (ουδ.πλ.)	[xartiá]
trunfo (m)	ατού (ουδ.)	[atú]
baralho (m)	τράπουλα (θηλ.)	[trápulʲa]
dar, distribuir (vt)	μοιράζω	[mirázo]
embaralhar (vt)	ανακατεύω	[anakatévo]
vez, jogada (f)	σειρά (θηλ.)	[sirá]
batoteiro (m)	χαρτοκλέφτης (αρ.)	[xartokléftis]

136. Descanso. Jogos. Diversos

passear (vi)	κάνω βόλτα	[káno vólʲta]
passeio (m)	βόλτα (θηλ.)	[vólʲta]
viagem (f) de carro	βόλτα (θηλ.)	[vólʲta]
aventura (f)	περιπέτεια (θηλ.)	[peripétia]
piquenique (m)	πικνίκ (ουδ.)	[pikník]
jogo (m)	παιχνίδι (ουδ.)	[pexníði]
jogador (m)	παίκτης (αρ.)	[péktis]
partida (f)	παρτίδα (θηλ.)	[partíða]
colecionador (m)	συλλέκτης (αρ.)	[siléktis]
colecionar (vt)	συλλέγω	[siléɣo]
coleção (f)	συλλογή (θηλ.)	[silʲoʝí]
palavras (f pl) cruzadas	σταυρόλεξο (ουδ.)	[stavrólekso]
hipódromo (m)	ιππόδρομος (αρ.)	[ipóðromos]
discoteca (f)	ντίσκο, ντισκοτέκ (θηλ.)	[ðísko], [diskoték]

| sauna (f) | σάουνα (θηλ.) | [sáuna] |
| lotaria (f) | λοταρία (θηλ.) | [lʲotaría] |

campismo (m)	ταξίδι (ουδ.)	[taksíði]
acampamento (m)	κατασκήνωση (θηλ.)	[kataskínosi]
tenda (f)	σκηνή (θηλ.)	[skiní]
bússola (f)	πυξίδα (θηλ.)	[piksíða]
campista (m)	ταξιδιώτης (αρ.)	[taksiðiótis]

ver (vt), assistir à ...	βλέπω	[vlépo]
telespectador (m)	τηλεθεατής (αρ.)	[tileθeatís]
programa (m) de TV	τηλεοπτική εκπομπή (θηλ.)	[tileoptikí ekpombí]

137. Fotografia

| máquina (f) fotográfica | φωτογραφική μηχανή (θηλ.) | [fotoɣrafikí mixaní] |
| foto, fotografia (f) | φωτογραφία (θηλ.) | [fotoɣrafía] |

fotógrafo (m)	φωτογράφος (αρ.)	[fotoɣráfos]
estúdio (m) fotográfico	φωτοστούντιο (ουδ.)	[fotostúdio]
álbum (m) de fotografias	φωτογραφικό άλμπουμ (ουδ.)	[fotoɣrafikó álʲbum]

objetiva (f)	φακός (αρ.)	[fakós]
teleobjetiva (f)	τηλεφακός (αρ.)	[tilefakós]
filtro (m)	φίλτρο (ουδ.)	[fílʲtro]
lente (f)	φακός (αρ.)	[fakós]

ótica (f)	οπτικά (ουδ.πλ.)	[optiká]
abertura (f)	διάφραγμα (ουδ.)	[ðiáfraɣma]
exposição (f)	ταχύτητα κλείστρου (θηλ.)	[taxítita klístru]
visor (m)	σκόπευτρο (ουδ.)	[skópeftro]
câmara (f) digital	ψηφιακή φωτογραφική μηχανή (θηλ.)	[psifiakí fotoɣrafikí mixaní]
tripé (m)	τρίποδο (ουδ.)	[trípoðo]
flash (m)	φλας (ουδ.)	[flʲas]

fotografar (vt)	φωτογραφίζω	[fotoɣrafízo]
tirar fotos	βγάζω φωτογραφία	[vɣázo fotoɣrafía]
fotografar-se	βγαίνω φωτογραφία	[vʲéno fotoɣrafía]

foco (m)	σημείο εστίασης (ουδ.)	[simío estíasis]
focar (vt)	εστιάζω	[estiázo]
nítido	ευκρινής	[efkrinís]
nitidez (f)	ευκρίνεια (θηλ.)	[efkrínia]

| contraste (m) | αντίθεση (θηλ.) | [andíθesi] |
| contrastante | με αντίθεση | [me andíθesi] |

retrato (m)	φωτογραφία (θηλ.)	[fotoɣrafía]
negativo (m)	αρνητικό (ουδ.)	[arnitikó]
filme (m)	φιλμ (ουδ.)	[filʲm]
fotograma (m)	καρέ (ουδ.)	[karé]
imprimir (vt)	εκτυπώνω	[ektipóno]

138. Praia. Natação

praia (f)	παραλία (θηλ.)	[paralía]
areia (f)	άμμος (θηλ.)	[ámos]
deserto	ερημικός	[erimikós]

bronzeado (m)	μαύρισμα (ουδ.)	[mávrizma]
bronzear-se (vr)	μαυρίζω	[mavrízo]
bronzeado	μαυρισμένος	[mavrizménos]
protetor (m) solar	αντηλιακό (ουδ.)	[andiliakó]

biquíni (m)	μπικίνι (ουδ.)	[bikíni]
fato (m) de banho	μαγιό (ουδ.)	[majió]
calção (m) de banho	μαγιό (ουδ.)	[majió]

piscina (f)	πισίνα (θηλ.)	[pisína]
nadar (vi)	κολυμπώ	[kolibó]
duche (m)	ντουζ (ουδ.)	[duz]
mudar de roupa	αλλάζω	[alʲázo]
toalha (f)	πετσέτα (θηλ.)	[petséta]

barco (m)	βάρκα (θηλ.)	[várka]
lancha (f)	ταχύπλοο (ουδ.)	[taxíplʲoo]

esqui (m) aquático	πέδιλο για θαλάσσιο σκι (ουδ.)	[péδilʲo ja θalʲásio ski]
barco (m) de pedais	θαλάσσιο ποδήλατο (ουδ.)	[θalʲásio poδílʲato]
surf (m)	σέρφινγκ (ουδ.)	[sérfing]
surfista (m)	σέρφερ (αρ.)	[sérfer]

equipamento (m) de mergulho	αναπνευστήρας (αρ.)	[anapnefstíras]
barbatanas (f pl)	βατραχοπέδιλα (ουδ.πλ.)	[vatraxopéδilʲa]
máscara (f)	μάσκα (θηλ.)	[máska]
mergulhador (m)	καταδύτης (αρ.)	[kataδítis]
mergulhar (vi)	βουτάω	[vutáo]
debaixo d'água	κάτω από το νερό	[káto apó oneró]

guarda-sol (m)	ομπρέλα θαλάσσης (θηλ.)	[ombrélʲa θalʲásis]
espreguiçadeira (f)	σεζλόνγκ (θηλ.)	[sezlʲóng]
óculos (m pl) de sol	γυαλιά ηλίου (ουδ.πλ.)	[jaliá ilíu]
colchão (m) de ar	στρώμα θαλάσσης (ουδ.)	[stróma θalʲásis]

brincar (vi)	παίζω	[pézo]
ir nadar	κάνω μπάνιο	[káno bánio]

bola (f) de praia	μπάλα (θηλ.)	[bálʲa]
encher (vt)	φουσκώνω	[fuskóno]
inflável, de ar	φουσκωτός	[fuskotós]

onda (f)	κύμα (ουδ.)	[kíma]
boia (f)	σημαδούρα (θηλ.)	[simaδúra]
afogar-se (pessoa)	πνίγομαι	[pníɣome]

salvar (vt)	σώζω	[sózo]
colete (m) salva-vidas	σωσίβιο γιλέκο (ουδ.)	[sosívio jiléko]

| observar (vt) | παρατηρώ | [paratiró] |
| nadador-salvador (m) | ναυαγοσώστης (αp.) | [navaγosóstis] |

EQUIPAMENTO TÉCNICO. TRANSPORTES

Equipamento técnico. Transportes

139. Computador

computador (m)	υπολογιστής (αρ.)	[ipoľojistís]
portátil (m)	φορητός υπολογιστής (αρ.)	[foritós ipoľojistís]
ligar (vt)	ανοίγω	[aníγo]
desligar (vt)	κλείνω	[klíno]
teclado (m)	πληκτρολόγιο (ουδ.)	[pliktroľójo]
tecla (f)	πλήκτρο (ουδ.)	[plíktro]
rato (m)	ποντίκι (ουδ.)	[pondíki]
tapete (m) de rato	μάους παντ (ουδ.)	[máus pad]
botão (m)	κουμπί (ουδ.)	[kumbí]
cursor (m)	κέρσορας (αρ.)	[kérsoras]
monitor (m)	οθόνη (θηλ.)	[oθóni]
ecrã (m)	οθόνη (θηλ.)	[oθóni]
disco (m) rígido	σκληρός δίσκος (αρ.)	[sklirós δískos]
capacidade (f) do disco rígido	χωρητικότητα σκληρού δίσκου (θηλ.)	[xoritikótita sklirú δísku]
memória (f)	μνήμη (θηλ.)	[mními]
memória RAM (f)	μνήμη RAM (θηλ.)	[mními ram]
ficheiro (m)	αρχείο (ουδ.)	[arxío]
pasta (f)	φάκελος (αρ.)	[fákeľos]
abrir (vt)	ανοίγω	[aníγo]
fechar (vt)	κλείνω	[klíno]
guardar (vt)	αποθηκεύω	[apoθikévo]
apagar, eliminar (vt)	διαγράφω	[δiaγráfo]
copiar (vt)	αντιγράφω	[andiγráfo]
ordenar (vt)	ταξινομώ	[taksinomó]
copiar (vt)	μεταφέρω	[metaféro]
programa (m)	πρόγραμμα (ουδ.)	[próγrama]
software (m)	λογισμικό (ουδ.)	[ľoʝizmikó]
programador (m)	προγραμματιστής (αρ.)	[proγramatistís]
programar (vt)	προγραμματίζω	[proγramatízo]
hacker (m)	χάκερ (αρ.)	[xáker]
senha (f)	κωδικός (αρ.)	[koδikós]
vírus (m)	ιός (αρ.)	[jos]
detetar (vt)	ανιχνεύω	[anixnévo]

| byte (m) | μπάιτ (ουδ.) | [bájt] |
| megabyte (m) | μεγαμπάιτ (ουδ.) | [meɣabájt] |

| dados (m pl) | δεδομένα (ουδ.πλ.) | [ðeðoména] |
| base (f) de dados | βάση δεδομένων (θηλ.) | [vási ðeðoménon] |

cabo (m)	καλώδιο (ουδ.)	[kalʲóðio]
desconectar (vt)	αποσυνδέω	[aposinðéo]
conetar (vt)	συνδέω	[sinðéo]

140. Internet. E-mail

internet (f)	διαδίκτυο (ουδ.)	[ðiaðíktio]
browser (m)	browser (αρ.)	[bráuzer]
motor (m) de busca	μηχανή αναζήτησης (θηλ.)	[mixaní anazítisis]
provedor (m)	πάροχος (αρ.)	[nároxos]

| website, sítio web (m) | ιστοσελίδα (θηλ.) | [istoselíða] |
| página (f) web | ιστοσελίδα (θηλ.) | [istoselíða] |

| endereço (m) | διεύθυνση (θηλ.) | [ðiéfθinsi] |
| livro (m) de endereços | βιβλίο διευθύνσεων (ουδ.) | [vivlío ðiefθínseon] |

| caixa (f) de correio | εισερχόμενα (ουδ.) | [iserxómena] |
| correio (m) | ταχυδρομείο (ουδ.) | [taxiðromío] |

mensagem (f)	μήνυμα (ουδ.)	[mínima]
remetente (m)	αποστολέας (αρ.)	[apostoléas]
enviar (vt)	στέλνω	[stélʲno]
envio (m)	αποστολή (θηλ.)	[apostolí]

| destinatário (m) | παραλήπτης (αρ.) | [paralíptis] |
| receber (vt) | λαμβάνω | [lʲamváno] |

| correspondência (f) | αλληλογραφία (θηλ.) | [alilʲoɣrafía] |
| corresponder-se (vr) | αλληλογραφώ | [alilʲoɣrafó] |

ficheiro (m)	αρχείο (ουδ.)	[arxío]
fazer download, baixar	κατεβάζω	[katevázo]
criar (vt)	δημιουργώ	[ðimiurɣó]
apagar, eliminar (vt)	διαγράφω	[ðiaɣráfo]
eliminado	διεγραμμένος	[ðieɣraménos]

conexão (f)	σύνδεση (θηλ.)	[sínðesi]
velocidade (f)	ταχύτητα (θηλ.)	[taxítita]
modem (m)	μόντεμ (ουδ.)	[módem]
acesso (m)	πρόσβαση (θηλ.)	[prózvasi]
porta (f)	θύρα (θηλ.)	[θíra]

| conexão (f) | σύνδεση (θηλ.) | [sínðesi] |
| conetar (vi) | συνδέομαι | [sinðéome] |

| escolher (vt) | επιλέγω | [epiléɣo] |
| buscar (vt) | ψάχνω | [psáxno] |

Transportes

141. Avião

avião (m)	αεροπλάνο (ουδ.)	[aeropláno]
bilhete (m) de avião	αεροπορικό εισιτήριο (ουδ.)	[aeroporikó isitírio]
companhia (f) aérea	αεροπορική εταιρεία (θηλ.)	[aeroporikí etería]
aeroporto (m)	αεροδρόμιο (ουδ.)	[aeroðrómio]
supersónico	υπερηχητικός	[iperixitikós]
comandante (m) do avião	κυβερνήτης (αρ.)	[kivernítis]
tripulação (f)	πλήρωμα (ουδ.)	[plíroma]
piloto (m)	πιλότος (αρ.)	[pilʲótos]
hospedeira (f) de bordo	αεροσυνοδός (θηλ.)	[aerosinoðós]
copiloto (m)	πλοηγός (αρ.)	[plʲoiɣós]
asas (f pl)	φτερά (ουδ.πλ.)	[fterá]
cauda (f)	ουρά (θηλ.)	[urá]
cabine (f) de pilotagem	πιλοτήριο (ουδ.)	[pilʲotírio]
motor (m)	κινητήρας (αρ.)	[kinitíras]
trem (m) de aterragem	σύστημα προσγείωσης (ουδ.)	[sístima prosɟíosis]
turbina (f)	στρόβιλος (αρ.)	[stróvilʲos]
hélice (f)	έλικας (αρ.)	[élikas]
caixa-preta (f)	μαύρο κουτί (ουδ.)	[mávro kutí]
coluna (f) de controlo	πηδάλιο (ουδ.)	[piðálio]
combustível (m)	καύσιμο (ουδ.)	[káfsimo]
instruções (f pl) de segurança	οδηγίες ασφαλείας (θηλ.πλ.)	[oðjíes asfalías]
máscara (f) de oxigénio	μάσκα οξυγόνου (θηλ.)	[máska oksiɣónu]
uniforme (m)	στολή (θηλ.)	[stolí]
colete (m) salva-vidas	σωσίβιο γιλέκο (ουδ.)	[sosívio ɟiléko]
paraquedas (m)	αλεξίπτωτο (ουδ.)	[aleksíptoto]
descolagem (f)	απογείωση (θηλ.)	[apoɟíosi]
descolar (vi)	απογειώνομαι	[apoɟiónome]
pista (f) de descolagem	διάδρομος απογείωσης (αρ.)	[ðiáðromos apoɟíosis]
visibilidade (f)	ορατότητα (θηλ.)	[oratótita]
voo (m)	πέταγμα (ουδ.)	[pétaɣma]
altura (f)	ύψος (ουδ.)	[ípsos]
poço (m) de ar	κενό αέρος (ουδ.)	[kenó áeros]
assento (m)	θέση (θηλ.)	[θési]
auscultadores (m pl)	ακουστικά (ουδ.πλ.)	[akustiká]
mesa (f) rebatível	πτυσσόμενο τραπεζάκι (ουδ.)	[ptisómeno trapezáki]
vigia (f)	παράθυρο (ουδ.)	[paráθiro]
passagem (f)	διάδρομος (αρ.)	[ðiáðromos]

142. Comboio

comboio (m)	τραίνο, τρένο (ουδ.)	[tréno]
comboio (m) suburbano	περιφερειακό τρένο (ουδ.)	[periferiakó tréno]
comboio (m) rápido	τρένο εξπρές (ουδ.)	[tréno eksprés]
locomotiva (f) diesel	αμαξοστοιχία ντίζελ (θηλ.)	[amaksostixía dízelʲ]
locomotiva (f) a vapor	ατμάμαξα (θηλ.)	[atmámaksa]
carruagem (f)	βαγόνι (ουδ.)	[vaγóni]
carruagem restaurante (f)	εστιατόριο (ουδ.)	[estiatório]
carris (m pl)	ράγες (θηλ.πλ.)	[rájes]
caminho de ferro (m)	σιδηρόδρομος (αρ.)	[siðiróðromos]
travessa (f)	στρωτήρας (αρ.)	[strotíras]
plataforma (f)	πλατφόρμα (θηλ.)	[plʲatfórma]
linha (f)	αποβάθρα (θηλ.)	[apováθra]
semáforo (m)	σηματοδότης (αρ.)	[simatoðótis]
estação (f)	σταθμός (αρ.)	[staθmós]
maquinista (m)	οδηγός τρένου (αρ.)	[oðiγós trénu]
bagageiro (m)	αχθοφόρος (αρ.)	[axθofóros]
hospedeiro, -a (da carruagem)	συνοδός (αρ.)	[sinoðós]
passageiro (m)	επιβάτης (αρ.)	[epivátis]
revisor (m)	ελεγκτής εισιτηρίων (αρ.)	[elengtís isitiríon]
corredor (m)	διάδρομος (αρ.)	[ðiáðromos]
freio (m) de emergência	φρένο έκτακτης ανάγκης (ουδ.)	[fréno éktaktis anángis]
compartimento (m)	κουπέ (ουδ.)	[kupé]
cama (f)	κουκέτα (θηλ.)	[kukéta]
cama (f) de cima	πάνω κουκέτα (θηλ.)	[páno kukéta]
cama (f) de baixo	κάτω κουκέτα (θηλ.)	[káto kukéta]
roupa (f) de cama	σεντόνια (ουδ.πλ.)	[sendónia]
bilhete (m)	εισιτήριο (ουδ.)	[isitírio]
horário (m)	δρομολόγιο (ουδ.)	[ðromolʲójo]
painel (m) de informação	πίνακας πληροφοριών (αρ.)	[pínakas pliroforión]
partir (vt)	αναχωρώ	[anaxoró]
partida (f)	αναχώρηση (θηλ.)	[anaxórisi]
chegar (vi)	φτάνω	[ftáno]
chegada (f)	άφιξη (θηλ.)	[áfiksi]
chegar de comboio	έρχομαι με τρένο	[érxome me tréno]
apanhar o comboio	ανεβαίνω στο τρένο	[anevéno sto tréno]
sair do comboio	κατεβαίνω από το τρένο	[katevéno apó to tréno]
acidente (m) ferroviário	πρόσκρουση τρένου (θηλ.)	[próskrusi trénu]
fogueiro (m)	θερμαστής (αρ.)	[θermastís]
fornalha (f)	θάλαμο καύσης (ουδ.)	[θálʲamo káfsis]
carvão (m)	κάρβουνο (ουδ.)	[kárvuno]

143. Barco

navio (m)	πλοίο (ουδ.)	[plío]
embarcação (f)	σκάφος (ουδ.)	[skáfos]
vapor (m)	ατμόπλοιο (ουδ.)	[atmóplio]
navio (m)	ποταμόπλοιο (ουδ.)	[potamóplio]
transatlântico (m)	κρουαζιερόπλοιο (ουδ.)	[kruazieróplio]
cruzador (m)	καταδρομικό (ουδ.)	[kataðromikó]
iate (m)	κότερο (ουδ.)	[kótero]
rebocador (m)	ρυμουλκό (ουδ.)	[rimulʲkó]
barcaça (f)	φορτηγίδα (θηλ.)	[fortijíða]
ferry (m)	φέρι μποτ (ουδ.)	[féri bot]
veleiro (m)	ιστιοφόρο (ουδ.)	[istiofóro]
bergantim (m)	βριγαντίνο (ουδ.)	[vriɣantíno]
quebra-gelo (m)	παγοθραυστικό (ουδ.)	[paɣoθrafstikó]
submarino (m)	υποβρύχιο (ουδ.)	[ipovríxo]
bote, barco (m)	βάρκα (θηλ.)	[várka]
bote, dingue (m)	λέμβος (θηλ.)	[lémvos]
bote (m) salva-vidas	σωσίβια λέμβος (θηλ.)	[sosívia lémvos]
lancha (f)	ταχύπλοο (ουδ.)	[taxíplʲoo]
capitão (m)	καπετάνιος (αρ.)	[kapetános]
marinheiro (m)	ναύτης (αρ.)	[náftis]
marujo (m)	ναυτικός (αρ.)	[naftikós]
tripulação (f)	πλήρωμα (ουδ.)	[plíroma]
contramestre (m)	λοστρόμος (αρ.)	[lʲostrómos]
grumete (m)	μούτσος (αρ.)	[mútsos]
cozinheiro (m) de bordo	μάγειρας (αρ.)	[májiras]
médico (m) de bordo	ιατρός πλοίου (αρ.)	[jatrós plíu]
convés (m)	κατάστρωμα (ουδ.)	[katástroma]
mastro (m)	κατάρτι (ουδ.)	[katárti]
vela (f)	ιστίο (ουδ.)	[istío]
porão (m)	αμπάρι (ουδ.)	[ambári]
proa (f)	πλώρη (θηλ.)	[plóri]
popa (f)	πρύμνη (θηλ.)	[prímni]
remo (m)	κουπί (ουδ.)	[kupí]
hélice (f)	προπέλα (θηλ.)	[propélʲa]
camarote (m)	καμπίνα (θηλ.)	[kabína]
sala (f) dos oficiais	αίθουσα αξιωματικών (ουδ.)	[éθusa aksiomatikón]
sala (f) das máquinas	μηχανοστάσιο (ουδ.)	[mixanostásio]
ponte (m) de comando	γέφυρα (θηλ.)	[jéfira]
sala (f) de comunicações	θάλαμος επικοινωνιών (αρ.)	[θálamos epikinonión]
onda (f) de rádio	κύμα (ουδ.)	[kíma]
diário (m) de bordo	ημερολόγιο πλοίου (ουδ.)	[imerolʲójo plíu]
luneta (f)	κυάλι (ουδ.)	[kiáli]
sino (m)	καμπάνα (θηλ.)	[kabána]

bandeira (f)	σημαία (θηλ.)	[siméa]
cabo (m)	παλαμάρι (ουδ.)	[palʲamári]
nó (m)	κόμβος (αρ.)	[kómvos]

| corrimão (m) | κουπαστή (θηλ.) | [kupastí] |
| prancha (f) de embarque | σκάλα επιβιβάσεως (θηλ.) | [skálʲa epiviváseos] |

âncora (f)	άγκυρα (θηλ.)	[ángira]
recolher a âncora	σηκώνω άγκυρα	[sikóno ángira]
lançar a âncora	ρίχνω άγκυρα	[ríxno ángira]
amarra (f)	αλυσίδα της άγκυρας (θηλ.)	[alisída tis ángiras]

porto (m)	λιμάνι (ουδ.)	[limáni]
cais, amarradouro (m)	προβλήτα (θηλ.)	[provlíta]
atracar (vi)	αράζω	[arázo]
desatracar (vi)	σαλπάρω	[salʲpáro]

viagem (f)	ταξίδι (ουδ.)	[taksíði]
cruzeiro (m)	κρουαζιέρα (θηλ.)	[kruaziéra]
rumo (m), rota (f)	ρότα, πορεία (θηλ.)	[róta], [poría]
itinerário (m)	δρομολόγιο (ουδ.)	[ðromolʲójo]

canal (m) navegável	πλωτό μέρος (ουδ.)	[plʲotó méros]
banco (m) de areia	ρηχά (ουδ.πλ.)	[rixá]
encalhar (vt)	εξοκέλλω	[eksokélʲo]

tempestade (f)	καταιγίδα (θηλ.)	[katejíða]
sinal (m)	σήμα (ουδ.)	[síma]
afundar-se (vr)	βυθίζομαι	[viθízome]
SOS	SOS (ουδ.)	[es-o-es]
boia (f) salva-vidas	σωσίβιο (ουδ.)	[sosívio]

144. Aeroporto

aeroporto (m)	αεροδρόμιο (ουδ.)	[aeroðrómio]
avião (m)	αεροπλάνο (ουδ.)	[aeroplʲáno]
companhia (f) aérea	αεροπορική εταιρεία (θηλ.)	[aeroporikí etería]
controlador (m)	ελεγκτής εναέριας	[elengtís enaérias
de tráfego aéreo	κυκλοφορίας (αρ.)	kiklʲoforías]

partida (f)	αναχώρηση (θηλ.)	[anaxórisi]
chegada (f)	άφιξη (θηλ.)	[áfiksi]
chegar (~ de avião)	φτάνω	[ftáno]

| hora (f) de partida | ώρα αναχώρησης (θηλ.) | [ora anaxórisis] |
| hora (f) de chegada | ώρα άφιξης (θηλ.) | [óra áfiksis] |

| estar atrasado | καθυστερώ | [kaθisteró] |
| atraso (m) de voo | καθυστέρηση πτήσης (θηλ.) | [kaθistérisi ptísis] |

painel (m) de informação	πίνακας πληροφοριών (αρ.)	[pínakas pliroforión]
informação (f)	πληροφορίες (θηλ.πλ.)	[plirofories]
anunciar (vt)	ανακοινώνω	[anakinóno]
voo (m)	πτήση (θηλ.)	[ptísi]

alfândega (f)	τελωνείο (ουδ.)	[teľonío]
funcionário (m) da alfândega	τελωνειακός (αρ.)	[teľoniakós]

declaração (f) alfandegária	τελωνειακή διασάφηση (θηλ.)	[teľoniakí ðiasáfisi]
preencher a declaração	συμπληρώνω τη δήλωση	[simbliróno ti ðíľosi]
controlo (m) de passaportes	έλεγχος διαβατηρίων (αρ.)	[élenxos ðiavatiríon]

bagagem (f)	αποσκευές (θηλ.πλ.)	[aposkevés]
bagagem (f) de mão	χειραποσκευή (θηλ.)	[xiraposkeví]
carrinho (m)	καρότσι αποσκευών (ουδ.)	[karótsi aposkevón]

aterragem (f)	προσγείωση (θηλ.)	[prozjíosi]
pista (f) de aterragem	διάδρομος προσγείωσης (αρ.)	[ðiáðromos prozjíosis]
aterrar (vi)	προσγειώνομαι	[prozjiónome]
escada (f) de avião	σκάλα αεροσκάφους (θηλ.)	[skáľa aeroskáfus]

check-in (m)	check-in (ουδ.)	[ʧek-in]
balcão (m) do check-in	πάγκος ελέγχου εισητηρίων (αρ.)	[pángos elénxu isitiríon]
fazer o check-in	κάνω check-in	[káno ʧek-in]
cartão (m) de embarque	κάρτα επιβίβασης (θηλ.)	[kárta epivívasis]
porta (f) de embarque	πύλη αναχώρησης (θηλ.)	[píli anaxórisis]

trânsito (m)	διέλευση (θηλ.)	[ðiélefsi]
esperar (vi, vt)	περιμένω	[periméno]
sala (f) de espera	αίθουσα αναχώρησης (θηλ.)	[éθusa anaxórisis]
despedir-se de ...	συνοδεύω	[sinoðévo]
despedir-se (vr)	αποχαιρετώ	[apoxeretó]

145. Bicicleta. Motocicleta

bicicleta (f)	ποδήλατο (ουδ.)	[poðíľato]
scotter, lambreta (f)	σκούτερ (ουδ.)	[skúter]
mota (f)	μοτοσυκλέτα (θηλ.)	[motosikléta]

ir de bicicleta	πηγαίνω με το ποδήλατο	[pijéno me to poðíľato]
guiador (m)	τιμόνι (ουδ.)	[timóni]
pedal (m)	πεντάλ (ουδ.)	[pedáľ]
travões (m pl)	φρένα (ουδ.πλ.)	[fréna]
selim (m)	σέλα (θηλ.)	[séľa]

bomba (f) de ar	τρόμπα (θηλ.)	[trómba]
porta-bagagens (m)	σχάρα (θηλ.)	[sxára]
lanterna (f)	φακός (αρ.)	[fakós]
capacete (m)	κράνος (ουδ.)	[krános]

roda (f)	τροχός (αρ.)	[troxós]
guarda-lamas (m)	λασπωτήρας (αρ.)	[ľaspotíras]
aro (m)	ζάντα (θηλ.)	[zánda]
raio (m)	ακτίνα (θηλ.)	[aktína]

Carros

146. Tipos de carros

carro, automóvel (m)	αυτοκίνητο (ουδ.)	[aftokínito]
carro (m) desportivo	σπορ αυτοκίνητο (ουδ.)	[spor aftokínito]
limusine (f)	λιμουζίνα (θηλ.)	[limuzína]
todo o terreno (m)	όχημα παντός εδάφους (ουδ.)	[óxima pandós eðáfus]
descapotável (m)	κάμπριο (ουδ.)	[kábrio]
minibus (m)	μίνιμπας (ουδ.)	[mínibas]
ambulância (f)	ασθενοφόρο (ουδ.)	[asθenofóro]
limpa-neve (m)	εκχιονιστήρας (αρ.)	[ekxonistíras]
camião (m)	φορτηγό (ουδ.)	[fortiɣó]
camião-cisterna (m)	βυτιοφόρο (ουδ.)	[vitiofóro]
carrinha (f)	φορτηγάκι (ουδ.)	[fortiɣáki]
camião-trator (m)	τράκτορας (αρ.)	[tráktoras]
atrelado (m)	ρυμουλκούμενο (ουδ.)	[rimulʲkúmeno]
confortável	άνετος	[ánetos]
usado	μεταχειρισμένος	[metaxirizménos]

147. Carros. Carroçaria

capô (m)	καπό (ουδ.)	[kapó]
guarda-lamas (m)	λασπωτήρας (αρ.)	[lʲaspotíras]
tejadilho (m)	οροφή (θηλ.)	[orofí]
para-brisa (m)	παρμπρίζ (ουδ.)	[parbríz]
espelho (m) retrovisor	εσωτερικός καθρέφτης (αρ.)	[esoterikós kaθréftis]
lavador (m)	ψεκαστήρας (αρ.)	[psekastíras]
limpa-para-brisas (m)	υαλοκαθαριστήρες (αρ.πλ.)	[jalʲokaθaristíres]
vidro (m) lateral	πλαϊνό τζάμι (ουδ.)	[plʲajnó dzámi]
elevador (m) do vidro	ηλεκτρικά παράθυρα (ουδ.πλ.)	[ilektriká paráθira]
antena (f)	κεραία (θηλ.)	[keréa]
teto solar (m)	ηλιοροφή (θηλ.)	[iliorofí]
para-choques (m pl)	προφυλακτήρας (αρ.)	[profilʲaktíras]
bagageira (f)	πορτ-μπαγκάζ (ουδ.)	[portbagáz]
porta (f)	πόρτα (θηλ.)	[pórta]
maçaneta (f)	χερούλι (ουδ.)	[xerúli]
fechadura (f)	κλειδαριά (θηλ.)	[kliðariá]
matrícula (f)	πινακίδα (θηλ.)	[pinakíða]
silenciador (m)	σιγαστήρας (αρ.)	[siɣastíras]

tanque (m) de gasolina	ντεπόζιτο (ουδ.)	[depózito]
tubo (m) de escape	εξάτμιση (θηλ.)	[eksátmisi]

acelerador (m)	γκάζι (ουδ.)	[gázi]
pedal (m)	πεντάλ (ουδ.)	[pedálʲ]
pedal (m) do acelerador	ποδομοχλός επιταχύνσεως (αρ.)	[poðomoxlʲós epitaxínseos]

travão (m)	φρένο (ουδ.)	[fréno]
pedal (m) do travão	ποδομοχλός πεδήσεως (αρ.)	[poðomoxlʲós peðíseos]
travar (vt)	φρενάρω	[frenáro]
travão (m) de mão	χειρόφρενο (ουδ.)	[xirófreno]

embraiagem (f)	συμπλέκτης (αρ.)	[simbléktis]
pedal (m) da embraiagem	ποδομοχλός συμπλέξεως (αρ.)	[poðomoxlʲós simblékseos]
disco (m) de embraiagem	δίσκος συμπλέκτη (αρ.)	[ðískos simblékti]
amortecedor (m)	αμορτισέρ (ουδ.)	[amortisér]

roda (f)	τροχός (αρ.), ρόδα (θηλ.)	[troxós], [róða]
pneu (m) sobresselente	ρεζέρβα (θηλ.)	[rezérva]
tampão (m) de roda	τάσι (ουδ.)	[tási]

caixa (f) de mudanças	κιβώτιο ταχυτήτων (ουδ.)	[kivótio taxitíton]
automático	αυτόματος	[aftómatos]
mecânico	μηχανικό	[mixanikó]
alavanca (f) das mudanças	μοχλός ταχυτήτων (αρ.)	[moxlʲós taxitíton]

farol (m)	προβολέας (αρ.)	[provoléas]
faróis, luzes	προβολείς (αρ.πλ.)	[provolís]

médios (m pl)	φώτα διασταυρώσεως (ουδ.πλ.)	[fóta ðiastavróseos]
máximos (m pl)	φώτα πορείας (ουδ.πλ.)	[fóta porías]
luzes (f pl) de stop	φώτα πεδήσεως (ουδ.πλ.)	[fóta peðíseos]

mínimos (m pl)	φώτα θέσεως (ουδ.πλ.)	[fóta θéseos]
luzes (f pl) de emergência	φώτα έκτακτης ανάγκης (ουδ.πλ.)	[fóta éktaktis anángis]
faróis (m pl) antinevoeiro	φώτα ομίχλης (ουδ.πλ.)	[fóta omíxlis]
pisca-pisca (m)	φλας (ουδ.)	[flʲas]
luz (f) de marcha atrás	φως οπισθοπορείας (ουδ.)	[fos opisθoporías]

148. Carros. Habitáculo

interior (m) do carro	σαλόνι (ουδ.)	[salʲóni]
de couro, de pele	δερμάτινος	[ðermátinos]
de veludo	βελουτέ	[velʲuté]
estofos (m pl)	ταπετσαρία (θηλ.)	[tapetsaría]

indicador (m)	όργανο (ουδ.), μετρητής (αρ.)	[órγano], [metritís]
painel (m) de instrumentos	ταμπλό (ουδ.)	[tablʲó]
velocímetro (m)	ταχύμετρο, κοντέρ (ουδ.)	[taxímetro], [kontér]
ponteiro (m)	βελόνα (θηλ.), δείκτης (αρ.)	[velʲóna], [ðíktis]

conta-quilómetros (m)	οδόμετρο (ουδ.)	[oðómetro]
sensor (m)	ένδειξη (θηλ.)	[énðiksi]
nível (m)	στάθμη (θηλ.)	[stáθmi]
luz (f) avisadora	λυχνία, ένδειξη (θηλ.)	[lixnía], [énðiksi]

volante (m)	τιμόνι (ουδ.)	[timóni]
buzina (f)	κόρνα (θηλ.)	[kórna]
botão (m)	κουμπί (ουδ.)	[kumbí]
interruptor (m)	διακόπτης (αρ.)	[ðiakóptis]

assento (m)	θέση (θηλ.)	[θési]
costas (f pl) do assento	πλάτη (θηλ.)	[plᶦáti]
cabeceira (f)	προσκέφαλο (ουδ.)	[proskéfalᶦo]
cinto (m) de segurança	ζώνη ασφαλείας (θηλ.)	[zóni asfalías]
apertar o cinto	βάζω ζώνη	[vázo zóni]
regulação (f)	προσαρμογή (θηλ.)	[prosarmoγí]

| airbag (m) | αερόσακος (αρ.) | [aerósakos] |
| ar (m) condicionado | κλιματιστικό (ουδ.) | [klimatistikó] |

rádio (m)	ραδιόφωνο (ουδ.)	[raðiófono]
leitor (m) de CD	CD πλέιερ (ουδ.)	[sidí pléjer]
ligar (vt)	ανοίγω	[aníγo]
antena (f)	κεραία (θηλ.)	[keréa]
porta-luvas (m)	ντουλαπάκι (ουδ.)	[dulᶦapáki]
cinzeiro (m)	τασάκι (ουδ.)	[tasáki]

149. Carros. Motor

motor (m)	κινητήρας (αρ.)	[kinitíras]
motor (m)	μηχανή (θηλ.)	[mixaní]
diesel	ντίζελ	[dízelᶦ]
a gasolina	βενζινο-	[venzino]

cilindrada (f)	όγκος του κινητήρα (αρ.)	[óngos tu kinitíra]
potência (f)	ισχύς (θηλ.)	[isxís]
cavalo-vapor (m)	ιπποδύναμη (θηλ.)	[ipoðínami]
pistão (m)	πιστόνι (ουδ.)	[pistóni]
cilindro (m)	κύλινδρος (αρ.)	[kílinðros]
válvula (f)	βαλβίδα (θηλ.)	[valᶦvíða]

injetor (m)	μπεκ (ουδ.)	[bek]
gerador (m)	γεννήτρια (θηλ.)	[jenítria]
carburador (m)	καρμπυρατέρ (αρ.)	[karbiratér]
óleo (m) para motor	λάδι κινητήρων (ουδ.)	[lᶦáði kinitíron]

radiador (m)	ψυγείο (ουδ.)	[psiȷío]
refrigerante (m)	υγρό ψύξεως (ουδ.)	[iγró psíkseos]
ventilador (m)	ανεμιστήρας (αρ.)	[anemistíras]

bateria (f)	συσσωρευτής (αρ.)	[sisoreftís]
dispositivo (m) de arranque	μίζα (θηλ.)	[míza]
ignição (f)	ανάφλεξη (θηλ.)	[anáfleksi]
vela (f) de ignição	μπουζί (ουδ.)	[buzí]

borne (m)	ακροδέκτης (αρ.)	[akroðéktis]
borne (m) positivo	θετικός πόλος (αρ.)	[θetikós pólⁱos]
borne (m) negativo	αρνητικός πόλος (αρ.)	[arnitikós pólⁱos]
fusível (m)	ασφάλεια (θηλ.)	[asfália]

filtro (m) de ar	φίλτρο αέρα (ουδ.)	[fílⁱtro aéra]
filtro (m) de óleo	φίλτρο λαδιού (ουδ.)	[fílⁱtro lⁱaðiú]
filtro (m) de combustível	φίλτρο καυσίμου (ουδ.)	[fílⁱtro kafsímu]

150. Carros. Batidas. Reparação

acidente (m) de carro	σύγκρουση (θηλ.)	[síngrusi]
acidente (m) rodoviário	ατύχημα (ουδ.)	[atíxima]
ir contra ...	συγκρούομαι	[singrúome]
sofrer um acidente	τσακίζομαι	[tsakízome]
danos (m pl)	ζημιά (θηλ.)	[zimiá]
intato	σώος	[sóos]

avariar (vi)	χαλάω	[xalⁱáo]
cabo (m) de reboque	σχοινί ρυμούλκησης (ουδ.)	[sxiní rimúlⁱkisis]

furo (m)	τρύπα (θηλ.)	[trípa]
estar furado	ξεφουσκώνω	[ksefuskóno]
encher (vt)	φουσκώνω	[fuskóno]
pressão (f)	πίεση (θηλ.)	[píesi]
verificar (vt)	ελέγχω	[elénxo]

reparação (f)	επισκευή (θηλ.)	[episkeví]
oficina (f)	συνεργείο	[sinerjío
de reparação de carros	αυτοκινήτων (ουδ.)	aftokiníton]
peça (f) sobresselente	ανταλλακτικό (ουδ.)	[andalⁱaktikó]
peça (f)	μέρος (ουδ.)	[méros]

parafuso (m)	μπουλόνι (ουδ.)	[bulⁱóni]
parafuso (m)	βίδα (θηλ.)	[víða]
porca (f)	περικόχλιο (ουδ.)	[perikóxlio]
anilha (f)	ροδέλα (θηλ.)	[roðélⁱa]
rolamento (m)	ρουλεμάν (ουδ.)	[rulemán]

tubo (m)	σωλήνας (αρ.)	[solínas]
junta (f)	λαστιχάκι (ουδ.)	[lⁱastixáki]
fio, cabo (m)	καλώδιο (ουδ.)	[kalⁱóðio]

macaco (m)	γρύλος (αρ.)	[ɣrílⁱos]
chave (f) de boca	γαλλικό κλειδί (ουδ.)	[ɣalikó kliðí]
martelo (m)	σφυρί (ουδ.)	[sfirí]
bomba (f)	τρόμπα (θηλ.)	[trómba]
chave (f) de fendas	κατσαβίδι (ουδ.)	[katsavíði]

extintor (m)	πυροσβεστήρας (αρ.)	[pirozvestíras]
triângulo (m) de emergência	προειδοποιητικό τρίγωνο (ουδ.)	[proiðopoiitikó tríɣono]

parar (vi) (motor)	σβήνω	[zvíno]
paragem (f)	διακοπή (θηλ.)	[ðiakopí]

estar quebrado	είμαι χαλασμένος	[íme xalʲazménos]
superaquecer-se (vr)	υπερθερμαίνομαι	[iperθerménome]
congelar-se (vr)	παγώνω	[payóno]
rebentar (vi)	σκάω	[skáo]

pressão (f)	πίεση (θηλ.)	[píesi]
nível (m)	επίπεδο (ουδ.)	[epípeðo]
frouxo	χαλαρός	[xalʲarós]

mossa (f)	βαθούλωμα (ουδ.)	[vaθúlʲoma]
ruído (m)	χτύπημα (ουδ.)	[xtípima]
fissura (f)	ράγισμα (ουδ.)	[rájizma]
arranhão (m)	γρατζουνιά (θηλ.)	[ɣradzuniá]

151. Carros. Estrada

estrada (f)	δρόμος (αρ.)	[ðrómos]
autoestrada (f)	αυτοκινητόδρομος (αρ.)	[aftokinitóðromos]
rodovia (f)	αυτοκινητόδρομος (αρ.)	[aftokinitóðromos]
direção (f)	κατεύθυνση (θηλ.)	[katéfθinsi]
distância (f)	απόσταση (θηλ.)	[apóstasi]

ponte (f)	γέφυρα (θηλ.)	[jéfira]
parque (m) de estacionamento	πάρκινγκ (ουδ.)	[párking]
praça (f)	πλατεία (θηλ.)	[plʲatía]
nó (m) rodoviário	κυκλοφοριακός κόμβος (αρ.)	[kiklʲoforiakós kómvos]
túnel (m)	σήραγγα (θηλ.)	[síranga]

posto (m) de gasolina	βενζινάδικο (ουδ.)	[venzináðiko]
parque (m) de estacionamento	πάρκινγκ (ουδ.)	[párking]
bomba (f) de gasolina	αντλία καυσίμων (θηλ.)	[andlía kafsímon]
oficina (f)	συνεργείο	[sinerjío
de reparação de carros	αυτοκινήτων (ουδ.)	aftokiníton]
abastecer (vt)	βάζω βενζίνη	[vázo venzíni]
combustível (m)	καύσιμο (ουδ.)	[káfsimo]
bidão (m) de gasolina	κάνιστρο (ουδ.)	[kánistro]

asfalto (m)	άσφαλτος (θηλ.)	[ásfalʲtos]
marcação (f) de estradas	σήμανση (θηλ.)	[símansi]
lancil (m)	κράσπεδο (ουδ.)	[kráspeðo]
proteção (f) guard-rail	στηθαίο (ουδ.)	[stiθéo]
valeta (f)	τάφρος (θηλ.)	[táfros]
berma (f) da estrada	έρεισμα (ουδ.)	[érizma]
poste (m) de luz	φανοστάτης (αρ.)	[fanostátis]

conduzir, guiar (vt)	οδηγώ	[oðiɣó]
virar (ex. ~ à direita)	στρίβω	[strívo]
dar retorno	κάνω αναστροφή	[káno anastrofí]
marcha-atrás (f)	όπισθεν (θηλ.)	[ópisθen]

buzinar (vi)	κορνάρω	[kornáro]
buzina (f)	κόρνα (θηλ.)	[kórna]
atolar-se (vr)	κολλάω	[kolʲáo]
desligar (vt)	σβήνω	[zvíno]

velocidade (f)	ταχύτητα (θηλ.)	[taxítita]
exceder a velocidade	υπερβαίνω το όριο ταχύτητας	[ipervéno to ório taxítitas]
multar (vt)	επιβάλλω πρόστιμο	[epiválio próstimo]
semáforo (m)	φανάρι (ουδ.)	[fanári]
carta (f) de condução	δίπλωμα οδήγησης (ουδ.)	[δíplioma οδíjisis]
passagem (f) de nível	ισόπεδη διάβαση (θηλ.)	[isópeδi δiávasi]
cruzamento (m)	διασταύρωση (θηλ.)	[δiastávrosi]
passadeira (f)	διάβαση πεζών (θηλ.)	[δiávasi pezón]
curva (f)	στροφή (θηλ.)	[strofí]
zona (f) pedonal	πεζόδρομος (αρ.)	[pezóδromos]

PESSOAS. EVENTOS

Eventos

152. Férias. Evento

festa (f)	γιορτή (θηλ.)	[jortí]
festa (f) nacional	εθνική γιορτή (θηλ.)	[eθnikí jortí]
feriado (m)	αργία (θηλ.)	[arjía]
festejar (vt)	γιορτάζω	[jortázo]
evento (festa, etc.)	γεγονός (ουδ.)	[jeγonós]
evento (banquete, etc.)	εκδήλωση (θηλ.)	[ekδílʲosi]
banquete (m)	συμπόσιο (ουδ.)	[simbósio]
receção (f)	δεξίωση (θηλ.)	[δeksíosi]
festim (m)	γλέντι (ουδ.)	[γléndi]
aniversário (m)	επέτειος (θηλ.)	[epétios]
jubileu (m)	ιωβηλαίο (ουδ.)	[ioviléo]
celebrar (vt)	γιορτάζω	[jortázo]
Ano (m) Novo	Πρωτοχρονιά (θηλ.)	[protoxroniá]
Feliz Ano Novo!	Καλή Χρονιά!	kalí xroniá!
Pai (m) Natal	Άγιος Βασίλης (αρ.)	[ájos vasílis]
Natal (m)	Χριστούγεννα (ουδ.πλ.)	[xristújena]
Feliz Natal!	Καλά Χριστούγεννα!	[kalʲá xristújena]
árvore (f) de Natal	Χριστουγεννιάτικο δέντρο (ουδ.)	[xristujeniátiko δéndro]
fogo (m) de artifício	πυροτεχνήματα (ουδ.πλ.)	[pirotexnímata]
boda (f)	γάμος (αρ.)	[γámos]
noivo (m)	γαμπρός (αρ.)	[γambrós]
noiva (f)	νύφη (θηλ.)	[nífi]
convidar (vt)	προσκαλώ	[proskalʲó]
convite (m)	πρόσκληση (θηλ.)	[prósklisi]
convidado (m)	επισκέπτης (αρ.)	[episképtis]
visitar (vt)	επισκέπτομαι	[episképtome]
receber os hóspedes	συναντώ τους καλεσμένους	[sinandó tus kalezménus]
presente (m)	δώρο (ουδ.)	[δóro]
oferecer (vt)	δίνω	[δíno]
receber presentes	παίρνω δώρα	[pérno δóra]
ramo (m) de flores	ανθοδέσμη (θηλ.)	[anθoδézmi]
felicitações (f pl)	συγχαρητήρια (ουδ.πλ.)	[sinxaritíria]
felicitar (dar os parabéns)	συγχαίρω	[sinxéro]

cartão (m) de parabéns	ευχετήρια κάρτα (θηλ.)	[efxetíria kárta]
enviar um postal	στέλνω κάρτα	[stélˡno kárta]
receber um postal	λαμβάνω κάρτα	[lˡamváno kárta]

brinde (m)	πρόποση (θηλ.)	[próposi]
oferecer (vt)	κερνάω	[kernáo]
champanhe (m)	σαμπάνια (θηλ.)	[sambánia]

divertir-se (vr)	διασκεδάζω	[ðiaskeðázo]
diversão (f)	ευθυμία (θηλ.)	[efθimía]
alegria (f)	χαρά (θηλ.)	[xará]

| dança (f) | χορός (αρ.) | [xorós] |
| dançar (vi) | χορεύω | [xorévo] |

| valsa (f) | βαλς (ουδ.) | [valˡs] |
| tango (m) | τανγκό (ουδ.) | [tangó] |

153. Funerais. Enterro

cemitério (m)	νεκροταφείο (ουδ.)	[nekrotafío]
sepultura (f), túmulo (m)	τάφος (αρ.)	[táfos]
cruz (f)	σταυρός (αρ.)	[stavrós]
lápide (f)	ταφόπλακα (θηλ.)	[tafóplˡaka]
cerca (f)	φράχτης (αρ.)	[fráxtis]
capela (f)	παρεκκλήσι (ουδ.)	[pareklísi]

morte (f)	θάνατος (αρ.)	[θánatos]
morrer (vi)	πεθαίνω	[peθéno]
defunto (m)	νεκρός (αρ.)	[nekrós]
luto (m)	πένθος (ουδ.)	[pénθos]

enterrar, sepultar (vt)	θάβω	[θávo]
agência (f) funerária	γραφείο τελετών (ουδ.)	[ɣrafío teletón]
funeral (m)	κηδεία (θηλ.)	[kiðía]

coroa (f) de flores	στεφάνι (ουδ.)	[stefáni]
caixão (m)	φέρετρο (ουδ.)	[féretro]
carro (m) funerário	νεκροφόρα (θηλ.)	[nekrofóra]
mortalha (f)	σάβανο (ουδ.)	[sávano]

| urna (f) funerária | τεφροδόχος (θηλ.) | [tefroðóxos] |
| crematório (m) | κρεματόριο (ουδ.) | [krematório] |

obituário (m), necrologia (f)	νεκρολογία (θηλ.)	[nekrolˡojía]
chorar (vi)	κλαίω	[kléo]
soluçar (vi)	οδύρομαι	[oðírome]

154. Guerra. Soldados

| pelotão (m) | διμοιρία (θηλ.) | [ðimiría] |
| companhia (f) | λόχος (αρ.) | [lˡóxos] |

regimento (m)	σύνταγμα (ουδ.)	[síndaɣma]
exército (m)	στρατός (αρ.)	[stratós]
divisão (f)	μεραρχία (θηλ.)	[merarxía]

| destacamento (m) | απόσπασμα (ουδ.) | [apóspazma] |
| hoste (f) | στρατιά (θηλ.) | [stratiá] |

| soldado (m) | στρατιώτης (αρ.) | [stratiótis] |
| oficial (m) | αξιωματικός (αρ.) | [aksiomatikós] |

soldado (m) raso	απλός στρατιώτης (αρ.)	[aplʲós stratiótis]
sargento (m)	λοχίας (αρ.)	[lʲoxías]
tenente (m)	υπολοχαγός (αρ.)	[ipolʲoxaɣós]
capitão (m)	λοχαγός (αρ.)	[lʲoxaɣós]
major (m)	ταγματάρχης (αρ.)	[taɣmatárxis]
coronel (m)	συνταγματάρχης (αρ.)	[sindaɣmatárxis]
general (m)	στρατηγός (αρ.)	[stratiɣós]

marujo (m)	ναυτικός (αρ.)	[naftikós]
capitão (m)	καπετάνιος (αρ.)	[kapetánios]
contramestre (m)	λοστρόμος (αρ.)	[lʲostrómos]

artilheiro (m)	πυροβολητής (αρ.)	[pirovolitís]
soldado (m) paraquedista	αλεξιπτωτιστής (αρ.)	[aleksiptotís]
piloto (m)	αεροπόρος (αρ.)	[aeropóros]
navegador (m)	πλοηγός (αρ.)	[plʲoiɣós]
mecânico (m)	μηχανικός (αρ.)	[mixanikós]

| sapador (m) | σκαπανέας (αρ.) | [skapanéas] |
| paraquedista (m) | αλεξιπτωτιστής (αρ.) | [aleksiptotís] |

| explorador (m) | στρατιωτικός αναγνώρισης (αρ.) | [stratiotikós anaɣnórisis] |
| franco-atirador (m) | δεινός σκοπευτής (αρ.) | [ðinós skopeftís] |

patrulha (f)	περιπολία (θηλ.)	[peripolía]
patrulhar (vt)	περιπολώ	[peripolʲó]
sentinela (f)	σκοπός (αρ.)	[skopós]

| guerreiro (m) | πολεμιστής (αρ.) | [polemistís] |
| patriota (m) | πατριώτης (αρ.) | [patriótis] |

| herói (m) | ήρωας (αρ.) | [íroas] |
| heroína (f) | ηρωίδα (θηλ.) | [iroíða] |

traidor (m)	προδότης (αρ.)	[proðótis]
desertor (m)	λιποτάκτης (αρ.)	[lipotáktis]
desertar (vt)	λιποτακτώ	[lipotaktó]

mercenário (m)	μισθοφόρος (αρ.)	[misθofóros]
recruta (m)	νεοσύλλεκτος (αρ.)	[neosílektos]
voluntário (m)	εθελοντής (αρ.)	[eθelʲondís]

morto (m)	νεκρός (αρ.)	[nekrós]
ferido (m)	τραυματίας (αρ.)	[travmatías]
prisioneiro (m) de guerra	αιχμάλωτος (αρ.)	[exmálʲotos]

155. Guerra. Ações militares. Parte 1

guerra (f)	πόλεμος (αρ.)	[pólemos]
guerrear (vt)	πολεμώ	[polemó]
guerra (f) civil	εμφύλιος πόλεμος (αρ.)	[emfílios pólemos]

perfidamente	ύπουλα	[ípul'a]
declaração (f) de guerra	κήρυξη πολέμου (θηλ.)	[kíriksi polému]
declarar (vt) guerra	κηρύσσω πόλεμο	[kiríso pólemo]
agressão (f)	επιθετικότητα (θηλ.)	[epiθetikótita]
atacar (vt)	επιτίθεμαι	[epitíθeme]

invadir (vt)	εισβάλλω	[isvál'o]
invasor (m)	επιδρομέας (αρ.)	[epiðroméas]
conquistador (m)	κατακτητής (αρ.)	[kataktitís]

defesa (f)	άμυνα (θηλ.)	[ámina]
defender (vt)	υπερασπίζω	[iperaspízo]
defender-se (vr)	αμύνομαι	[amínome]

inimigo (m)	εχθρός (αρ.)	[exθrós]
adversário (m)	αντίπαλος (αρ.)	[andípal'os]
inimigo	εχθρικός	[exθrikós]

estratégia (f)	στρατηγική (θηλ.)	[stratijikí]
tática (f)	τακτική (θηλ.)	[taktikí]

ordem (f)	διαταγή (θηλ.)	[ðiatají]
comando (m)	διαταγή (θηλ.)	[ðiatají]
ordenar (vt)	διατάζω	[ðiatázo]
missão (f)	αποστολή (θηλ.)	[apostolí]
secreto	μυστικός	[mistikós]

batalha (f), combate (m)	μάχη (θηλ.)	[máxi]
ataque (m)	επίθεση (θηλ.)	[epíθesi]
assalto (m)	επίθεση (θηλ.)	[epíθesi]
assaltar (vt)	επιτίθεμαι	[epitíθeme]
assédio, sítio (m)	πολιορκία (θηλ.)	[poliorkía]

ofensiva (f)	επίθεση (θηλ.)	[epíθesi]
passar à ofensiva	επιτίθεμαι	[epitíθeme]

retirada (f)	υποχώρηση (θηλ.)	[ipoxórisi]
retirar-se (vr)	υποχωρώ	[ipoxoró]

cerco (m)	περικύκλωση (θηλ.)	[perikíkl'osi]
cercar (vt)	περικυκλώνω	[perikikl'óno]

bombardeio (m)	βομβαρδισμός (αρ.)	[vomvarðizmós]
lançar uma bomba	ρίχνω βόμβα	[ríxno vómva]
bombardear (vt)	βομβαρδίζω	[vomvarðízo]
explosão (f)	έκρηξη (θηλ.)	[ékriksi]

tiro (m)	πυροβολισμός (αρ.)	[pirovolizmós]
disparar um tiro	πυροβολώ	[pirovol'ó]

tiroteio (m)	πυροβολισμός (αρ.)	[pirovolizmós]
apontar para ...	στοχεύω σε ...	[stoxévo se]
apontar (vt)	σημαδεύω	[simaðévo]
acertar (vt)	πετυχαίνω	[petixéno]

afundar (um navio)	βυθίζω	[viθízo]
brecha (f)	ρήγμα (ουδ.)	[ríɣma]
afundar-se (vr)	βουλιάζω	[vuliázo]

frente (m)	μέτωπο (ουδ.)	[métopo]
evacuação (f)	εκκένωση (θηλ.)	[ekénosi]
evacuar (vt)	εκκενώνω	[ekenóno]

arame (m) farpado	συρματόπλεγμα (ουδ.)	[sirmatópleɣma]
obstáculo (m) anticarro	εμπόδιο (ουδ.)	[embóðio]
torre (f) de vigia	παρατηρητήριο (ουδ.)	[paratiritírio]

hospital (m)	στρατιωτικό νοσοκομείο (ουδ.)	[stratiotikó nosokomío]
ferir (vt)	τραυματίζω	[travmatízo]
ferida (f)	πληγή (θηλ.)	[plijí]
ferido (m)	τραυματίας (αρ.)	[travmatías]
ficar ferido	τραυματίζομαι	[travmatízome]
grave (ferida ~)	σοβαρός	[sovarós]

156. Armas

arma (f)	όπλα (ουδ.πλ.)	[ópl'a]
arma (f) de fogo	πυροβόλα όπλα (ουδ.πλ.)	[pirovól'a ópl'a]
arma (f) branca	αγχέμαχα όπλα (ουδ.πλ.)	[anxémaxa ópl'a]

arma (f) química	χημικά όπλα (ουδ.πλ.)	[ximiká ópl'a]
nuclear	πυρηνικός	[pirinikós]
arma (f) nuclear	πυρηνικά όπλα (ουδ.πλ.)	[piriniká ópl'a]

| bomba (f) | βόμβα (θηλ.) | [vómva] |
| bomba (f) atómica | ατομική βόμβα (θηλ.) | [atomikí vómva] |

pistola (f)	πιστόλι (ουδ.)	[pistóli]
caçadeira (f)	τουφέκι (ουδ.)	[tuféki]
pistola-metralhadora (f)	αυτόματο (ουδ.)	[aftómato]
metralhadora (f)	πολυβόλο (ουδ.)	[polivól'o]

boca (f)	στόμιο κάννης (ουδ.)	[stómio kánis]
cano (m)	κάννη (θηλ.)	[káni]
calibre (m)	διαμέτρημα (ουδ.)	[ðiamétrima]

gatilho (m)	σκανδάλη (θηλ.)	[skanðáli]
mira (f)	στόχαστρο (ουδ.)	[stóxastro]
carregador (m)	γεμιστήρας (αρ.)	[jemistíras]
coronha (f)	κοντάκι (ουδ.)	[kondáki]

| granada (f) de mão | χειροβομβίδα (θηλ.) | [xirovomvíða] |
| explosivo (m) | εκρηκτικό (ουδ.) | [ekriktikó] |

bala (f)	σφαίρα (θηλ.)	[sféra]
cartucho (m)	φυσίγγι (ουδ.)	[fisíngi]
carga (f)	γόμωση (θηλ.)	[γómosi]
munições (f pl)	πυρομαχικά (ουδ.πλ.)	[piromaxiká]

bombardeiro (m)	βομβαρδιστικό αεροπλάνο (ουδ.)	[vomvarðistikó aeropláno]
avião (m) de caça	μαχητικό αεροσκάφος (ουδ.)	[maxitikó aeroskáfos]
helicóptero (m)	ελικόπτερο (ουδ.)	[elikóptero]

canhão (m) antiaéreo	αντιαεροπορικό πυροβόλο (ουδ.)	[andiaeroporikó pirovólo]
tanque (m)	τανκ (ουδ.)	[tank]
canhão (de um tanque)	πυροβόλο (ουδ.)	[pirovólo]

artilharia (f)	πυροβολικό (ουδ.)	[pirovolikó]
fazer a pontaria	σημαδεύω	[simaðévo]

obus (m)	βλήμα (ουδ.)	[vlíma]
granada (f) de morteiro	βλήμα όλμου (ουδ.)	[vlíma ólmu]
morteiro (m)	όλμος (αρ.), ολμοβόλο (ουδ.)	[ólmos], [olmovólo]
estilhaço (m)	θραύσμα (ουδ.)	[θrávzma]

submarino (m)	υποβρύχιο (ουδ.)	[ipovríxo]
torpedo (m)	τορπίλη (θηλ.)	[torpíli]
míssil (m)	ρουκέτα (θηλ.)	[rukéta]

carregar (uma arma)	γεμίζω	[jemízo]
atirar, disparar (vi)	πυροβολώ	[pirovolió]
apontar para ...	στοχεύω σε ...	[stoxévo se]
baioneta (f)	ξιφολόγχη (θηλ.)	[ksifolónxi]

espada (f)	ξίφος (ουδ.)	[ksífos]
sabre (m)	σπαθί (ουδ.)	[spaθí]
lança (f)	δόρυ (ουδ.)	[ðóri]
arco (m)	τόξο (ουδ.)	[tókso]
flecha (f)	βέλος (ουδ.)	[vélos]
mosquete (m)	μουσκέτο (ουδ.)	[muskéto]
besta (f)	τόξο (ουδ.)	[tókso]

157. Povos da antiguidade

primitivo	πρωτόγονος	[protóγonos]
pré-histórico	προϊστορικός	[projstorikós]
antigo	αρχαίος	[arxéos]

Idade (f) da Pedra	Λίθινη Εποχή (θηλ.)	[líθini epoxí]
Idade (f) do Bronze	Εποχή του Χαλκού (θηλ.)	[epoxí tu xalkú]
período (m) glacial	Εποχή των Παγετώνων (θηλ.)	[epoxí ton paγetónon]

tribo (f)	φυλή (θηλ.)	[filí]
canibal (m)	κανίβαλος (αρ.)	[kanívalos]

caçador (m)	κυνηγός (αρ.)	[kiniɣós]
caçar (vi)	κυνηγώ	[kiniɣó]
mamute (m)	μαμούθ (ουδ.)	[mamúθ]

caverna (f)	σπηλιά (θηλ.)	[spiliá]
fogo (m)	φωτιά (θηλ.)	[fotiá]
fogueira (f)	φωτιά (θηλ.)	[fotiá]
pintura (f) rupestre	τοιχογραφία σπηλαίων (θηλ.)	[tixoɣrafía spiléon]

ferramenta (f)	εργαλείο (ουδ.)	[erɣalío]
lança (f)	ακόντιο (ουδ.)	[akóndio]
machado (m) de pedra	πέτρινο τσεκούρι (ουδ.)	[pétrino tsekúri]
guerrear (vt)	πολεμώ	[polemó]
domesticar (vt)	εξημερώνω	[eksimeróno]

ídolo (m)	είδωλο (ουδ.)	[ídolʲo]
adorar, venerar (vt)	λατρεύω	[lʲatrévo]
superstição (f)	δεισιδαιμονία (θηλ.)	[ðisiðemonía]

evolução (f)	εξέλιξη (θηλ.)	[ekséliksi]
desenvolvimento (m)	ανάπτυξη (θηλ.)	[anáptiksi]
desaparecimento (m)	εξαφάνιση (θηλ.)	[eksafánisi]
adaptar-se (vr)	προσαρμόζομαι	[prosarmózome]

arqueologia (f)	αρχαιολογία (θηλ.)	[arxeolʲojía]
arqueólogo (m)	αρχαιολόγος (αρ.)	[arxeolʲóɣos]
arqueológico	αρχαιολογικός	[arxeolʲojikós]

local (m) das escavações	χώρος ανασκαφής (αρ.)	[xóros anaskafís]
escavações (f pl)	ανασκαφή (θηλ.)	[anaskafí]
achado (m)	εύρημα (ουδ.)	[évrima]
fragmento (m)	τεμάχιο (ουδ.)	[temáxio]

158. Idade média

povo (m)	λαός (αρ.)	[lʲaós]
povos (m pl)	λαοί (αρ.πλ.)	[lʲaí]
tribo (f)	φυλή (θηλ.)	[filí]
tribos (f pl)	φυλές (θηλ.πλ.)	[filés]

bárbaros (m pl)	Βάρβαροι (αρ.πλ.)	[várvari]
gauleses (m pl)	Γάλλοι (αρ.πλ.)	[ɣáli]
godos (m pl)	Γότθοι (αρ.πλ.)	[ɣótθi]
eslavos (m pl)	Σλάβοι (αρ.πλ.)	[slʲávi]
víquingues (m pl)	Βίκινγκς (αρ.πλ.)	[víkings]

| romanos (m pl) | Ρωμαίοι (αρ.πλ.) | [roméi] |
| romano | ρωμαϊκός | [romaikós] |

bizantinos (m pl)	Βυζαντινοί (αρ.πλ.)	[vizandiní]
Bizâncio	Βυζάντιο (ουδ.)	[vizándio]
bizantino	βυζαντινός	[vizandinós]
imperador (m)	αυτοκράτορας (αρ.)	[aftokrátoras]
líder (m)	αρχηγός (αρ.)	[arxiɣós]

poderoso	ισχυρός	[isxirós]
rei (m)	βασιλιάς (αρ.)	[vasiliás]
governante (m)	ηγεμόνας (αρ.)	[ijemónas]
cavaleiro (m)	ιππότης (αρ.)	[ipótis]
senhor feudal (m)	φεουδάρχης (αρ.)	[feudárxis]
feudal	φεουδαρχικός	[feuðarxikós]
vassalo (m)	υποτελής, βασάλος (αρ.)	[ipotelís], [vasálios]
duque (m)	δούκας (αρ.)	[ðúkas]
conde (m)	κόμης (αρ.)	[kómis]
barão (m)	βαρόνος (αρ.)	[varónos]
bispo (m)	επίσκοπος (αρ.)	[epískopos]
armadura (f)	πανοπλία (θηλ.)	[panoplía]
escudo (m)	ασπίδα (θηλ.)	[aspíða]
espada (f)	σπαθί (ουδ.)	[spaθí]
cota (f) de malha	αλυσιδωτή πανοπλία (θηλ.)	[alisiðotí panoplía]
cruzada (f)	σταυροφορία (θηλ.)	[stavroforía]
cruzado (m)	σταυροφόρος (αρ.)	[stavrofóros]
território (m)	έδαφος (ουδ.)	[éðafos]
atacar (vt)	επιτίθεμαι	[epitíθeme]
conquistar (vt)	κατακτώ	[kataktó]
ocupar, invadir (vt)	καταλαμβάνω	[kataliamváno]
assédio, sítio (m)	πολιορκία (θηλ.)	[poliorkía]
sitiado	πολιορκημένος	[poliorkiménos]
assediar, sitiar (vt)	πολιορκώ	[poliorkó]
inquisição (f)	Ιερά Εξέταση (θηλ.)	[ierá eksétasi]
inquisidor (m)	ιεροεξεταστής (αρ.)	[ieroeksetastís]
tortura (f)	βασανιστήριο (ουδ.)	[vasanistírio]
cruel	βάναυσος	[vánafsos]
herege (m)	αιρετικός (αρ.)	[eretikós]
heresia (f)	αίρεση (θηλ.)	[éresi]
navegação (f) marítima	ναυτιλία (θηλ.)	[naftilía]
pirata (m)	πειρατής (αρ.)	[piratís]
pirataria (f)	πειρατεία (θηλ.)	[piratía]
abordagem (f)	ρεσάλτο (ουδ.)	[resálito]
presa (f), butim (m)	λάφυρο (ουδ.)	[liáfiro]
tesouros (m pl)	θησαυροί (αρ.πλ.)	[θisavrí]
descobrimento (m)	ανακάλυψη (θηλ.)	[anakálipsi]
descobrir (novas terras)	ανακαλύπτω	[anakálipto]
expedição (f)	αποστολή (θηλ.)	[apostolí]
mosqueteiro (m)	μουσκετοφόρος (αρ.)	[musketofóros]
cardeal (m)	καρδινάλιος (αρ.)	[karðinálios]
heráldica (f)	εραλδική (θηλ.)	[eraliðikí]
heráldico	εραλδικός	[eraliðikós]

159. Líder. Chefe. Autoridades

rei (m)	βασιλιάς (αρ.)	[vasiliás]
rainha (f)	βασίλισσα (θηλ.)	[vasílisa]
real	βασιλικός	[vasilikós]
reino (m)	βασίλειο (ουδ.)	[vasílio]

| príncipe (m) | πρίγκιπας (αρ.) | [príngipas] |
| princesa (f) | πριγκίπισσα (θηλ.) | [pringípisa] |

presidente (m)	πρόεδρος (αρ.)	[próeðros]
vice-presidente (m)	αντιπρόεδρος (αρ.)	[andipróeðros]
senador (m)	γερουσιαστής (αρ.)	[jerusiastís]

monarca (m)	μονάρχης (αρ.)	[monárxis]
governante (m)	ηγεμόνας (αρ.)	[ijemónas]
ditador (m)	δικτάτορας (αρ.)	[ðiktátoras]
tirano (m)	τύραννος (αρ.)	[tíranos]
magnata (m)	μεγιστάνας (αρ.)	[mejistánas]

diretor (m)	διευθυντής (αρ.)	[ðiefθindís]
chefe (m)	αφεντικό (ουδ.)	[afendikó]
dirigente (m)	διευθυντής (αρ.)	[ðiefθindís]
patrão (m)	αφεντικό (ουδ.)	[afendikó]
dono (m)	ιδιοκτήτης (αρ.)	[iðioktítis]

líder, chefe (m)	αρχηγός (αρ.)	[arxiγós]
chefe (~ de delegação)	επικεφαλής (αρ.)	[epikefalís]
autoridades (f pl)	αρχές (θηλ.πλ.)	[arxés]
superiores (m pl)	προϊστάμενοι (πλ.)	[projstámeni]

governador (m)	κυβερνήτης (αρ.)	[kivernítis]
cônsul (m)	πρόξενος (αρ.)	[próksenos]
diplomata (m)	διπλωμάτης (αρ.)	[ðiplʲomátis]
Presidente (m) da Câmara	δήμαρχος (αρ.)	[ðímarxos]
xerife (m)	σερίφης (αρ.)	[serífis]

imperador (m)	αυτοκράτορας (αρ.)	[aftokrátoras]
czar (m)	τσάρος (αρ.)	[tsáros]
faraó (m)	Φαραώ (αρ.)	[faraó]
cã (m)	χαν, χάνος (αρ.)	[xan], [xános]

160. Viloação da lei. Criminosos. Parte 1

bandido (m)	συμμορίτης (αρ.)	[simorítis]
crime (m)	έγκλημα (ουδ.)	[énglima]
criminoso (m)	εγκληματίας (αρ.)	[englimatías]

ladrão (m)	κλέφτης (αρ.)	[kléftis]
roubar (vt)	κλέβω	[klévo]
furto (m)	κλοπή (θηλ.)	[klʲopí]
furto (m)	κλοπή (θηλ.)	[klʲopí]
raptar (ex. ~ uma criança)	απάγω	[apáγo]

rapto (m)	απαγωγή (θηλ.)	[apayojí]
raptor (m)	απαγωγέας (αρ.)	[apayojéas]

resgate (m)	λύτρα (ουδ.πλ.)	[lítra]
pedir resgate	ζητώ λύτρα	[zitó lítra]

roubar (vt)	ληστεύω	[listévo]
assalto, roubo (m)	ληστεία (θηλ.)	[listía]
assaltante (m)	ληστής (αρ.)	[listís]

extorquir (vt)	αποσπώ εκβιαστικά	[apospó ekviastiká]
extorsionário (m)	εκβιαστής (αρ.)	[ekviastís]
extorsão (f)	εκβιασμός (αρ.)	[ekviazmós]

matar, assassinar (vt)	σκοτώνω	[skotóno]
homicídio (m)	φόνος (αρ.)	[fónos]
homicida, assassino (m)	δολοφόνος (αρ.)	[δoliofónos]

tiro (m)	πυροβολισμός (αρ.)	[pirovolizmós]
dar um tiro	πυροβολώ	[pirovoliió]
matar a tiro	σκοτώνω με πυροβόλο όπλο	[skotóno mepirovóliο opliο]
atirar, disparar (vi)	πυροβολώ	[pirovoliió]
tiroteio (m)	πυροβολισμός (αρ.)	[pirovolizmós]

incidente (m)	επεισόδιο (ουδ.)	[episóδio]
briga (~ de rua)	καυγάς (αρ.)	[kavyás]
vítima (f)	θύμα (ουδ.)	[θíma]

danificar (vt)	καταστρέφω	[katastréfo]
dano (m)	ζημιά (θηλ.)	[zimiá]
cadáver (m)	πτώμα (ουδ.)	[ptóma]
grave	σοβαρός	[sovarós]

atacar (vt)	επιτίθεμαι	[epitíθeme]
bater (espancar)	χτυπάω	[xtipáo]
espancar (vt)	δέρνω	[δérno]
tirar, roubar (dinheiro)	κλέβω	[klévo]
esfaquear (vt)	μαχαιρώνω	[maxeróno]
mutilar (vt)	παραμορφώνω	[paramorfóno]
ferir (vt)	τραυματίζω	[travmatízo]

chantagem (f)	εκβιασμός (αρ.)	[ekviazmós]
chantagear (vt)	εκβιάζω	[ekviázo]
chantagista (m)	εκβιαστής (αρ.)	[ekviastís]

extorsão (em troca de proteção)	προστασία έναντι χρημάτων (θηλ.)	[prostasía énandi xrimáton]
extorsionário (m)	απατεώνας (αρ.)	[apateónas]
gângster (m)	γκάνγκστερ (αρ.)	[gángster]
máfia (f)	μαφία (θηλ.)	[mafía]

carteirista (m)	πορτοφολάς (αρ.)	[portofoliás]
assaltante, ladrão (m)	διαρρήκτης (αρ.)	[δiaríktis]
contrabando (m)	λαθρεμπόριο (ουδ.)	[liaθrembório]
contrabandista (m)	λαθρέμπορος (αρ.)	[liaθrémboros]

148

falsificação (f)	πλαστογραφία (θηλ.)	[pl·astoɣrafía]
falsificar (vt)	πλαστογραφώ	[pl·astoɣrafó]
falsificado	πλαστός	[pl·astós]

161. Viloação da lei. Criminosos. Parte 2

violação (f)	βιασμός (αρ.)	[viazmós]
violar (vt)	βιάζω	[viázo]
violador (m)	βιαστής (αρ.)	[viastís]
maníaco (m)	μανιακός (αρ.)	[maniakós]

prostituta (f)	πόρνη (θηλ.)	[pórni]
prostituição (f)	πορνεία (θηλ.)	[pornía]
chulo (m)	νταβατζής (αρ.)	[davadzís]

| toxicodependente (m) | ναρκομανής (αρ.) | [narkomanís] |
| traficante (m) | έμπορος ναρκωτικών (αρ.) | [émboros narkotikón] |

explodir (vt)	ανατινάζω	[anatinázo]
explosão (f)	έκρηξη (θηλ.)	[ékriksi]
incendiar (vt)	πυρπολώ	[pirpol·ó]
incendiário (m)	εμπρηστής (αρ.)	[embristís]

terrorismo (m)	τρομοκρατία (θηλ.)	[tromokratía]
terrorista (m)	τρομοκράτης (αρ.)	[tromokrátis]
refém (m)	όμηρος (αρ.)	[ómiros]

enganar (vt)	εξαπατώ	[eksapató]
engano (m)	εξαπάτηση (θηλ.)	[eksapátisi]
vigarista (m)	απατεώνας (αρ.)	[apateónas]

subornar (vt)	δωροδοκώ	[ðoroðokó]
suborno (atividade)	δωροδοκία (θηλ.)	[ðoroðokía]
suborno (dinheiro)	δωροδοκία (θηλ.)	[ðoroðokía]

veneno (m)	δηλητήριο (ουδ.)	[ðilitírio]
envenenar (vt)	δηλητηριάζω	[ðilitiriázo]
envenenar-se (vr)	δηλητηριάζομαι	[ðilitiriázome]

| suicídio (m) | αυτοκτονία (θηλ.) | [aftoktonía] |
| suicida (m) | αυτόχειρας (αρ.) | [aftóxiras] |

ameaçar (vt)	απειλώ	[apil·ó]
ameaça (f)	απειλή (θηλ.)	[apilí]
atentar contra a vida de ...	αποπειρώμαι	[apopiróme]
atentado (m)	απόπειρα δολοφονίας (θηλ.)	[apópira ðol·ofonías]

| roubar (o carro) | κλέβω | [klévo] |
| desviar (o avião) | κάνω αεροπειρατεία | [káno aeropiratía] |

vingança (f)	εκδίκηση (θηλ.)	[ekðíkisi]
vingar (vt)	εκδικούμαι	[ekðikúme]
torturar (vt)	βασανίζω	[vasanízo]
tortura (f)	βασανιστήριο (ουδ.)	[vasanistírio]

atormentar (vt)	βασανίζω	[vasanízo]
pirata (m)	πειρατής (αρ.)	[piratís]
desordeiro (m)	χούλιγκαν (αρ.)	[xúligan]
armado	οπλισμένος	[oplizménos]
violência (f)	βία, βιαιότητα (θηλ.)	[vía], [vieótita]
espionagem (f)	κατασκοπεία (θηλ.)	[kataskopía]
espionar (vi)	κατασκοπεύω	[kataskopévo]

162. Polícia. Lei. Parte 1

justiça (f)	δικαιοσύνη (θηλ.)	[ðikeosíni]
tribunal (m)	δικαστήριο (ουδ.)	[ðikastírio]
juiz (m)	δικαστής (αρ.)	[ðikastís]
jurados (m pl)	ένορκοι (αρ.πλ.)	[énorki]
tribunal (m) do júri	ορκωτό δικαστήριο (ουδ.)	[orkotó ðikastírio]
julgar (vt)	δικάζω	[ðikázo]
advogado (m)	δικηγόρος (αρ.)	[ðikiγóros]
réu (m)	κατηγορούμενος (αρ.)	[katiγorúmenos]
banco (m) dos réus	εδώλιο (ουδ.)	[eðólio]
acusação (f)	κατηγορία (θηλ.)	[katiγoría]
acusado (m)	κατηγορούμενος (αρ.)	[katiγorúmenos]
sentença (f)	απόφαση (θηλ.)	[apófasi]
sentenciar (vt)	καταδικάζω	[kataðikázo]
culpado (m)	ένοχος (αρ.)	[énoxos]
punir (vt)	τιμωρώ	[timoró]
punição (f)	τιμωρία (θηλ.)	[timoría]
multa (f)	πρόστιμο (ουδ.)	[próstimo]
prisão (f) perpétua	ισόβια (ουδ.πλ.)	[isóvia]
pena (f) de morte	θανατική ποινή (θηλ.)	[θanatikí piní]
cadeira (f) elétrica	ηλεκτρική καρέκλα (θηλ.)	[ilektrikí karékl'a]
forca (f)	αγχόνη (θηλ.)	[anxóni]
executar (vt)	εκτελώ	[ektel'ó]
execução (f)	εκτέλεση (θηλ.)	[ektélesi]
prisão (f)	φυλακή (θηλ.)	[fil'akí]
cela (f) de prisão	κελί (ουδ.)	[kelí]
escolta (f)	συνοδεία (θηλ.)	[sinoðía]
guarda (m) prisional	δεσμοφύλακας (αρ.)	[ðezmofíl'akas]
preso (m)	φυλακισμένος (αρ.)	[fil'akizménos]
algemas (f pl)	χειροπέδες (θηλ.πλ.)	[xiropéðes]
algemar (vt)	περνάω χειροπέδες	[pernáo xiropéðes]
fuga, evasão (f)	απόδραση (θηλ.)	[apóðrasi]
fugir (vi)	δραπετεύω	[ðrapetévo]

desaparecer (vi)	εξαφανίζομαι	[eksafanízome]
soltar, libertar (vt)	απελευθερώνω	[apelefθeróno]
amnistia (f)	αμνηστία (θηλ.)	[amnistía]

polícia (instituição)	αστυνομία (θηλ.)	[astinomía]
polícia (m)	αστυνομικός (αρ.)	[astinomikós]
esquadra (f) de polícia	αστυνομικό τμήμα (ουδ.)	[astinomikó tmíma]
cassetete (m)	ρόπαλο (ουδ.)	[rópalˈo]
megafone (m)	μεγάφωνο (ουδ.)	[meγáfono]

carro (m) de patrulha	περιπολικό (ουδ.)	[peripolikó]
sirene (f)	σειρήνα (θηλ.)	[sirína]
ligar a sirene	ανοίγω τη σειρήνα	[aníγo ti sirína]
toque (m) da sirene	βοή της σειρήνας (θηλ.)	[voí tis sirínas]

cena (f) do crime	τόπος εγκλήματος (αρ.)	[tópos englímatos]
testemunha (f)	μάρτυρας (αρ.)	[mártiras]
liberdade (f)	ελευθερία (θηλ.)	[elefθería]
cúmplice (m)	συνεργός (αρ.)	[sinerγós]
escapar (vi)	δραπετεύω	[ðrapetévo]
traço (não deixar ~s)	ίχνος (ουδ.)	[íxnos]

163. Polícia. Lei. Parte 2

procura (f)	έρευνα (θηλ.)	[érevna]
procurar (vt)	αναζητώ	[anazitó]
suspeita (f)	υποψία (θηλ.)	[ipopsía]
suspeito	ύποπτος	[ípoptos]
parar (vt)	σταματώ	[stamató]
deter (vt)	προφυλακίζω	[profilˈakízo]

caso (criminal)	υπόθεση (θηλ.)	[ipóθesi]
investigação (f)	έρευνα (θηλ.)	[érevna]
detetive (m)	ντετέκτιβ (αρ.)	[detéktiv]
investigador (m)	αστυνομικός ερευνητής (αρ.)	[astinomikós erevnitís]
versão (f)	εκδοχή (θηλ.)	[ekðoxí]

motivo (m)	κίνητρο (ουδ.)	[kínitro]
interrogatório (m)	ανάκριση (θηλ.)	[anákrisi]
interrogar (vt)	ανακρίνω	[anakríno]
questionar (vt)	ανακρίνω	[anakríno]
verificação (f)	έλεγχος (αρ.)	[élenxos]

batida (f) policial	έφοδος (θηλ.)	[éfoðos]
busca (f)	έρευνα (θηλ.)	[érevna]
perseguição (f)	καταδίωξη (θηλ.)	[kataðíoksi]
perseguir (vt)	καταδιώκω	[kataðióko]
seguir (vt)	κυνηγώ	[kiniγó]

prisão (f)	σύλληψη (θηλ.)	[sílipsi]
prender (vt)	συλλαμβάνω	[silˈamváno]
pegar, capturar (vt)	πιάνω	[piáno]
captura (f)	σύλληψη (θηλ.)	[sílipsi]
documento (m)	έγγραφο (ουδ.)	[éngrafo]

prova (f)	απόδειξη (θηλ.)	[apóðiksi]
provar (vt)	αποδεικνύω	[apoðiknío]
pegada (f)	αποτύπωμα (ουδ.)	[apotípoma]
impressões (f pl) digitais	δακτυλικά αποτυπώματα (ουδ.πλ.)	[ðaktiliká apotipómata]
prova (f)	απόδειξη (θηλ.)	[apóðiksi]

álibi (m)	άλλοθι (ουδ.)	[álioθi]
inocente	αθώος	[aθóos]
injustiça (f)	αδικία (θηλ.)	[aðikía]
injusto	άδικος	[áðikos]

criminal	εγκληματικός	[englimatikós]
confiscar (vt)	κατάσχω	[katásxo]
droga (f)	ναρκωτικά (ουδ.πλ.)	[narkotiká]
arma (f)	όπλο (ουδ.)	[óplio]
desarmar (vt)	αφοπλίζω	[afoplízo]
ordenar (vt)	διατάζω	[ðiatázo]
desaparecer (vi)	εξαφανίζομαι	[eksafanízome]

lei (f)	νόμος (αρ.)	[nómos]
legal	νόμιμος	[nómimos]
ilegal	παράνομος	[paránomos]

| responsabilidade (f) | ευθύνη (θηλ.) | [efθíni] |
| responsável | υπεύθυνος | [ipéfθinos] |

NATUREZA

A Terra. Parte 1

164. Espaço sideral

cosmos (m)	διάστημα (ουδ.)	[ðiástima]
cósmico	διαστημικός	[ðiastimikós]
espaço (m) cósmico	απώτερο διάστημα (ουδ.)	[apótero ðiástima]
mundo, universo (m)	σύμπαν (ουδ.)	[símban]
galáxia (f)	γαλαξίας (αρ.)	[ɣaliaksías]
estrela (f)	αστέρας (αρ.)	[astéras]
constelação (f)	αστερισμός (αρ.)	[asterizmós]
planeta (m)	πλανήτης (αρ.)	[plianítis]
satélite (m)	δορυφόρος (αρ.)	[ðorifóros]
meteorito (m)	μετεωρίτης (αρ.)	[meteorítis]
cometa (m)	κομήτης (αρ.)	[komítis]
asteroide (m)	αστεροειδής (αρ.)	[asteroiðís]
órbita (f)	τροχιά (θηλ.)	[troxiá]
girar (vi)	περιστρέφομαι	[peristréfome]
atmosfera (f)	ατμόσφαιρα (θηλ.)	[atmósfera]
Sol (m)	Ήλιος (αρ.)	[ílios]
Sistema (m) Solar	ηλιακό σύστημα (ουδ.)	[iliakó sístima]
eclipse (m) solar	έκλειψη ηλίου (θηλ.)	[éklipsi ilíu]
Terra (f)	Γη (θηλ.)	[ji]
Lua (f)	Σελήνη (θηλ.)	[selíni]
Marte (m)	Άρης (αρ.)	[áris]
Vénus (f)	Αφροδίτη (θηλ.)	[afroðíti]
Júpiter (m)	Δίας (αρ.)	[ðías]
Saturno (m)	Κρόνος (αρ.)	[krónos]
Mercúrio (m)	Ερμής (αρ.)	[ermís]
Urano (m)	Ουρανός (αρ.)	[uranós]
Neptuno (m)	Ποσειδώνας (αρ.)	[posiðónas]
Plutão (m)	Πλούτωνας (αρ.)	[pliútonas]
Via Láctea (f)	Γαλαξίας (αρ.)	[ɣaliaksías]
Ursa Maior (f)	Μεγάλη Άρκτος (θηλ.)	[meɣáli árktos]
Estrela Polar (f)	Πολικός Αστέρας (αρ.)	[polikós astéras]
marciano (m)	Αρειανός (αρ.)	[arianós]
extraterrestre (m)	εξωγήινος (αρ.)	[eksojíinos]

alienígena (m)	εξωγήινος (αρ.)	[eksojíinos]
disco (m) voador	ιπτάμενος δίσκος (αρ.)	[iptámenos δískos]

nave (f) espacial	διαστημόπλοιο (ουδ.)	[δiastimóplio]
estação (f) orbital	διαστημικός σταθμός (αρ.)	[δiastimikós staθmós]
lançamento (m)	εκτόξευση (θηλ.)	[ektóksefsi]

motor (m)	κινητήρας (αρ.)	[kinitíras]
bocal (m)	ακροφύσιο (ουδ.)	[akrofísio]
combustível (m)	καύσιμο (ουδ.)	[káfsimo]

cabine (f)	πιλοτήριο (ουδ.)	[pilˈotírio]
antena (θ)	κεραία (θηλ.)	[keréa]
vigia (f)	φινιστρίνι (ουδ.)	[finistríni]
bateria (f) solar	ηλιακός συλλέκτης (αρ.)	[iliakós siléktis]
traje (m) espacial	στολή αστροναύτη (θηλ.)	[stolí astronáfti]

imponderabilidade (f)	έλλειψη βαρύτητας (θηλ.)	[élipsi varítitas]
oxigénio (m)	οξυγόνο (ουδ.)	[oksiγóno]

acoplagem (f)	πρόσδεση (θηλ.)	[prózδesi]
fazer uma acoplagem	προσδένω	[prozδéno]

observatório (m)	αστεροσκοπείο (ουδ.)	[asteroskopío]
telescópio (m)	τηλεσκόπιο (ουδ.)	[tileskópio]
observar (vt)	παρατηρώ	[paratiró]
explorar (vt)	ερευνώ	[erevnó]

165. A Terra

Terra (f)	Γη (θηλ.)	[ji]
globo terrestre (Terra)	υδρόγειος (θηλ.)	[iδrójios]
planeta (m)	πλανήτης (αρ.)	[plˈanítis]

atmosfera (f)	ατμόσφαιρα (θηλ.)	[atmósfera]
geografia (f)	γεωγραφία (θηλ.)	[jeoγrafía]
natureza (f)	φύση (θηλ.)	[físi]

globo (mapa esférico)	υδρόγειος (θηλ.)	[iδrójios]
mapa (m)	χάρτης (αρ.)	[xártis]
atlas (m)	άτλας (αρ.)	[átlˈas]

Europa (f)	Ευρώπη (θηλ.)	[evrópi]
Ásia (f)	Ασία (θηλ.)	[asía]

África (f)	Αφρική (θηλ.)	[afrikí]
Austrália (f)	Αυστραλία (θηλ.)	[afstralía]

América (f)	Αμερική (θηλ.)	[amerikí]
América (f) do Norte	Βόρεια Αμερική (θηλ.)	[vória amerikí]
América (f) do Sul	Νότια Αμερική (θηλ.)	[nótia amerikí]

Antártida (f)	Ανταρκτική (θηλ.)	[andarktikí]
Ártico (m)	Αρκτική (θηλ.)	[arktikí]

166. Pontos cardeais

norte (m)	βορράς (αρ.)	[vorás]
para norte	προς το βορρά	[pros to vorá]
no norte	στο βορρά	[sto vorá]
do norte	βόρειος	[vórios]

sul (m)	νότος (αρ.)	[nótos]
para sul	προς το νότο	[pros to nóto]
no sul	στο νότο	[sto nóto]
do sul	νότιος	[nótios]

oeste, ocidente (m)	δύση (θηλ.)	[ðísi]
para oeste	προς τη δύση	[pros ti ðísi]
no oeste	στη δύση	[sti ðísi]
ocidental	δυτικός	[ðitikós]

leste, oriente (m)	ανατολή (θηλ.)	[anatolí]
para leste	προς την ανατολή	[pros tin anatolí]
no leste	στην ανατολή	[stin anatolí]
oriental	ανατολικός	[anatolikós]

167. Mar. Oceano

mar (m)	θάλασσα (θηλ.)	[θálˈasa]
oceano (m)	ωκεανός (αρ.)	[okeanós]
golfo (m)	κόλπος (αρ.)	[kólˈpos]
estreito (m)	πορθμός (αρ.)	[porθmós]

continente (m)	ήπειρος (θηλ.)	[íperos]
ilha (f)	νησί (ουδ.)	[nisí]
península (f)	χερσόνησος (θηλ.)	[xersónisos]
arquipélago (m)	αρχιπέλαγος (ουδ.)	[arxipélˈaγos]

baía (f)	κόλπος (αρ.)	[kólˈpos]
porto (m)	λιμάνι (ουδ.)	[limáni]
lagoa (f)	λιμνοθάλασσα (θηλ.)	[limnoθálˈasa]
cabo (m)	ακρωτήρι (ουδ.)	[akrotíri]

atol (m)	ατόλη (θηλ.)	[atóli]
recife (m)	ύφαλος (αρ.)	[ífalˈos]
coral (m)	κοράλλι (ουδ.)	[koráli]
recife (m) de coral	κοραλλιογενής ύφαλος (αρ.)	[koraliojenís ifalˈos]

profundo	βαθύς	[vaθís]
profundidade (f)	βάθος (ουδ.)	[váθos]
abismo (m)	άβυσσος (θηλ.)	[ávisos]
fossa (f) oceânica	τάφρος (θηλ.)	[táfros]

corrente (f)	ρεύμα (ουδ.)	[révma]
banhar (vt)	περιβρέχω	[perivréxo]
litoral (m)	παραλία (θηλ.)	[paralía]
costa (f)	ακτή (θηλ.)	[aktí]

maré (f) alta	πλημμυρίδα (θηλ.)	[plimiríða]
refluxo (m), maré (f) baixa	παλίρροια (θηλ.)	[palíria]
restinga (f)	ρηχά (ουδ.πλ.)	[rixá]
fundo (m)	πάτος (αρ.)	[pátos]

onda (f)	κύμα (ουδ.)	[kíma]
crista (f) da onda	κορυφή (θηλ.)	[korifí]
espuma (f)	αφρός (αρ.)	[afrós]

tempestade (f)	καταιγίδα (θηλ.)	[katejíða]
furacão (m)	τυφώνας (αρ.)	[tifónas]
tsunami (m)	τσουνάμι (ουδ.)	[tsunámi]
calmaria (f)	νηνεμία (θηλ.)	[ninemía]
calmo	ήσυχος	[ísixos]

| polo (m) | πόλος (αρ.) | [pólʲos] |
| polar | πολικός | [polikós] |

latitude (f)	γεωγραφικό πλάτος (ουδ.)	[jeoɣrafikó plʲátos]
longitude (f)	μήκος (ουδ.)	[míkos]
paralela (f)	παράλληλος (αρ.)	[parálilʲos]
equador (m)	ισημερινός (αρ.)	[isimerinós]

céu (m)	ουρανός (αρ.)	[uranós]
horizonte (m)	ορίζοντας (αρ.)	[orízondas]
ar (m)	αέρας (αρ.)	[aéras]

farol (m)	φάρος (αρ.)	[fáros]
mergulhar (vi)	βουτάω	[vutáo]
afundar-se (vr)	βυθίζομαι	[viθízome]
tesouros (m pl)	θησαυροί (αρ.πλ.)	[θisavrí]

168. Montanhas

montanha (f)	βουνό (ουδ.)	[vunó]
cordilheira (f)	οροσειρά (θηλ.)	[orosirá]
serra (f)	κορυφογραμμή (θηλ.)	[korifoɣramí]

cume (m)	κορυφή (θηλ.)	[korifí]
pico (m)	κορυφή (θηλ.)	[korifí]
sopé (m)	πρόποδες (αρ.πλ.)	[própoðes]
declive (m)	πλαγιά (θηλ.)	[plʲajá]

vulcão (m)	ηφαίστειο (ουδ.)	[iféstio]
vulcão (m) ativo	ενεργό ηφαίστειο (ουδ.)	[enerɣó iféstio]
vulcão (m) extinto	σβησμένο ηφαίστειο (ουδ.)	[svizméno iféstio]

erupção (f)	έκρηξη (θηλ.)	[ékriksi]
cratera (f)	κρατήρας (αρ.)	[kratíras]
magma (m)	μάγμα (ουδ.)	[máɣma]
lava (f)	λάβα (θηλ.)	[lʲáva]
fundido (lava ~a)	πυρακτωμένος	[piraktoménos]
desfiladeiro (m)	φαράγγι (ουδ.)	[farángi]
garganta (f)	φαράγγι (ουδ.)	[farángi]

fenda (f)	ρωγμή (θηλ.)	[roɣmí]
passo, colo (m)	διάσελο (ουδ.)	[ðiáselⁱo]
planalto (m)	οροπέδιο (ουδ.)	[oropéðio]
falésia (f)	γκρεμός (αρ.)	[gremós]
colina (f)	λόφος (αρ.)	[lⁱófos]

glaciar (m)	παγετώνας (αρ.)	[pajetónas]
queda (f) d'água	καταρράκτης (αρ.)	[kataráktis]
géiser (m)	θερμοπίδακας (αρ.)	[θermopíðakas]
lago (m)	λίμνη (θηλ.)	[límni]

planície (f)	πεδιάδα (θηλ.)	[peðiáða]
paisagem (f)	τοπίο (ουδ.)	[topío]
eco (m)	ηχώ (θηλ.)	[ixó]

alpinista (m)	ορειβάτης (αρ.)	[orivátis]
escalador (m)	ορειβάτης (αρ.)	[orivátis]
conquistar (vt)	κατακτώ	[kataktó]
subida, escalada (f)	ανάβαση (θηλ.)	[anávasi]

169. Rios

rio (m)	ποταμός (αρ.)	[potamós]
fonte, nascente (f)	πηγή (θηλ.)	[piɟí]
leito (m) do rio	κοίτη (θηλ.)	[kíti]
bacia (f)	λεκάνη (θηλ.)	[lekáni]
desaguar no ...	εκβάλλω στο ...	[ekválⁱo sto]

afluente (m)	παραπόταμος (αρ.)	[parapótamos]
margem (do rio)	ακτή (θηλ.)	[aktí]

corrente (f)	ρεύμα (ουδ.)	[révma]
rio abaixo	στη φορά του ρεύματος	[sti forá tu révmatos]
rio acima	κόντρα στο ρεύμα	[kóndra sto révma]

inundação (f)	πλημμύρα (θηλ.)	[plimíra]
cheia (f)	ξεχείλισμα (ουδ.)	[ksexílizma]
transbordar (vi)	πλημμυρίζω	[plimirízo]
inundar (vt)	πλημμυρίζω	[plimirízo]

banco (m) de areia	ρηχά (ουδ.πλ.)	[rixá]
rápidos (m pl)	ορμητικό ρεύμα (ουδ.)	[ormitikó révma]

barragem (f)	φράγμα (ουδ.)	[fráɣma]
canal (m)	κανάλι (ουδ.)	[kanáli]
reservatório (m) de água	ταμιευτήρας (αρ.)	[tamieftíras]
eclusa (f)	θυρόφραγμα (ουδ.)	[θirófraɣma]

corpo (m) de água	νερόλακκος (αρ.)	[nerólⁱakos]
pântano (m)	έλος (ουδ.)	[élⁱos]
tremedal (m)	βάλτος (αρ.)	[válⁱtos]
remoinho (m)	δίνη (θηλ.)	[ðíni]
arroio, regato (m)	ρυάκι (ουδ.)	[riáki]
potável	πόσιμο	[pósimo]

doce (água)	γλυκό	[ɣlikó]
gelo (m)	πάγος (αρ.)	[páɣos]
congelar-se (vr)	παγώνω	[paɣóno]

170. Floresta

| floresta (f), bosque (m) | δάσος (ουδ.) | [ðásos] |
| florestal | του δάσους | [tu ðásus] |

mata (f) cerrada	πυκνό δάσος (ουδ.)	[piknó ðásos]
arvoredo (m)	άλσος (ουδ.)	[álˈsos]
clareira (f)	ξέφωτο (ουδ.)	[kséfoto]

| matagal (m) | λόχμη (θηλ.) | [lˈóxmi] |
| mato (m) | θαμνότοπος (αρ.) | [θamnótopos] |

| vereda (f) | μονοπάτι (ουδ.) | [monopáti] |
| ravina (f) | χαράδρα (θηλ.) | [xaráðra] |

árvore (f)	δέντρο (ουδ.)	[ðéndro]
folha (f)	φύλλο (ουδ.)	[fílˈo]
folhagem (f)	φύλλωμα (ουδ.)	[fílˈoma]

queda (f) das folhas	φυλλοβολία (θηλ.)	[filˈovolía]
cair (vi)	πέφτω	[péfto]
topo (m)	κορυφή (θηλ.)	[korifí]

ramo (m)	κλαδί (ουδ.)	[klaðí]
galho (m)	μεγάλο κλαδί (ουδ.)	[meɣálˈo klˈaðí]
botão, rebento (m)	μπουμπούκι (ουδ.)	[bubúki]
agulha (f)	βελόνα (θηλ.)	[velˈóna]
pinha (f)	κουκουνάρι (ουδ.)	[kukunári]

buraco (m) de árvore	φωλιά στο δέντρο (θηλ.)	[foliá sto ðéndro]
ninho (m)	φωλιά (θηλ.)	[foliá]
toca (f)	φωλιά (θηλ.), λαγούμι (ουδ.)	[foliá], [lˈaɣúmi]

tronco (m)	κορμός (αρ.)	[kormós]
raiz (f)	ρίζα (θηλ.)	[ríza]
casca (f) de árvore	φλοιός (αρ.)	[fliós]
musgo (m)	βρύο (ουδ.)	[vrío]

arrancar pela raiz	ξεριζώνω	[kserizóno]
cortar (vt)	κόβω	[kóvo]
desflorestar (vt)	αποψιλώνω	[apopsilˈóno]
toco, cepo (m)	κομμένος κορμός (αρ.)	[koménos kormós]

fogueira (f)	φωτιά (θηλ.)	[fotiá]
incêndio (m) florestal	πυρκαγιά (θηλ.)	[pirkajá]
apagar (vt)	σβήνω	[zvíno]

guarda-florestal (m)	δασοφύλακας (αρ.)	[ðasofílˈakas]
proteção (f)	προστασία (θηλ.)	[prostasía]
proteger (a natureza)	προστατεύω	[prostatévo]

caçador (m) furtivo	λαθροθήρας (αρ.)	[lʲaθroθíras]
armadilha (f)	δόκανο (ουδ.)	[ðókano]

colher (cogumelos, bagas)	μαζεύω	[mazévo]
perder-se (vr)	χάνομαι	[xánome]

171. Recursos naturais

recursos (m pl) naturais	φυσικοί πόροι (αρ.πλ.)	[fisikí póri]
minerais (m pl)	ορυκτά (ουδ.πλ.)	[oriktá]
depósitos (m pl)	κοιτάσματα (ουδ.πλ.)	[kitázmata]
jazida (f)	κοίτασμα (ουδ.)	[kítazma]

extrair (vt)	εξορύσσω	[eksoríso]
extração (f)	εξόρυξη (θηλ.)	[eksóriksi]
minério (m)	μετάλλευμα (ουδ.)	[metálevma]
mina (f)	μεταλλείο, ορυχείο (ουδ.)	[metalío], [orixío]
poço (m) de mina	φρεάτιο ορυχείου (ουδ.)	[freátio orixíu]
mineiro (m)	ανθρακωρύχος (αρ.)	[anθrakoríxos]

gás (m)	αέριο (ουδ.)	[aério]
gasoduto (m)	αγωγός αερίου (αρ.)	[ayoγós aeríu]

petróleo (m)	πετρέλαιο (ουδ.)	[petréleo]
oleoduto (m)	πετρελαιαγωγός (αρ.)	[petreleayoγós]
poço (m) de petróleo	πετρελαιοπηγή (θηλ.)	[petreleopijí]
torre (f) petrolífera	πύργος διατρήσεων (αρ.)	[píryos ðiatríseon]
petroleiro (m)	τάνκερ (ουδ.)	[tánker]

areia (f)	άμμος (θηλ.)	[ámos]
calcário (m)	ασβεστόλιθος (αρ.)	[asvestóliθos]
cascalho (m)	χαλίκι (ουδ.)	[xalíki]
turfa (f)	τύρφη (θηλ.)	[tírfi]
argila (f)	πηλός (αρ.)	[pilʲós]
carvão (m)	γαιάνθρακας (αρ.)	[γeánθrakas]

ferro (m)	σιδηρομετάλλευμα (ουδ.)	[siðirometálevma]
ouro (m)	χρυσάφι (ουδ.)	[xrisáfi]
prata (f)	ασήμι (ουδ.)	[asími]
níquel (m)	νικέλιο (ουδ.)	[nikélio]
cobre (m)	χαλκός (αρ.)	[xalʲkós]

zinco (m)	ψευδάργυρος (αρ.)	[psevðárjiros]
manganês (m)	μαγγάνιο (ουδ.)	[mangánio]
mercúrio (m)	υδράργυρος (αρ.)	[iðrárjiros]
chumbo (m)	μόλυβδος (αρ.)	[mólivðos]

mineral (m)	ορυκτό (ουδ.)	[oriktó]
cristal (m)	κρύσταλλος (αρ.)	[krístalʲos]
mármore (m)	μάρμαρο (ουδ.)	[mármaro]
urânio (m)	ουράνιο (ουδ.)	[uránio]

A Terra. Parte 2

172. Tempo

tempo (m)	καιρός (αρ.)	[kerós]
previsão (f) do tempo	πρόγνωση καιρού (θηλ.)	[próɣnosi kerú]
temperatura (f)	θερμοκρασία (θηλ.)	[θermokrasía]
termómetro (m)	θερμόμετρο (ουδ.)	[θermómetro]
barómetro (m)	βαρόμετρο (ουδ.)	[varómetro]
humidade (f)	υγρασία (θηλ.)	[iɣrasía]
calor (m)	ζέστη (θηλ.)	[zésti]
cálido	ζεστός, καυτός	[zestós], [kaftós]
está muito calor	κάνει ζέστη	[káni zésti]
está calor	κάνει ζέστη	[káni zésti]
quente	ζεστός	[zestós]
está frio	κάνει κρύο	[káni krío]
frio	κρύος	[kríos]
sol (m)	ήλιος (αρ.)	[ílios]
brilhar (vi)	λάμπω	[lámbo]
de sol, ensolarado	ηλιόλουστος	[iliólʲustos]
nascer (vi)	ανατέλλω	[anatélʲo]
pôr-se (vr)	δύω	[ðío]
nuvem (f)	σύννεφο (ουδ.)	[sínefo]
nublado	συννεφιασμένος	[sinefiazménos]
nuvem (f) preta	μαύρο σύννεφο (ουδ.)	[mávro sínefo]
escuro, cinzento	συννεφιασμένος	[sinefiazménos]
chuva (f)	βροχή (θηλ.)	[vroxí]
está a chover	βρέχει	[vréxi]
chuvoso	βροχερός	[vroxerós]
chuviscar (vi)	ψιχαλίζει	[psixalízi]
chuva (f) torrencial	δυνατή βροχή (θηλ.)	[ðinatí vroxí]
chuvada (f)	νεροποντή (θηλ.)	[neropondí]
forte (chuva)	δυνατός	[ðinatós]
poça (f)	λακκούβα (θηλ.)	[lʲakúva]
molhar-se (vr)	βρέχομαι	[vréxome]
nevoeiro (m)	ομίχλη (θηλ.)	[omíxli]
de nevoeiro	ομιχλώδης	[omixlʲóðis]
neve (f)	χιόνι (ουδ.)	[xóni]
está a nevar	χιονίζει	[xonízi]

173. Tempo extremo. Catástrofes naturais

trovoada (f)	καταιγίδα (θηλ.)	[katejíða]
relâmpago (m)	αστραπή (θηλ.)	[astrapí]
relampejar (vi)	αστράπτω	[astrápto]
trovão (m)	βροντή (θηλ.)	[vrondí]
trovejar (vi)	βροντάω	[vrondáo]
está a trovejar	βροντάει	[vrondái]
granizo (m)	χαλάζι (ουδ.)	[xalʲázi]
está a cair granizo	ρίχνει χαλάζι	[ríxni xalʲázi]
inundar (vt)	πλημμυρίζω	[plimirízo]
inundação (f)	πλημμύρα (θηλ.)	[plimíra]
terremoto (m)	σεισμός (αρ.)	[sizmós]
abalo, tremor (m)	δόνηση (θηλ.)	[ðónisi]
epicentro (m)	επίκεντρο (ουδ.)	[epíkendro]
erupção (f)	έκρηξη (θηλ.)	[ékriksi]
lava (f)	λάβα (θηλ.)	[lʲáva]
turbilhão (m)	ανεμοστρόβιλος (αρ.)	[anemostróvilʲos]
tornado (m)	σίφουνας (αρ.)	[sífunas]
tufão (m)	τυφώνας (αρ.)	[tifónas]
furacão (m)	τυφώνας (αρ.)	[tifónas]
tempestade (f)	καταιγίδα (θηλ.)	[katejíða]
tsunami (m)	τσουνάμι (ουδ.)	[tsunámi]
ciclone (m)	κυκλώνας (αρ.)	[kiklʲónas]
mau tempo (m)	κακοκαιρία (θηλ.)	[kakokería]
incêndio (m)	φωτιά, πυρκαγιά (θηλ.)	[fotiá], [pirkajá]
catástrofe (f)	καταστροφή (θηλ.)	[katastrofí]
meteorito (m)	μετεωρίτης (αρ.)	[meteorítis]
avalanche (f)	χιονοστιβάδα (θηλ.)	[xonostiváða]
deslizamento (m) de neve	χιονοστιβάδα (θηλ.)	[xonostiváða]
nevasca (f)	χιονοθύελλα (θηλ.)	[xonoθíelʲa]
tempestade (f) de neve	χιονοθύελλα (θηλ.)	[xonoθíelʲa]

Fauna

174. Mamíferos. Predadores

predador (m)	θηρευτής (ουδ.)	[θireftís]
tigre (m)	τίγρη (θηλ.), τίγρης (αρ.)	[tíγri], [tíγris]
leão (m)	λιοντάρι (ουδ.)	[liondári]
lobo (m)	λύκος (αρ.)	[líkos]
raposa (f)	αλεπού (θηλ.)	[alepú]

jaguar (m)	ιαγουάρος (αρ.)	[jaγuáros]
leopardo (m)	λεοπάρδαλη (θηλ.)	[leopárðali]
chita (f)	γατόπαρδος (αρ.)	[γatóparðos]

pantera (f)	πάνθηρας (αρ.)	[pánθiras]
puma (m)	πούμα (ουδ.)	[púma]
leopardo-das-neves (m)	λεοπάρδαλη (θηλ.) των χιόνων	[leopárðali ton xiónon]
lince (m)	λύγκας (αρ.)	[língas]

coiote (m)	κογιότ (ουδ.)	[kojiót]
chacal (m)	τσακάλι (ουδ.)	[tsakáli]
hiena (f)	ύαινα (θηλ.)	[íena]

175. Animais selvagens

animal (m)	ζώο (ουδ.)	[zóo]
besta (f)	θηρίο (ουδ.)	[θirío]

esquilo (m)	σκίουρος (αρ.)	[skíuros]
ouriço (m)	σκαντζόχοιρος (αρ.)	[skandzóxiros]
lebre (f)	λαγός (αρ.)	[lʲaγós]
coelho (m)	κουνέλι (ουδ.)	[kunéli]

texugo (m)	ασβός (αρ.)	[azvós]
guaxinim (m)	ρακούν (ουδ.)	[rakún]
hamster (m)	χάμστερ (ουδ.)	[xámster]
marmota (f)	μυωξός (αρ.)	[mioksós]

toupeira (f)	τυφλοπόντικας (αρ.)	[tiflʲopóndikas]
rato (m)	ποντίκι (ουδ.)	[pondíki]
ratazana (f)	αρουραίος (αρ.)	[aruréos]
morcego (m)	νυχτερίδα (θηλ.)	[nixteríða]

arminho (m)	ερμίνα (θηλ.)	[ermína]
zibelina (f)	σαμούρι (ουδ.)	[samúri]
marta (f)	κουνάβι (ουδ.)	[kunávi]
doninha (f)	νυφίτσα (θηλ.)	[nifítsa]

vison (m)	βιζόν (ουδ.)	[vizón]
castor (m)	κάστορας (αρ.)	[kástoras]
lontra (f)	ενυδρίδα (θηλ.)	[eniðríða]

cavalo (m)	άλογο (ουδ.)	[ál'oγo]
alce (m)	άλκη (θηλ.)	[ál'ki]
veado (m)	ελάφι (ουδ.)	[el'áfi]
camelo (m)	καμήλα (θηλ.)	[kamíl'a]

bisão (m)	βίσονας (αρ.)	[vísonas]
auroque (m)	βόνασος (αρ.)	[vónasos]
búfalo (m)	βούβαλος (αρ.)	[vúval'os]

zebra (f)	ζέβρα (θηλ.)	[zévra]
antílope (m)	αντιλόπη (θηλ.)	[andil'ópi]
corça (f)	ζαρκάδι (ουδ.)	[zarkáði]
gamo (m)	ντάμα ντάμα (ουδ.)	[dáma dáma]
camurça (f)	αγριόγιδο (ουδ.)	[aγrióγiðo]
javali (m)	αγριογούρουνο (αρ.)	[aγrioγúruno]

baleia (f)	φάλαινα (θηλ.)	[fálena]
foca (f)	φώκια (θηλ.)	[fókia]
morsa (f)	θαλάσσιος ίππος (αρ.)	[θal'ásios ípos]
urso-marinho (m)	γουνοφόρα φώκια (θηλ.)	[γunofóra fóka]
golfinho (m)	δελφίνι (ουδ.)	[ðel'fíni]

urso (m)	αρκούδα (θηλ.)	[arkúða]
urso (m) branco	πολική αρκούδα (θηλ.)	[polikí arkúða]
panda (m)	πάντα (ουδ.)	[pánda]

macaco (em geral)	μαϊμού (θηλ.)	[majmú]
chimpanzé (m)	χιμπαντζής (ουδ.)	[xibadzís]
orangotango (m)	ουραγκοτάγκος (αρ.)	[urangotángos]
gorila (m)	γορίλας (αρ.)	[γoríl'as]
macaco (m)	μακάκας (αρ.)	[makákas]
gibão (m)	γίββωνας (αρ.)	[jívonas]

elefante (m)	ελέφαντας (αρ.)	[eléfandas]
rinoceronte (m)	ρινόκερος (αρ.)	[rinókeros]
girafa (f)	καμηλοπάρδαλη (θηλ.)	[kamil'opárðali]
hipopótamo (m)	ιπποπόταμος (αρ.)	[ipopótamos]

| canguru (m) | καγκουρό (ουδ.) | [kanguró] |
| coala (m) | κοάλα (ουδ.) | [koál'a] |

mangusto (m)	μαγκούστα (θηλ.)	[mangústa]
chinchila (m)	τσιντσιλά (ουδ.)	[tsintsil'á]
doninha-fedorenta (f)	μεφίτιδα (θηλ.)	[mefítiða]
porco-espinho (m)	ακανθόχοιρος (αρ.)	[akanθóxiros]

176. Animais domésticos

| gata (f) | γάτα (θηλ.) | [γáta] |
| gato (m) macho | γάτος (αρ.) | [γátos] |

cão (m)	σκύλος (αρ.)	[skíl'os]
cavalo (m)	άλογο (ουδ.)	[ál'oγo]
garanhão (m)	επιβήτορας (αρ.)	[epivítoras]
égua (f)	φοράδα (θηλ.)	[foráða]

vaca (f)	αγελάδα (θηλ.)	[ajel'áða]
touro (m)	ταύρος (αρ.)	[távros]
boi (m)	βόδι (ουδ.)	[vóði]

ovelha (f)	πρόβατο (ουδ.)	[próvato]
carneiro (m)	κριάρι (ουδ.)	[kriári]
cabra (f)	κατσίκα, γίδα (θηλ.)	[katsíka], [jíða]
bode (m)	τράγος (αρ.)	[tráγos]

burro (m)	γάιδαρος (αρ.)	[γáiðaros]
mula (f)	μουλάρι (ουδ.)	[mul'ári]

porco (m)	γουρούνι (ουδ.)	[γurúni]
leitão (m)	γουρουνάκι (ουδ.)	[γurunáki]
coelho (m)	κουνέλι (ουδ.)	[kunéli]

galinha (f)	κότα (θηλ.)	[kóta]
galo (m)	πετεινός, κόκορας (αρ.)	[petinós], [kókoras]

pata (f)	πάπια (θηλ.)	[pápia]
pato (macho)	αρσενική πάπια (θηλ.)	[arsenikí pápia]
ganso (m)	χήνα (θηλ.)	[xína]

peru (m)	γάλος (αρ.)	[γál'os]
perua (f)	γαλοπούλα (θηλ.)	[γal'opúl'a]

animais (m pl) domésticos	κατοικίδια (ουδ.πλ.)	[katikíðia]
domesticado	κατοικίδιος	[katikíðios]
domesticar (vt)	δαμάζω	[ðamázo]
criar (vt)	εκτρέφω	[ektréfo]

quinta (f)	αγρόκτημα (ουδ.)	[aγróktima]
aves (f pl) domésticas	πουλερικό (ουδ.)	[pulerikó]
gado (m)	βοοειδή (ουδ.πλ.)	[vooiðí]
rebanho (m), manada (f)	κοπάδι (ουδ.)	[kopáði]

estábulo (m)	στάβλος (αρ.)	[stávl'os]
pocilga (f)	χοιροστάσιο (ουδ.)	[xirostásio]
estábulo (m)	βουστάσιο (ουδ.)	[vustásio]
coelheira (f)	κλουβί κουνελιού (ουδ.)	[kl'uví kuneliú]
galinheiro (m)	κοτέτσι (ουδ.)	[kotétsi]

177. Cães. Raças de cães

cão (m)	σκύλος (αρ.)	[skíl'os]
cão pastor (m)	ποιμενικός (αρ.)	[pimenikós]
caniche (m)	κανίς (ουδ.)	[kanís]
teckel (m)	ντάκσχουντ (ουδ.)	[dáksxund]
buldogue (m)	μπουλντόγκ (ουδ.)	[bul'dóg]

boxer (m)	μπόξερ (ουδ.)	[bókser]
mastim (m)	μαστίφ (ουδ.)	[mastíf]
rottweiler (m)	ροτβάιλερ (ουδ.)	[rotvájler]
dobermann (m)	ντόμπερμαν (ουδ.)	[dóberman]

basset (m)	μπάσσετ (ουδ.)	[báset]
pastor inglês (m)	μπομπτέιλ (ουδ.)	[bobtéjlʲ]
dálmata (m)	δαλματίας (αρ.)	[ðalʲmatías]
cocker spaniel (m)	Κόκερ Σπάνιελ (ουδ.)	[kóker spánielʲ]

| terra-nova (m) | νέας γης (αρ.) | [néas ʝis] |
| são-bernardo (m) | Αγίου Βερνάρδου (ουδ.) | [aʝíu vernárðu] |

husky (m)	χάσκι (ουδ.)	[xáski]
Chow-chow (m)	Τσόου Τσόου (ουδ.)	[tsóu tsóu]
spitz alemão (m)	σπιτς (ουδ.)	[spits]
carlindogue (m)	μοπς (ουδ.)	[mops]

178. Sons produzidos pelos animais

latido (m)	γάβγισμα (ουδ.)	[ɣávʝizma]
latir (vi)	γαυγίζω	[ɣavʝízo]
miar (vi)	νιαουρίζω	[niaurízo]
ronronar (vi)	γουργουρίζω	[ɣurɣurízo]

mugir (vaca)	μουγκρίζω	[mungrízo]
bramir (touro)	μουγκρίζω	[mungrízo]
rosnar (vi)	βρυχώμαι	[vrixóme]

uivo (m)	ουρλιαχτό (ουδ.)	[urliaxtó]
uivar (vi)	ουρλιάζω	[urliázo]
ganir (vi)	κλαίω	[kléo]

balir (vi)	βελάζω	[velʲázo]
grunhir (porco)	γρυλίζω	[ɣrilízo]
guinchar (vi)	τσιρίζω	[tsirízo]

coaxar (sapo)	κοάζω	[koázo]
zumbir (inseto)	βουίζω	[vuízo]
estridular, ziziar (vi)	τιτιβίζω	[titivízo]

179. Pássaros

pássaro (m), ave (f)	πουλί (ουδ.)	[pulí]
pombo (m)	περιστέρι (ουδ.)	[peristéri]
pardal (m)	σπουργίτι (ουδ.)	[spurʝíti]
chapim-real (m)	καλόγερος (αρ.)	[kalʲóʝeros]
pega-rabuda (f)	καρακάξα (θηλ.)	[karakáksa]

corvo (m)	κόρακας (αρ.)	[kórakas]
gralha (f) cinzenta	κουρούνα (θηλ.)	[kurúna]
gralha-de-nuca-cinzenta (f)	κάργα (θηλ.)	[kárɣa]

gralha-calva (f)	χαβαρόνι (ουδ.)	[xavaróni]
pato (m)	πάπια (θηλ.)	[pápia]
ganso (m)	χήνα (θηλ.)	[xína]
faisão (m)	φασιανός (αρ.)	[fasianós]
águia (f)	αετός (αρ.)	[aetós]
açor (m)	γεράκι (ουδ.)	[jeráki]
falcão (m)	γεράκι (ουδ.)	[jeráki]
abutre (m)	γύπας (αρ.)	[jípas]
condor (m)	κόνδορας (αρ.)	[kónðoras]
cisne (m)	κύκνος (αρ.)	[kíknos]
grou (m)	γερανός (αρ.)	[jeranós]
cegonha (f)	πελαργός (αρ.)	[peliarγós]
papagaio (m)	παπαγάλος (αρ.)	[papaγálios]
beija-flor (m)	κολιμπρί (ουδ.)	[kolibrí]
pavão (m)	παγόνι (ουδ.)	[paγóni]
avestruz (m)	στρουθοκάμηλος (αρ.)	[struθokámilios]
garça (f)	τσικνιάς (αρ.)	[tsikniás]
flamingo (m)	φλαμίγκο (ουδ.)	[fliamíngo]
pelicano (m)	πελεκάνος (αρ.)	[pelekános]
rouxinol (m)	αηδόνι (ουδ.)	[aiðóni]
andorinha (f)	χελιδόνι (ουδ.)	[xeliðóni]
tordo-zornal (m)	τσίχλα (θηλ.)	[tsíxlia]
tordo-músico (m)	κελαηδότσιχλα (θηλ.)	[kelaiðótsixlia]
melro-preto (m)	κοτσύφι (ουδ.)	[kotsífi]
andorinhão (m)	σταχτάρα (θηλ.)	[staxtára]
cotovia (f)	κορυδαλλός (αρ.)	[koriðaliós]
codorna (f)	ορτύκι (ουδ.)	[ortíki]
pica-pau (m)	δρυοκολάπτης (αρ.)	[ðriokoliáptis]
cuco (m)	κούκος (αρ.)	[kúkos]
coruja (f)	κουκουβάγια (θηλ.)	[kukuvája]
corujão, bufo (m)	μπούφος (αρ.)	[búfos]
tetraz-grande (m)	αγριόκουρκος (αρ.)	[aγriókurkos]
tetraz-lira (m)	λυροπετεινός (αρ.)	[liropetinós]
perdiz-cinzenta (f)	πέρδικα (θηλ.)	[pérðika]
estorninho (m)	ψαρόνι (ουδ.)	[psaróni]
canário (m)	καναρίνι (ουδ.)	[kanaríni]
galinha-do-mato (f)	αγριόκοτα (θηλ.)	[aγriókota]
tentilhão (m)	σπίνος (αρ.)	[spínos]
dom-fafe (m)	πύρρουλα (αρ.)	[pírulia]
gaivota (f)	γλάρος (αρ.)	[γliáros]
albatroz (m)	άλμπατρος (ουδ.)	[álibatros]
pinguim (m)	πιγκουίνος (αρ.)	[pinguínos]

180. Pássaros. Canto e sons

cantar (vi)	τραγουδώ	[trayuðó]
gritar (vi)	καλώ	[kalˈó]
cantar (o galo)	λαλώ	[lˈaló]
cocorocó (m)	κουκουρίκου	[kukuríku]
cacarejar (vi)	κακαρίζω	[kakarízo]
crocitar (vi)	κρώζω	[krózo]
grasnar (vi)	κρώζω	[krózo]
piar (vi)	πιπίζω	[pipízo]
chilrear, gorjear (vi)	τιτιβίζω	[titivízo]

181. Peixes. Animais marinhos

brema (f)	αβραμίδα (θηλ.)	[avramíða]
carpa (f)	κυπρίνος (αρ.)	[kiprínos]
perca (f)	πέρκα (θηλ.)	[pérka]
siluro (m)	γουλιανός (αρ.)	[χulianós]
lúcio (m)	λούτσος (αρ.)	[lˈútsos]
salmão (m)	σολομός (αρ.)	[solˈomós]
esturjão (m)	οξύρυγχος (αρ.)	[oksírinxos]
arenque (m)	ρέγγα (θηλ.)	[rénga]
salmão (m)	σολομός του Ατλαντικού (αρ.)	[solˈomós tu atlˈandikú]
cavala, sarda (f)	σκουμπρί (ουδ.)	[skumbrí]
solha (f)	πλατύψαρο (ουδ.)	[plˈatípsaro]
lúcio perca (m)	ποταμολάβρακο (ουδ.)	[potamolˈávrako]
bacalhau (m)	μπακαλιάρος (αρ.)	[bakaliáros]
atum (m)	τόνος (αρ.)	[tónos]
truta (f)	πέστροφα (θηλ.)	[péstrofa]
enguia (f)	χέλι (ουδ.)	[xéli]
raia elétrica (f)	μουδιάστρα (θηλ.)	[muðiástra]
moreia (f)	σμέρνα (θηλ.)	[zmérna]
piranha (f)	πιράνχας (ουδ.)	[piránxas]
tubarão (m)	καρχαρίας (αρ.)	[karxarías]
golfinho (m)	δελφίνι (ουδ.)	[ðelˈfíni]
baleia (f)	φάλαινα (θηλ.)	[fálena]
caranguejo (m)	καβούρι (ουδ.)	[kavúri]
medusa, alforreca (f)	μέδουσα (θηλ.)	[méðusa]
polvo (m)	χταπόδι (ουδ.)	[xtapóði]
estrela-do-mar (f)	αστερίας (αρ.)	[asterías]
ouriço-do-mar (m)	αχινός (αρ.)	[axinós]
cavalo-marinho (m)	ιππόκαμπος (αρ.)	[ipókambos]
ostra (f)	στρείδι (ουδ.)	[stríði]
camarão (m)	γαρίδα (θηλ.)	[yaríða]

| lavagante (m) | αστακός (αρ.) | [astakós] |
| lagosta (f) | ακανθωτός αστακός (αρ.) | [akanθotós astakós] |

182. Amfíbios. Répteis

| serpente, cobra (f) | φίδι (ουδ.) | [fíði] |
| venenoso | δηλητηριώδης | [ðilitirióðis] |

víbora (f)	οχιά (θηλ.)	[oxiá]
cobra-capelo, naja (f)	κόμπρα (θηλ.)	[kóbra]
pitão (m)	πύθωνας (αρ.)	[píθonas]
jiboia (f)	βόας (αρ.)	[vóas]

cobra-de-água (f)	νερόφιδο (ουδ.)	[nerófiðo]
cascavel (f)	κροταλίας (αρ.)	[krotalías]
anaconda (f)	ανακόντα (θηλ.)	[anakónda]

lagarto (m)	σαύρα (θηλ.)	[sávra]
iguana (f)	ιγκουάνα (θηλ.)	[iguána]
varano (m)	βαράνος (αρ.)	[varános]
salamandra (f)	σαλαμάντρα (θηλ.)	[salʲamándra]
camaleão (m)	χαμαιλέοντας (αρ.)	[xameléondas]
escorpião (m)	σκορπιός (αρ.)	[skorpiós]

tartaruga (f)	χελώνα (θηλ.)	[xelʲóna]
rã (f)	βάτραχος (αρ.)	[vátraxos]
sapo (m)	φρύνος (αρ.)	[frínos]
crocodilo (m)	κροκόδειλος (αρ.)	[krokóðilʲos]

183. Insetos

inseto (m)	έντομο (ουδ.)	[éndomo]
borboleta (f)	πεταλούδα (θηλ.)	[petalʲúða]
formiga (f)	μυρμήγκι (ουδ.)	[mirmíngi]
mosca (f)	μύγα (θηλ.)	[míγa]
mosquito (m)	κουνούπι (ουδ.)	[kunúpi]
escaravelho (m)	σκαθάρι (ουδ.)	[skaθári]

vespa (f)	σφήκα (θηλ.)	[sfíka]
abelha (f)	μέλισσα (θηλ.)	[mélisa]
mamangava (f)	βομβίνος (αρ.)	[vomvínos]
moscardo (m)	οίστρος (αρ.)	[ístros]

| aranha (f) | αράχνη (θηλ.) | [aráxni] |
| teia (f) de aranha | ιστός αράχνης (αρ.) | [istós aráxnis] |

libélula (f)	λιβελούλα (θηλ.)	[livelʲúlʲa]
gafanhoto-do-campo (m)	ακρίδα (θηλ.)	[akríða]
traça (f)	νυχτοπεταλούδα (θηλ.)	[nixtopetalʲúða]

| barata (f) | κατσαρίδα (θηλ.) | [katsaríða] |
| carraça (f) | ακάρι (ουδ.) | [akári] |

| pulga (f) | ψύλλος (αρ.) | [psílʲos] |
| borrachudo (m) | μυγάκι (ουδ.) | [miɣáki] |

gafanhoto (m)	ακρίδα (θηλ.)	[akríða]
caracol (m)	σαλιγκάρι (ουδ.)	[salingári]
grilo (m)	γρύλος (αρ.)	[ɣrílʲos]
pirilampo (m)	πυγολαμπίδα (θηλ.)	[piɣolʲambíða]
joaninha (f)	πασχαλίτσα (θηλ.)	[pasxalítsa]
besouro (m)	μηλολόνθη (θηλ.)	[milʲolʲónθi]

sanguessuga (f)	βδέλλα (θηλ.)	[vðélʲa]
lagarta (f)	κάμπια (θηλ.)	[kámbia]
minhoca (f)	σκουλήκι (ουδ.)	[skulíki]
larva (f)	σκώληκας (αρ.)	[skólikas]

184. Animais. Partes do corpo

bico (m)	ράμφος (ουδ.)	[rámfos]
asas (f pl)	φτερά (ουδ.πλ.)	[fterá]
pata (f)	πόδι (ουδ.)	[póði]
plumagem (f)	φτέρωμα (ουδ.)	[ftéroma]
pena, pluma (f)	φτερό (ουδ.)	[fteró]
crista (f)	λοφίο (ουδ.)	[lʲofío]

brânquias, guelras (f pl)	βράγχια (ουδ.πλ.)	[vránxia]
ovas (f pl)	αβγά (ουδ.πλ.)	[avɣá]
larva (f)	σκώληκας (αρ.)	[skólikas]
barbatana (f)	πτερύγιο (ουδ.)	[pteríjo]
escama (f)	λέπια (ουδ.πλ.)	[lépia]

canino (m)	σκυλόδοντο (ουδ.)	[skilʲóðondo]
pata (f)	πόδι (ουδ.)	[póði]
focinho (m)	μουσούδα (θηλ.)	[musúða]
boca (f)	στόμα (ουδ.)	[stóma]
cauda (f), rabo (m)	ουρά (θηλ.)	[urá]
bigodes (m pl)	μουστάκι (ουδ.)	[mustáki]

| casco (m) | οπλή (θηλ.) | [oplí] |
| corno (m) | κέρατο (ουδ.) | [kérato] |

carapaça (f)	όστρακο (ουδ.)	[óstrako]
concha (f)	κοχύλι (ουδ.)	[koxíli]
casca (f) de ovo	τσόφλι (ουδ.)	[tsófli]

| pelo (m) | τρίχωμα (ουδ.) | [tríxoma] |
| pele (f), couro (m) | τομάρι (ουδ.) | [tomári] |

185. Animais. Habitats

hábitat	περιβάλλον (ουδ.)	[periválʲon]
migração (f)	αποδημία (θηλ.)	[apoðimía]
montanha (f)	βουνό (ουδ.)	[vunó]

169

| recife (m) | ύφαλος (αρ.) | [ífal'os] |
| falésia (f) | γκρεμός (αρ.) | [gremós] |

floresta (f)	δάσος (ουδ.)	[ðásos]
selva (f)	ζούγκλα (θηλ.)	[zúngl'a]
savana (f)	σαβάνα (θηλ.)	[savána]
tundra (f)	τούνδρα (θηλ.)	[túnðra]

estepe (f)	στέπα (θηλ.)	[stépa]
deserto (m)	έρημος (θηλ.)	[érimos]
oásis (m)	όαση (θηλ.)	[óasi]

mar (m)	θάλασσα (θηλ.)	[θál'asa]
lago (m)	λίμνη (θηλ.)	[límni]
oceano (m)	ωκεανός (αρ.)	[okeanós]

pântano (m)	βάλτος (αρ.)	[vál'tos]
de água doce	γλυκός	[χlikós]
lagoa (f)	λιμνούλα (θηλ.)	[limnúl'a]
rio (m)	ποταμός (αρ.)	[potamós]

toca (f) do urso	φωλιά (θηλ.)	[foliá]
ninho (m)	φωλιά (θηλ.)	[foliá]
buraco (m) de árvore	φωλιά στο δέντρο (θηλ.)	[foliá sto ðéndro]
toca (f)	φωλιά (θηλ.), λαγούμι (ουδ.)	[foliá], [l'aγúmi]
formigueiro (m)	μυρμηγκοφωλιά (θηλ.)	[mirmingofoliá]

Flora

186. Árvores

árvore (f)	δέντρο (ουδ.)	[ðéndro]
decídua	φυλλοβόλος	[fil'ovól'os]
conífera	κωνοφόρος	[konofóros]
perene	αειθαλής	[aiθalís]

macieira (f)	μηλιά (θηλ.)	[miliá]
pereira (f)	αχλαδιά (θηλ.)	[axl'aðiá]
cerejeira (f)	κερασιά (θηλ.)	[kerasiá]
ginjeira (f)	βυσσινιά (θηλ.)	[visiniá]
ameixeira (f)	δαμασκηνιά (θηλ.)	[ðamaskiniá]

bétula (f)	σημύδα (θηλ.)	[simíða]
carvalho (m)	βελανιδιά (θηλ.)	[vel'aniðiá]
tília (f)	φλαμουριά (θηλ.)	[fl'amuriá]
choupo-tremedor (m)	λεύκα (θηλ.)	[léfka]
bordo (m)	σφεντάμι (ουδ.)	[sfendámi]
espruce-europeu (m)	έλατο (ουδ.)	[él'ato]
pinheiro (m)	πεύκο (ουδ.)	[péfko]
alerce, lariço (m)	λάριξ (θηλ.)	[l'áriks]
abeto (m)	ελάτη (θηλ.)	[el'áti]
cedro (m)	κέδρος (αρ.)	[kéðros]

choupo, álamo (m)	λεύκα (θηλ.)	[léfka]
tramazeira (f)	σουρβιά (θηλ.)	[surviá]
salgueiro (m)	ιτιά (θηλ.)	[itiá]
amieiro (m)	σκλήθρα (θηλ.)	[sklíθra]
faia (f)	οξιά (θηλ.)	[oksiá]
ulmeiro (m)	φτελιά (θηλ.)	[fteliá]
freixo (m)	μέλεγος (αρ.)	[méleγos]
castanheiro (m)	καστανιά (θηλ.)	[kastaniá]

magnólia (f)	μανόλια (θηλ.)	[manólia]
palmeira (f)	φοίνικας (αρ.)	[fínikas]
cipreste (m)	κυπαρίσσι (ουδ.)	[kiparísi]

mangue (m)	μανγκρόβιο (ουδ.)	[mangróvio]
embondeiro, baobá (m)	μπάομπαμπ (ουδ.)	[báobab]
eucalipto (m)	ευκάλυπτος (αρ.)	[efkáliptos]
sequoia (f)	σεκόγια (θηλ.)	[sekója]

187. Arbustos

arbusto (m)	θάμνος (αρ.)	[θámnos]
arbusto (m), moita (f)	θάμνος (αρ.)	[θámnos]

videira (f)	αμπέλι (ουδ.)	[ambéli]
vinhedo (m)	αμπέλι (ουδ.)	[ambéli]

framboeseira (f)	σμεουριά (θηλ.)	[zmeuriá]
groselheira-vermelha (f)	κόκκινο φραγκοστάφυλο (ουδ.)	[kókino frangostáfilʲo]
groselheira (f) espinhosa	λαγοκέρασο (ουδ.)	[lʲaγokéraso]

acácia (f)	ακακία (θηλ.)	[akakía]
bérberis (f)	βερβερίδα (θηλ.)	[ververíða]
jasmim (m)	γιασεμί (ουδ.)	[jasemí]

junípero (m)	άρκευθος (θηλ.)	[árkefθos]
roseira (f)	τριανταφυλλιά (θηλ.)	[triandafiliá]
roseira (f) brava	αγριοτριανταφυλλιά (θηλ.)	[aγriotriandafiliá]

188. Cogumelos

cogumelo (m)	μανιτάρι (ουδ.)	[manitári]
cogumelo (m) comestível	βρώσιμο μανιτάρι (ουδ.)	[vrósimo manitári]
cogumelo (m) venenoso	δηλητηριώδες μανιτάρι (ουδ.)	[ðilitirióðes manitári]
chapéu (m)	καπέλο (ουδ.)	[kapélʲo]
pé, caule (m)	πόδι (ουδ.)	[póði]

boleto (m)	βασιλομανίταρο (ουδ.)	[vasilʲomanítaro]
boleto (m) alaranjado	μπολέτους πορτοκαλί (ουδ.)	[bolétus portokalí]
míscaro (m) das bétulas	μπολέτους γκρίζο (ουδ.)	[bolétus grízo]
cantarela (f)	κανθαρέλλα (θηλ.)	[kanθarélʲa]
rússula (f)	ρούσουλα (θηλ.)	[rúsulʲa]

morchella (f)	μορχέλλη (θηλ.)	[morxéli]
agário-das-moscas (m)	ζουρλομανίταρο (ουδ.)	[zurlʲomanítaro]
cicuta (f) verde	θανατίτης (αρ.)	[θanatítis]

189. Frutos. Bagas

maçã (f)	μήλο (ουδ.)	[mílʲo]
pera (f)	αχλάδι (ουδ.)	[axlʲáði]
ameixa (f)	δαμάσκηνο (ουδ.)	[ðamáskino]

morango (m)	φράουλα (θηλ.)	[fráulʲa]
ginja (f)	βύσσινο (ουδ.)	[vísino]
cereja (f)	κεράσι (ουδ.)	[kerási]
uva (f)	σταφύλι (ουδ.)	[stafíli]

framboesa (f)	σμέουρο (ουδ.)	[zméuro]
groselha (f) preta	μαύρο φραγκοστάφυλο (ουδ.)	[mávro frangostáfilʲo]
groselha (f) vermelha	κόκκινο φραγκοστάφυλο (ουδ.)	[kókino frangostáfilʲo]
groselha (f) espinhosa	λαγοκέρασο (ουδ.)	[lʲaγokéraso]
oxicoco (m)	κράνμπερι (ουδ.)	[kránberi]

laranja (f)	πορτοκάλι (ουδ.)	[portokáli]
tangerina (f)	μανταρίνι (ουδ.)	[mandaríni]
ananás (m)	ανανάς (αρ.)	[ananás]
banana (f)	μπανάνα (θηλ.)	[banána]
tâmara (f)	χουρμάς (αρ.)	[xurmás]

limão (m)	λεμόνι (ουδ.)	[lemóni]
damasco (m)	βερίκοκο (ουδ.)	[veríkoko]
pêssego (m)	ροδάκινο (ουδ.)	[roðákino]
kiwi (m)	ακτινίδιο (ουδ.)	[aktiníðio]
toranja (f)	γκρέιπφρουτ (ουδ.)	[gréjpfrut]

baga (f)	μούρο (ουδ.)	[múro]
bagas (f pl)	μούρα (ουδ.πλ.)	[múra]
morango-silvestre (m)	χαμοκέρασο (ουδ.)	[kxamokéraso]
mirtilo (m)	μύρτιλλο (ουδ.)	[mírtilo]

190. Flores. Plantas

| flor (f) | λουλούδι (ουδ.) | [lulúði] |
| ramo (m) de flores | ανθοδέσμη (θηλ.) | [anθoðézmi] |

rosa (f)	τριαντάφυλλο (ουδ.)	[triandáfilo]
tulipa (f)	τουλίπα (θηλ.)	[tulípa]
cravo (m)	γαρίφαλο (ουδ.)	[ɣarífalo]
gladíolo (m)	γλαδιόλα (θηλ.)	[ɣlaðiólʲa]

centáurea (f)	κενταύρια (θηλ.)	[kentávria]
campânula (f)	καμπανούλα (θηλ.)	[kampanúlʲa]
dente-de-leão (m)	ταραξάκο (ουδ.)	[taraksáko]
camomila (f)	χαμομήλι (ουδ.)	[xamomíli]

aloé (m)	αλόη (θηλ.)	[alʲói]
cato (m)	κάκτος (αρ.)	[káktos]
fícus (m)	φίκος (αρ.)	[fíkos]

lírio (m)	κρίνος (αρ.)	[krínos]
gerânio (m)	γεράνι (ουδ.)	[jeráni]
jacinto (m)	υάκινθος (αρ.)	[iákinθos]

mimosa (f)	μιμόζα (θηλ.)	[mimóza]
narciso (m)	νάρκισσος (αρ.)	[nárkisos]
capuchinha (f)	καπουτσίνος (αρ.)	[kaputsínos]

orquídea (f)	ορχιδέα (θηλ.)	[orxiðéa]
peónia (f)	παιώνια (θηλ.)	[peónia]
violeta (f)	μενεξές (αρ.), βιολέτα (θηλ.)	[meneksés], [violéta]

amor-perfeito (m)	βιόλα η τρίχρωμη (θηλ.)	[viólʲa i tríxromi]
não-me-esqueças (m)	μη-με-λησμόνει (ουδ.)	[mi-me-lizmóni]
margarida (f)	μαργαρίτα (θηλ.)	[marɣaríta]

| papoula (f) | παπαρούνα (θηλ.) | [paparúna] |
| cânhamo (m) | κάνναβη (θηλ.) | [kánavi] |

hortelã (f)	μέντα (θηλ.)	[ménda]
lírio-do-vale (m)	μιγκέ (ουδ.)	[mingé]
campânula-branca (f)	γάλανθος ο χιονώδης (αρ.)	[ɣálˈanθos oxonóðis]

urtiga (f)	τσουκνίδα (θηλ.)	[tsukníða]
azeda (f)	λάπαθο (ουδ.)	[lˈápaθo]
nenúfar (m)	νούφαρο (ουδ.)	[núfaro]
feto (m), samambaia (f)	φτέρη (θηλ.)	[ftéri]
líquen (m)	λειχήνα (θηλ.)	[lixína]

estufa (f)	θερμοκήπιο (ουδ.)	[θermokípio]
relvado (m)	γκαζόν (ουδ.)	[gazón]
canteiro (m) de flores	παρτέρι (ουδ.)	[partéri]

planta (f)	φυτό (ουδ.)	[fitó]
erva (f)	χορτάρι (ουδ.)	[xortári]
folha (f) de erva	χορταράκι (ουδ.)	[xortaráki]

folha (f)	φύλλο (ουδ.)	[fílˈo]
pétala (f)	πέταλο (ουδ.)	[pétalˈo]
talo (m)	βλαστός (αρ.)	[vlˈastós]
tubérculo (m)	βολβός (αρ.)	[volˈvós]

broto, rebento (m)	βλαστάρι (ουδ.)	[vlˈastári]
espinho (m)	αγκάθι (ουδ.)	[angáθi]

florescer (vi)	ανθίζω	[anθízo]
murchar (vi)	ξεραίνομαι	[kserénome]
cheiro (m)	μυρωδιά (θηλ.)	[miroðiá]
cortar (flores)	κόβω	[kóvo]
colher (uma flor)	μαζεύω	[mazévo]

191. Cereais, grãos

grão (m)	σιτηρά (ουδ.πλ.)	[sitirá]
cereais (plantas)	δημητριακών (ουδ.πλ.)	[ðimitriakón]
espiga (f)	στάχυ (ουδ.)	[stáxi]

trigo (m)	σιτάρι (ουδ.)	[sitári]
centeio (m)	σίκαλη (θηλ.)	[síkali]
aveia (f)	βρώμη (θηλ.)	[vrómi]

milho-miúdo (m)	κεχρί (ουδ.)	[kexrí]
cevada (f)	κριθάρι (ουδ.)	[kriθári]

milho (m)	καλαμπόκι (ουδ.)	[kalˈambóki]
arroz (m)	ρύζι (ουδ.)	[rízi]
trigo-sarraceno (m)	μαυροσίταρο (ουδ.)	[mavrosítaro]

ervilha (f)	αρακάς (αρ.), μπιζελιά (θηλ.)	[arakás], [bizeliá]
feijão (m)	κόκκινο φασόλι (ουδ.)	[kókino fasóli]
soja (f)	σόγια (θηλ.)	[sója]
lentilha (f)	φακή (θηλ.)	[fakí]
fava (f)	κουκί (ουδ.)	[kukí]

GEOGRAFIA REGIONAL

Países. Nacionalidades

192. Política. Governo. Parte 1

política (f)	πολιτική (θηλ.)	[politikí]
político	πολιτικός	[politikós]
político (m)	πολιτικός (αρ.)	[politikós]

estado (m)	κράτος (ουδ.)	[krátos]
cidadão (m)	υπήκοος (αρ.)	[ipíkoos]
cidadania (f)	υπηκοότητα (θηλ.)	[ipikoótita]

brasão (m) de armas	εθνικό έμβλημα (ουδ.)	[eθnikó émvlima]
hino (m) nacional	εθνικός ύμνος (αρ.)	[eθnikós ímnos]

governo (m)	κυβέρνηση (θηλ.)	[kivérnisi]
Chefe (m) de Estado	αρχηγός κράτους (αρ.)	[arxiγós krátus]
parlamento (m)	βουλή (θηλ.)	[vulí]
partido (m)	κόμμα (ουδ.)	[kóma]

capitalismo (m)	καπιταλισμός (αρ.)	[kapitalizmós]
capitalista	καπιταλιστικός	[kapitalistikós]

socialismo (m)	σοσιαλισμός (αρ.)	[sosializmós]
socialista	σοσιαλιστικός	[sosialistikós]

comunismo (m)	κομμουνισμός (αρ.)	[komunizmós]
comunista	κομμουνιστικός	[komunistikós]
comunista (m)	κομμουνιστής (αρ.)	[komunistís]

democracia (f)	δημοκρατία (θηλ.)	[ðimokratía]
democrata (m)	δημοκράτης (αρ.)	[ðimokrátis]
democrático	δημοκρατικός	[ðimokratikós]
Partido (m) Democrático	δημοκρατικό κόμμα (ουδ.)	[ðimokratikó kóma]

liberal (m)	φιλελεύθερος (αρ.)	[fileléfθeros]
liberal	φιλελεύθερος	[fileléfθeros]

conservador (m)	συντηρητικός (αρ.)	[sindiritikós]
conservador	συντηρητικός	[sindiritikós]

república (f)	δημοκρατία (θηλ.)	[ðimokratía]
republicano (m)	ρεπουμπλικάνος (αρ.)	[republikános]
Partido (m) Republicano	ρεπουμπλικανικό κόμμα (ουδ.)	[republikanikó kóma]
eleições (f pl)	εκλογές (θηλ.πλ.)	[ekloĵés]
eleger (vt)	εκλέγω	[ekléγo]

| eleitor (m) | ψηφοφόρος (αρ.) | [psifofóros] |
| campanha (f) eleitoral | προεκλογική καμπάνια (θηλ.) | [proekljojikí kambánia] |

votação (f)	ψηφοφορία (θηλ.)	[psifoforía]
votar (vi)	ψηφίζω	[psifízo]
direito (m) de voto	δικαίωμα ψήφου (ουδ.)	[ðikéoma psífu]

candidato (m)	υποψήφιος (αρ.)	[ipopsífios]
candidatar-se (vi)	βάζω υποψηφιότητα	[vázo ipopsifiótita]
campanha (f)	καμπάνια (θηλ.)	[kambánia]

| da oposição | αντιπολιτευόμενος | [andipolitevómenos] |
| oposição (f) | αντιπολίτευση (θηλ.) | [andipolítefsi] |

visita (f)	επίσκεψη (θηλ.)	[epískepsi]
visita (f) oficial	επίσημη επίσκεψη (θηλ.)	[epísimi epískepsi]
internacional	διεθνής	[ðieθnís]

| negociações (f pl) | διαπραγματεύσεις (θηλ.πλ.) | [ðiapraɣmatéfsis] |
| negociar (vi) | διαπραγματεύομαι | [ðiapraɣmatévome] |

193. Política. Governo. Parte 2

sociedade (f)	κοινωνία (θηλ.)	[kinonía]
constituição (f)	σύνταγμα (ουδ.)	[síndaɣma]
poder (ir para o ~)	εξουσία (θηλ.)	[eksusía]
corrupção (f)	διαφθορά (θηλ.)	[ðiafθorá]

| lei (f) | νόμος (αρ.) | [nómos] |
| legal | νόμιμος | [nómimos] |

| justiça (f) | δικαιοσύνη (θηλ.) | [ðikeosíni] |
| justo | δίκαιος | [ðíkeos] |

comité (m)	επιτροπή (θηλ.)	[epitropí]
projeto-lei (m)	νομοσχέδιο (ουδ.)	[nomosxéðio]
orçamento (m)	προϋπολογισμός (αρ.)	[proipoljojizmós]
política (f)	πολιτική (θηλ.)	[politikí]
reforma (f)	μεταρρύθμιση (θηλ.)	[metaríθmisi]
radical	ριζοσπαστικός	[rizospastikós]

força (f)	δύναμη (θηλ.)	[ðínami]
poderoso	ισχυρός	[isxirós]
partidário (m)	υποστηρικτής (αρ.)	[ipostiriktís]
influência (f)	επίδραση (θηλ.)	[epíðrasi]

regime (m)	πολίτευμα (ουδ.)	[polítevma]
conflito (m)	σύγκρουση (θηλ.)	[síngrusi]
conspiração (f)	συνωμοσία (θηλ.)	[sinomosía]
provocação (f)	πρόκληση (θηλ.)	[próklisi]

derrubar (vt)	ανατρέπω	[anatrépo]
derrube (m), queda (f)	ανατροπή (θηλ.)	[anatropí]
revolução (f)	επανάσταση (θηλ.)	[epanástasi]

golpe (m) de Estado	πραξικόπημα (ουδ.)	[praksikópima]
golpe (m) militar	στρατιωτικό	[stratiotikó
	πραξικόπημα (ουδ.)	praksikópima]

crise (f)	κρίση (θηλ.)	[krísi]
recessão (f) económica	οικονομική ύφεση (θηλ.)	[ikonomikí ifesi]
manifestante (m)	διαδηλωτής (αρ.)	[ðiaðilˈotís]
manifestação (f)	διαδήλωση (θηλ.)	[ðiaðílˈosi]
lei (f) marcial	στρατιωτικός νόμος (αρ.)	[stratiotikós nómos]
base (f) militar	στρατιωτική βάση (θηλ.)	[stratiotikí vási]

| estabilidade (f) | σταθερότητα (θηλ.) | [staθerótita] |
| estável | σταθερός | [staθerós] |

| exploração (f) | εκμετάλλευση (θηλ.) | [ekmetálefsi] |
| explorar (vt) | εκμεταλλεύομαι | [ekmetalévome] |

racismo (m)	ρατσισμός (αρ.)	[ratsizmós]
racista (m)	ρατσιστής (αρ.)	[ratsistís]
fascismo (m)	φασισμός (αρ.)	[fasizmós]
fascista (m)	φασιστής (αρ.)	[fasistís]

194. Países. Diversos

estrangeiro (m)	ξένος (αρ.)	[ksénos]
estrangeiro	ξένος	[ksénos]
no estrangeiro	στο εξωτερικό	[sto eksoterikó]

emigrante (m)	μετανάστης (αρ.)	[metanástis]
emigração (f)	μετανάστευση (θηλ.)	[metanástefsi]
emigrar (vi)	αποδημώ	[apoðimó]

Ocidente (m)	Δύση (θηλ.)	[ðísi]
Oriente (m)	Ανατολή (θηλ.)	[anatolí]
Extremo Oriente (m)	Άπω Ανατολή (θηλ.)	[ápo anatolí]

civilização (f)	πολιτισμός (αρ.)	[politizmós]
humanidade (f)	ανθρωπότητα (θηλ.)	[anθropótita]
mundo (m)	πλανήτης (αρ.)	[plˈanítis]
paz (f)	ειρήνη (θηλ.)	[iríni]
mundial	παγκόσμιος	[pangózmios]

pátria (f)	πατρίδα (θηλ.)	[patríða]
povo (m)	λαός (αρ.)	[lˈaós]
população (f)	πληθυσμός (αρ.)	[pliθizmós]
gente (f)	άνθρωποι (αρ.πλ.)	[ánθropi]
nação (f)	έθνος (ουδ.)	[éθnos]
geração (f)	γενιά (θηλ.)	[jeniá]

território (m)	έδαφος (ουδ.)	[éðafos]
região (f)	περιοχή (θηλ.)	[perioxí]
estado (m)	πολιτεία (θηλ.)	[politía]
tradição (f)	παράδοση (θηλ.)	[paráðosi]
costume (m)	έθιμο (ουδ.)	[éθimo]

ecologia (f)	οικολογία (θηλ.)	[ikol'ojía]
índio (m)	Ινδιάνος (αρ.)	[inðiános]
cigano (m)	τσιγγάνος (αρ.)	[tsingános]
cigana (f)	τσιγγάνα (θηλ.)	[tsingána]
cigano	τσιγγάνικος	[tsingánikos]

império (m)	αυτοκρατορία (θηλ.)	[aftokratoría]
colónia (f)	αποικία (θηλ.)	[apikía]
escravidão (f)	δουλεία (θηλ.)	[ðulía]
invasão (f)	εισβολή (θηλ.)	[isvolí]
fome (f)	πείνα (θηλ.)	[pína]

195. Grupos religiosos mais importantes. Confissões

| religião (f) | θρησκεία (θηλ.) | [θriskía] |
| religioso | θρησκευτικός | [θriskeftikós] |

crença (f)	πίστη (θηλ.)	[písti]
crer (vt)	πιστεύω	[pistévo]
crente (m)	πιστός (αρ.)	[pistós]

| ateísmo (m) | αθεϊσμός (αρ.) | [aθeizmós] |
| ateu (m) | αθεϊστής (αρ.) | [aθeistís] |

cristianismo (m)	χριστιανισμός (αρ.)	[xristianizmós]
cristão (m)	χριστιανός (αρ.)	[xristianós]
cristão	χριστιανικός	[xristianikós]

catolicismo (m)	Καθολικισμός (αρ.)	[kaθolikizmós]
católico (m)	καθολικός (αρ.)	[kaθolikós]
católico	καθολικός	[kaθolikós]

protestantismo (m)	Προτεσταντισμός (αρ.)	[prostetandizmós]
Igreja (f) Protestante	Προτεσταντική εκκλησία (θηλ.)	[protestandikí eklisía]
protestante (m)	προτεστάντης (αρ.)	[protestándis]

ortodoxia (f)	Ορθοδοξία (θηλ.)	[orθoðoksía]
Igreja (f) Ortodoxa	Ορθόδοξη εκκλησία (θηλ.)	[orθóðoksi eklisía]
ortodoxo (m)	ορθόδοξος (αρ.)	[orθóðoksos]

presbiterianismo (m)	Πρεσβυτεριανισμός (αρ.)	[prezviterianizmós]
Igreja (f) Presbiteriana	Πρεσβυτεριανή εκκλησία (θηλ.)	[prezviterianí eklisía]
presbiteriano (m)	πρεσβυτεριανός (αρ.)	[prezviterianós]

| Igreja (f) Luterana | Λουθηρανική εκκλησία (θηλ.) | [l'uθiranikí eklisía] |
| luterano (m) | λουθηρανός (αρ.) | [l'uθiranós] |

| Igreja (f) Batista | Βαπτιστική Εκκλησία (θηλ.) | [vaptistikí eklisía] |
| batista (m) | βαπτιστής (αρ.) | [vaptistís] |

| Igreja (f) Anglicana | Αγγλικανική εκκλησία (θηλ.) | [anglikanikí eklisía] |
| anglicano (m) | αγγλικανός (αρ.) | [anglikanós] |

| mormonismo (m) | Μορμονισμός (αρ.) | [mormonizmós] |
| mórmon (m) | μορμόνος (αρ.) | [mormónos] |

| Judaísmo (m) | Ιουδαϊσμός (αρ.) | [iuðaizmós] |
| judeu (m) | Ιουδαίος (αρ.) | [iuðéos] |

| budismo (m) | Βουδισμός (αρ.) | [vuðizmós] |
| budista (m) | βουδιστής (αρ.) | [vuðistís] |

| hinduísmo (m) | Ινδουισμός (αρ.) | [inðuizmós] |
| hindu (m) | ινδουιστής (αρ.) | [inðuistís] |

Islão (m)	Ισλάμ (ουδ.)	[isliám]
muçulmano (m)	μουσουλμάνος (αρ.)	[musulimános]
muçulmano	μουσουλμανικός	[musulimanikós]

| Xiismo (m) | Σιιτισμός (αρ.) | [siitizmós] |
| xiita (m) | Σιίτης (αρ.) | [siítis] |

| sunismo (m) | Σουνιτικό Ισλάμ (ουδ.) | [sunitikó isliám] |
| sunita (m) | σουνίτης (αρ.) | [sunítis] |

196. Religiões. Padres

| padre (m) | ιερέας (αρ.) | [ieréas] |
| Papa (m) | Πάπας (αρ.) | [pápas] |

monge (m)	καλόγερος (αρ.)	[kaliójeros]
freira (f)	μοναχή (θηλ.)	[monaxí]
pastor (m)	πάστορας (αρ.)	[pástoras]

abade (m)	αβάς (αρ.)	[avás]
vigário (m)	βικάριος (αρ.)	[vikários]
bispo (m)	επίσκοπος (αρ.)	[epískopos]
cardeal (m)	καρδινάλιος (αρ.)	[karðinálios]

pregador (m)	ιεροκήρυκας (αρ.)	[ierokírikas]
sermão (m)	κήρυγμα (ουδ.)	[kíriɣma]
paroquianos (pl)	ενορίτες (αρ.πλ.)	[enorítes]

| crente (m) | πιστός (αρ.) | [pistós] |
| ateu (m) | αθεϊστής (αρ.) | [aθeistís] |

197. Fé. Cristianismo. Islão

| Adão | Αδάμ (αρ.) | [aðám] |
| Eva | Εύα (θηλ.) | [éva] |

Deus (m)	Θεός (αρ.)	[θeós]
Senhor (m)	Κύριος (αρ.)	[kírios]
Todo Poderoso (m)	Παντοδύναμος (αρ.)	[pandoðínamos]
pecado (m)	αμαρτία (θηλ.)	[amartía]

pecar (vi)	αμαρταίνω	[amarténo]
pecador (m)	αμαρτωλός (αρ.)	[amartoljós]
pecadora (f)	αμαρτωλή (θηλ.)	[amartolí]
inferno (m)	κόλαση (θηλ.)	[kóljasi]
paraíso (m)	παράδεισος (αρ.)	[paráðisos]
Jesus	Ιησούς (αρ.)	[iisús]
Jesus Cristo	Ιησούς Χριστός (αρ.)	[iisús xristós]
Espírito (m) Santo	Άγιο Πνεύμα (ουδ.)	[ájo pnévma]
Salvador (m)	Σωτήρας (αρ.)	[sotíras]
Virgem Maria (f)	Παναγία (θηλ.)	[panaγía]
Diabo (m)	Διάβολος (αρ.)	[ðiávoljos]
diabólico	διαβολικός	[ðiavolikós]
Satanás (m)	Σατανάς (αρ.)	[satanás]
satânico	σατανικός	[satanikós]
anjo (m)	άγγελος (αρ.)	[ángeljos]
anjo (m) da guarda	φύλακας άγγελος (αρ.)	[fíljakas ángeljos]
angélico	αγγελικός	[angelikós]
apóstolo (m)	Απόστολος (αρ.)	[apóstoljos]
arcanjo (m)	αρχάγγελος (αρ.)	[arxángeljos]
anticristo (m)	Αντίχριστος (αρ.)	[andíxristos]
Igreja (f)	Εκκλησία (θηλ.)	[eklisía]
Bíblia (f)	βίβλος (θηλ.)	[vívljos]
bíblico	βιβλικός	[vivlikós]
Velho Testamento (m)	Παλαιά Διαθήκη (θηλ.)	[paleá ðiaθíki]
Novo Testamento (m)	Καινή Διαθήκη (θηλ.)	[kení ðiaθíki]
Evangelho (m)	Ευαγγέλιο (ουδ.)	[evangélio]
Sagradas Escrituras (f pl)	Αγία Γραφή (θηλ.)	[ajía γrafí]
Céu (m)	ουρανός (αρ.)	[uranós]
mandamento (m)	εντολή (θηλ.)	[endolí]
profeta (m)	προφήτης (αρ.)	[profítis]
profecia (f)	προφητεία (θηλ.)	[profitía]
Alá	Αλλάχ (αρ.)	[aljáx]
Maomé	Μωάμεθ (αρ.)	[moámeθ]
Corão, Alcorão (m)	Κοράνι (ουδ.)	[koráni]
mesquita (f)	τζαμί (ουδ.)	[dzamí]
mulá (m)	μουλάς (αρ.)	[muljás]
oração (f)	προσευχή (θηλ.)	[prosefxí]
rezar, orar (vi)	προσεύχομαι	[proséfxome]
peregrinação (f)	προσκύνημα (ουδ.)	[proskínima]
peregrino (m)	προσκυνητής (αρ.)	[proskinitís]
Meca (f)	Μέκκα (θηλ.)	[méka]
igreja (f)	Εκκλησία (θηλ.)	[eklisía]
templo (m)	ναός (αρ.)	[naós]

catedral (f)	καθεδρικός (αρ.)	[kaθeðrikós]
gótico	γοτθικός	[γotθikós]
sinagoga (f)	συναγωγή (θηλ.)	[sinaγojí]
mesquita (f)	τζαμί (ουδ.)	[dzamí]

capela (f)	παρεκκλήσι (ουδ.)	[pareklísi]
abadia (f)	αβαείο (ουδ.)	[avaío]
convento (m)	γυναικείο μοναστήρι (ουδ.)	[jinekío monastíri]
mosteiro (m)	μοναστήρι (ουδ.)	[monastíri]

sino (m)	καμπάνα (θηλ.)	[kabána]
campanário (m)	καμπαναριό (ουδ.)	[kabanarió]
repicar (vi)	χτυπάω	[xtipáo]

cruz (f)	σταυρός (αρ.)	[stavrós]
cúpula (f)	θόλος (αρ.)	[θólʲos]
ícone (m)	εικόνα (θηλ.)	[ikóna]

alma (f)	ψυχή (θηλ.)	[psixí]
destino (m)	μοίρα (θηλ.)	[míra]
mal (m)	κακό (ουδ.)	[kakó]
bem (m)	καλό (ουδ.)	[kalʲó]

vampiro (m)	βρικόλακας (αρ.)	[vrikólʲakas]
bruxa (f)	μάγισσα (θηλ.)	[májisa]
demónio (m)	δαίμονας (αρ.)	[ðémonas]
espírito (m)	πνεύμα (ουδ.)	[pnévma]

| redenção (f) | λύτρωση (θηλ.) | [lítrosi] |
| redimir (vt) | λυτρώνω | [litróno] |

missa (f)	λειτουργία (θηλ.)	[liturjía]
celebrar a missa	τελώ λειτουργία	[telʲó liturjía]
confissão (f)	εξομολόγηση (θηλ.)	[eksomolʲójisi]
confessar-se (vr)	εξομολογούμαι	[eksomolʲoγúme]

santo (m)	άγιος (αρ.)	[ájos]
sagrado	ιερός	[ierós]
água (f) benta	αγιασμός (αρ.)	[ajazmós]

ritual (m)	τελετουργία (θηλ.)	[teleturjía]
ritual	τελετουργικός	[teleturjikós]
sacrifício (m)	θυσία (θηλ.)	[θisía]

superstição (f)	δεισιδαιμονία (θηλ.)	[ðisiðemonía]
supersticioso	δεισιδαίμων	[ðisiðémon]
vida (f) depois da morte	μεταθανάτια ζωή (θηλ.)	[metaθanátia zoí]
vida (f) eterna	αιώνια ζωή (θηλ.)	[eónia zoí]

TEMAS DIVERSOS

198. Várias palavras úteis

ajuda (f)	βοήθεια (θηλ.)	[voíθia]
barreira (f)	φραγμός (αρ.)	[fraγmós]
base (f)	βάση (θηλ.)	[vási]
categoria (f)	κατηγορία (θηλ.)	[katiγoría]
causa (f)	αιτία (θηλ.)	[etía]

coincidência (f)	σύμπτωση (θηλ.)	[símptosi]
coisa (f)	πράγμα (ουδ.)	[práγma]
começo (m)	αρχή (θηλ.)	[arxí]
cómodo (ex. poltrona ~a)	άνετος	[ánetos]
comparação (f)	σύγκριση (θηλ.)	[síngrisi]

compensação (f)	αποζημίωση (θηλ.)	[apozimíosi]
crescimento (m)	ανάπτυξη (θηλ.)	[anáptiksi]
desenvolvimento (m)	εξέλιξη (θηλ.)	[ekséliksi]
diferença (f)	διαφορά (θηλ.)	[ðiaforá]
efeito (m)	αποτέλεσμα (ουδ.)	[apotélezma]

elemento (m)	στοιχείο (ουδ.)	[stixío]
equilíbrio (m)	ισορροπία (θηλ.)	[isoropía]
erro (m)	λάθος (ουδ.)	[lᵘáθos]
esforço (m)	προσπάθεια (θηλ.)	[prospáθia]
estilo (m)	ύφος (ουδ.)	[ífos]

exemplo (m)	παράδειγμα (ουδ.)	[paráðiγma]
facto (m)	γεγονός (ουδ.)	[jeγonós]
fim (m)	τέλος (ουδ.)	[télᵘos]
forma (f)	μορφή (θηλ.)	[morfí]

frequente	συχνός	[sixnós]
fundo (ex. ~ verde)	φόντο (ουδ.)	[fóndo]
género (tipo)	είδος (ουδ.)	[íðos]
grau (m)	βαθμός (αρ.)	[vaθmós]
ideal (m)	ιδανικό (ουδ.)	[iðanikó]

labirinto (m)	λαβύρινθος (αρ.)	[lᵘavírinθos]
modo (m)	τρόπος (αρ.)	[trópos]
momento (m)	στιγμή (θηλ.)	[stiγmí]
objeto (m)	αντικείμενο (ουδ.)	[andikímeno]
obstáculo (m)	εμπόδιο (ουδ.)	[embóðio]

original (m)	πρωτότυπο (ουδ.)	[protótipo]
padrão	τυποποιημένος	[tipopiiménos]
padrão (m)	πρότυπο (ουδ.)	[prótipo]
paragem (pausa)	στάση (θηλ.)	[stási]
parte (f)	κομμάτι (ουδ.)	[komáti]

partícula (f)	σωματίδιο (ουδ.)	[somatídio]
pausa (f)	διάλειμμα (ουδ.)	[ðiálima]
posição (f)	θέση (θηλ.)	[θési]
princípio (m)	αρχή (θηλ.)	[arxí]
problema (m)	πρόβλημα (ουδ.)	[próvlima]
processo (m)	διαδικασία (θηλ.)	[ðiaðikasía]
progresso (m)	πρόοδος (θηλ.)	[próoðos]
propriedade (f)	ιδιότητα (θηλ.)	[iðiótita]
reação (f)	αντίδραση (θηλ.)	[andíðrasi]
risco (m)	ρίσκο (ουδ.)	[rísko]
ritmo (m)	τέμπο (ουδ.)	[témpo]
segredo (m)	μυστικό (ουδ.)	[mistikó]
série (f)	σειρά (θηλ.)	[sirá]
sistema (m)	σύστημα (ουδ.)	[sístima]
situação (f)	κατάσταση (θηλ.)	[katástasi]
solução (f)	λύση (θηλ.)	[lísi]
tabela (f)	πίνακας (αρ.)	[pínakas]
termo (ex. ~ técnico)	όρος (αρ.)	[óros]
tipo (m)	τύπος (αρ.)	[típos]
urgente	επείγων	[ipíγon]
urgentemente	επειγόντως	[epiγóndos]
utilidade (f)	χρησιμότητα (θηλ.)	[xrisimótita]
variante (f)	εκδοχή (θηλ.)	[ekðoxí]
variedade (f)	επιλογές (θηλ.)	[epilojés]
verdade (f)	αλήθεια (θηλ.)	[alíθia]
vez (f)	σειρά (θηλ.)	[sirá]
zona (f)	ζώνη (θηλ.)	[zóni]